安徽师范大学文学院汉语国际教育专业系列教材
汉语国际教育省级特色专业建设成果之一
安徽师范大学教材建设基金、安徽师范大学文学院教材基金资助出版

国外汉学概论

陆昌萍 ○ 编著

安徽师范大学出版社
ANHUI NORMAL UNIVERSITY PRESS
· 芜湖 ·

图书在版编目(CIP)数据

国外汉学概论 / 陆昌萍编著 .—芜湖:安徽师范大学出版社,2017.12(2024.1重印)

ISBN 978-7-5676-3299-8

Ⅰ.①国… Ⅱ.①陆… Ⅲ.①汉学—国外—高等学校—教材 Ⅳ.①K207.8

中国版本图书馆CIP数据核字(2017)第282150号

国外汉学概论　　陆昌萍◎编著

GUOWAI HANXUE GAILUN

责任编辑:胡志恒

装帧设计:王　彤

出版发行:安徽师范大学出版社

芜湖市九华南路189号安徽师范大学花津校区　　邮政编码:241002

网　　址:http://www.ahnupress.com/

发 行 部:0553-3883578　5910327　5910310(传真)　　E-mail:asdcbsfxb@126.com

印　　刷:苏州市古得堡数码印刷有限公司

版　　次:2017年12月第1版

印　　次:2024年1月第7次印刷

规　　格:700 mm×1000 mm　1/16

印　　张:22.75

字　　数:360千字

书　　号:ISBN 978-7-5676-3299-8

定　　价:54.00元

目　录

Contents

一、“汉学”的概念

（一）什么是“汉学”

《现代汉语词典》“汉学”词条义项②：“外国人指研究中国的文化、历史、语言、文学等方面的学问。”[①]研究“汉学”的学者被称为“汉学家” 。为了区别发源于汉代的经史、训诂、考据之学的“汉学”，我国学界大都称外国人有关中国研究的“汉学”为“国外汉学”“海外汉学”“国际汉学”“世界汉学”等。

根据研究对象、研究方法的不同，“汉学”有广义和狭义的区分。

就狭义而言，“汉学”，英语为“Sinology”，法语为“Sinologie”，主要指19世纪以来外国人对中国古代文献和文化经典的研究，侧重于人文学科的探讨，包括中国语言、历史、文学、哲学和宗教等领域，也包括某些“专学”研究，如敦煌学、蒙古学、藏学等。

就广义而言，“汉学”即英语的“Chinese Studies”或“China Studies” ，包括

① 中国社会科学院语言研究所词典编辑室编：《现代汉语词典》（第7版），商务印书馆2016年版，第513页。

“中国研究”“中国学”，是指20世纪以后在美国发展起来、现在已遍及欧美及亚洲，对中国近现代以及当代问题的研究，侧重于社会科学的研究，如政治、社会、经济、军事、法律、科学技术、国际关系等各个领域。就像美国普林斯顿大学教授周质平所说的那样，其实今天“汉学”应该包括三峡水利工程，包括两弹一星。汉学面对的不应该是一个文化标本，它是活生生的中华文明，不断进步和发展的中华文明。

可见，“汉学”与“中国学” 这两个概念并不相互排斥，都是国外学者站在自身的立场，运用其熟悉的方法，来考察中国和研究中国的一种学问。

（二）“汉学”与相关的若干概念

1. “汉学”与“宋学”

《现代汉语词典》“汉学”词条义项①：“汉代人研究经学着重名物、训诂，后世因而称研究经、史、名物、训诂、考据之学为汉学。”[①]是与“宋学”相对应的学术名称。“宋学”是宋儒以阐释性命义理为主的学问，主要指宋代理学。二者相同点在于：研究主体都是中国儒家学者；研究内容都是儒家著作。不同点在于：作者生活的时代不同，一是汉代，一是宋代；研究经学的方法不同，“汉学”是注重实证学风，“宋学”是注重阐释义理。

2. “汉学”与“国学”

狭义的“汉学”，是外国学者以外国人的视角研究中国传统文化。“国学”，是中国学者以中国人的视角研究中国传统文化。二者的研究对象相同，都是中国文化；而研究主体不同：一是外国学者，一是中国学者。“国学”与“汉学”的关系正如瑞典著名汉学家罗多弼所认为的存在着一种“互补关系”。[②]

① 中国社会科学院语言研究所词典编辑室编：《现代汉语词典》（第7版），商务印书馆2016年版，第513页。

② 罗多弼：《感兴趣的人越多，中国文化也就越丰富》，《中国艺术报》2015年3月25日。

3. “汉学”和“国外汉学研究”

“国外汉学研究”是“中国学者对汉学成果进行再研究的反馈行为”。[①]其与“汉学”相同之处就是都具有跨文化性质。与“汉学”不同之处在于：一是研究对象不同，“汉学”研究的是中国文化，“国外汉学研究”研究的是外国汉学家及其对中国文化的研究成果；二是研究主体不同，“汉学”的研究主体是外国学者，“国外汉学研究”的主体是中国学者。

不过，最早开始国外汉学研究的却是日本人石田幹之助（1891—1974），他于1932年出版了专著《欧人之中国研究》，我国第一部较系统的国外汉学研究著作是莫东寅1949年出版的专著《汉学发达史》。

二、“汉学”的历史分期

汉学（sinology）作为一个学科在西方得以确立，并在今天以前所未有的速度得到发展、壮大，并对西方学术界和中国学术界同时产生了广泛的深远的影响，经历了一个漫长的形成和发展的过程。关于“汉学”的历史分期，学界主要有两种观点：

一是北京外国语大学教授张西平从研究者的身份、研究目的、研究内容的角度，认为西方汉学的发展经历了游记汉学（17世纪之前）、传教士汉学（始自17世纪）、专业汉学（始于19世纪初）、中国学研究（始于二战之后）诸种阶段，而每一种早出的形态，其实也在后起的不同形态中延续着自己的身影。

二是上海外国语大学教授何寅和华东师范大学教授许光华在他们所著的《国外汉学史》一书中按照时间顺序和研究成果把汉学历史分为：发轫期（18世纪）、确立和发展期（19世纪初到20世纪初）、繁荣期（20世纪20年代以来）三个阶段。

这两种划分各有理据，但它们都主要是着眼于欧美汉学，忽略了日本、韩国等东亚或东南亚国家的汉学，而后者从起步看，比欧美要早得多，成果也非常丰富；

① 阎纯德：《比较文化视野中的汉学和汉学研究》，《文史哲》2000年第6期。

同时，即使是欧美国家，从萌芽期到确立与发展，并不是跳跃式的，其间有一个积累的过程。因此，我们认为：东亚或东南亚（本书因篇幅有限只介绍东亚）的汉学历史分期应和欧美的分开，欧美国家的汉学应有一个积累期的划分。介绍如下：

（一）东亚汉学

所谓东亚汉学，主要指中国的东面，即日本和朝鲜半岛的汉学。

首先是学习期。古代中国灿烂的文化，可谓辉耀东方乃至世界。最初是朝鲜半岛，然后是日本。这些国家开始把汉字、汉文学、儒学等中国文化作为学习、模仿的对象。中国文化的传播，起初均是“自然溢出”。

在学习汉字的基础上，日本、朝鲜先后创立了自己的文字。其中日本约于10世纪创立了“假名”，朝鲜于15世纪创立了“谚文”。虽然有了自己的文字，但“汉字”一直是他们的官方文字，并没有把中国文化作为对象来研究，而是更加深入地学习汉文化。

其次，汉学的萌芽（指日本）。日本在17世纪前后根据政治需要或民族文化的特点开始选择性地引进甚至变异或改造中国文化，突出表现在儒学和文学方面。在这一过程中，纯粹的本土文化得以滋长，原先所追随的汉文化逐渐演变成外来文化。而朝鲜在这一时期采取多种措施学习汉语普及中国文化。

最后，汉学的确立（指日本）。19世纪末20世纪初，“汉学”在日本正式作为一门学科得以建立。而20世纪初朝鲜被日本占领，中国文化的影响渐渐淡出。

到20世纪晚期，日、韩和中国先后建交，20世纪70年代末中国实行改革开放，使得在世界的政治地位、经济地位不断上升，与中国文化有着割不断的历史的日、韩，研究中国文化的热潮迅速增长。日本和韩国的学者不再局限于研究中国古代文化，同时也开始关注和研究中国现当代文化，其中国研究迈入“中国学”时代。

（二）欧美汉学

首先是汉学的发端（16世纪之前）。公元前8世纪古希腊时期，欧洲人就开始听说了中国，但半是神话半是传说。到13世纪，西方的旅行家、传教士及商人等来到了中国，他们回国后根据自己的经历撰写游记、报告、札记等，在这些著述中较多地描述、介绍中国的山川、城池、气候，以及中国人的生活起居、饮食、服饰等物质生活。这一时期在西方影响较大的是1299年在意大利出版的《马可·波罗游记》（即《东方见闻录》）和1357年在英国出版的《曼德维尔游记》。此时西方对中国的认识更多地表现在主观感性认识上，尚不能深入中国文化的内核之中。

其次，汉学的累积（16世纪到18世纪末）。1583年，意大利耶稣会士罗明坚和利玛窦入华传教。为了传教，他们开始学汉语，用中文写作，进而编写词典，研究儒家经典、中国历史等。于1615年在欧洲出版的《利玛窦中国札记》第一次把真实的中国介绍给西方。随着传教士人数不断增多，研究范围也在不断扩大，研究方法不断创新。目前在西方保存的17世纪初到18世纪末之前的传教士汉学家的著作有1200多种。此阶段的研究内容对中国的评价较为客观、也较为深入。这200年的研究成果深深地根植于中国这块肥沃的土壤，为欧洲汉学的确立奠定了厚实的基础。

再次，汉学的确立（19世纪初到20世纪初）。1814年11月29日，法国法兰西学院正式决定开设汉学讲座："汉语与鞑靼-满语言文学"，并任命雷慕沙为汉学教授，标志着西方"专业汉学"的诞生。莫东寅《汉学发达史》认为："东来教士及欧洲本土学者，相携并进，至十九世纪，汉学（Sinology）于焉确立。"①

从此以后，汉学基本摆脱了为传教而研究中国文化的框架，在西方教育体制中，开始作为一门独立的学科出现。在研究方法、研究内容上都日趋专业化和学术化。到今天为止，学院式、专业化的汉学也已经走过了200余年的历程。

最后是汉学的发展（或中国学的确立）（20世纪20年代以来）。到了20世纪，汉学发展进入一个新的时期：一是甘肃敦煌石窟藏经洞被发现，引起了西方人的关注，一些探险家、汉学家纷纷来到敦煌考察，并通过各种手段掠走大批的珍贵文物。以此为契机，西方很多国家的一些大学纷纷设立汉学课程，成立专门的汉学机构，出版专门的汉学期刊等，有的还成立了敦煌学的专门机构；二是世界自然科学、社会科学的快速发展，新的研究方法、研究思路的发现，推动了汉学的

① 莫东寅：《汉学发达史》，大象出版社2006年版，第68页。

发展。汉学家们用西方最新理论结合实地考察，研究中国文化等。三是二战以后，美国从美中关系出发，更多地关注近现代的中国，产生了“中国学”。这种研究趣味也逐渐影响世界其他国家，汉学逐步发展为“中国学”。

20世纪80年代以后，随着中国确立了改革开放的政策，世界各国，尤其是西方与中国的经济文化联系日益紧密，汉学以前所未有的速度发展起来，成为近二十年来在西方大学的人文学科中增长最快的一门学科。

总之，汉学的历史是中国文化与异质文化交流的历史，是西方知识者认识、理解、接受、研究中国文明的历史。

三、“汉学”的四大中心

从国外汉学研究的历史进程、研究内容和方法等方面考察，我们可以把汉学分为四大中心。

（一）日本汉学

从日本与中国的关系来看，日本经过了学习汉语，借用汉字进行写作，到创造自己的文字进而创立自己的文化过程，因此日本的传统学术，几乎无处不涉及中国。为了学习和研究汉文化，日本向来重视且不遗余力搜集汉籍，现日本收藏了大量的中国古籍和文物，其中有的在中国早已亡佚而日本幸存。明治维新之后的日本开始接触西方文化，并且用一个旁观者的视角来审视中国文化。在深谙中国治经考据学的基础上，又能借鉴西方理论和方法研究中国，以致成果远远超过西方，甚至有的成果都超过中国。

（二）欧洲汉学

西方对中国的研究，起步于16世纪末的欧洲，所以汉学具有浓重的西方学术色彩，具体表现在两个方面：

其一，西方了解中国不断求广求深，推动了汉学外延和内涵的发展。中西文化属异质文化，西方了解中国，从学汉语到研究汉语，从了解中国风俗礼仪到研究中国儒家经典、历史、宗教等，乃至今天中国政治、经济、军事等方方面面，视野不断扩大，研究不断深入，研究成果不断丰富。汉学忠实地记录或者真实地反映了这一历程，并也深深地打下了西方学术的烙印。

其二，西方研究不断求新求变，促进汉学与时俱进。无论是学术理论，还是学术方法，抑或是学术观点，不断推陈出新，从而不断推动汉学研究，也推动了中国学者的研究。

（三）俄罗斯汉学

由于地理和历史的原因，俄罗斯汉学呈现出与众不同的特征。一是研究成果特色鲜明。因与中国边境接壤，其研究中国民族边疆史地以及满学、蒙学和藏学，都自成一体。二是研究方法别具一格。既从西欧间接获得汉学信息，又注重发展本国的汉学研究；视野广阔，兼顾东方和西方；十月革命后，以马克思主义学术观研究中国，独树一帜。

（四）美国汉学

二战后，美国开始加强对太平洋周围国家的研究，尤其是中国。中华人民共和国成立、美国在朝鲜的失败等，使美国政府以及一些基金会和学术机构意识到有关当代中国研究的迫切性和必要性，急剧调整对中国的政策和策略，并着手研究中国革命和建设的新现象和新课题。呈现了与其他国家汉学所未有的特点：一是研究内容从人文学科转向社会科学，如中国的政治、经济、军事、法律、社会等。二是研究方法从传统治学方法向综合研究转变。三是研究资金获得各大基金会的支持和投入，如福特基金会、洛克菲勒基金会等，直接推动了汉学的发展。

随着全球“汉语热”的掀起，很多国家纷纷和中国合办孔子学院和孔子课堂，目前，已在五大洲的140个国家和地区，建立了511所孔子学院和1073个中小学孔子课堂。现有注册学员210万人。而且在韩国、泰国、美国等一些国家汉语已经进入一些中学的外语类选修课程。可以预见，随着学汉语人数的增加，汉学队伍将不断壮大。

四、"国外汉学研究"的内容、现状和意义

（一）"国外汉学研究"内容

"国外汉学研究"的内容是什么？北京大学中国语言文学系教授严绍璗认为这一研究领域应有四个基本的层面：第一，关于中国向域外传递的轨迹和方式；第二，关于中国文化传入对象国之后，于对象国文化语境中的存在状态——即对象国文化对中国文化的容纳、排斥和变异的状态；第三，关于世界各国在历史的进程中，在不同的政治、经济和文化条件中形成的"中国观"；第四，关于中国文化各个领域中的世界各国学者具体研究成果和他们的方法论。[①]严先生比较全面地概括了"国外汉学研究"的基本内容，得到了学界比较普遍的认同。

（二）"国外汉学研究"的现状

我国对于汉学的研究，是从清朝末年开始，如王国维就是最早关注汉学的学者之一。后有莫东寅1949年出版的专著《汉学发达史》，这是我国第一部较系统的国外汉学研究著作。有影响的还有阎宗临对法国汉学的研究、方豪对传教士汉学的研究等，但毕竟凤毛麟角。从20世纪50年代至70年代，中国进入了一个几近自我封闭的世界，自然也就无法进行国外汉学研究了。到了20世纪70年代末，随着改革开放，中国的学者开始关注和研究汉学了。现在国外汉学研究已经成为一门专学。

成立机构。现全国的重点综合性大学，一般大学的外语系、对外汉语系都开设了这门课程，北京大学还建立了以"Sinology"研究为主业的博士学位和博士后流动站。并且一些大学还成立了专门的研究机构。如四川外国语学院于1991年率先创办"国外中国学研究所"。接着，清华大学的"国际汉学研究所"、华东师范

① 严绍璗：《我对Sinology的理解和思考》，《世界汉学》2006年第1期。

大学的“海外中国学研究中心”、北京语言大学的“国外汉学研究所”、北京外国语大学的“海外汉学研究中心”（现改称为“中国海外汉学研究中心”）等也相继成立。这些研究机构的成立为国外汉学研究提供了相对稳定的学术基地。

出版丛书。20世纪80年代我国对国外汉学的研究从翻译西方相关学术著作开始。开启这项工作的是中国社会科学院情报所的孙越生，其与陈书梅合作主编并于1981年出版的《美国中国学手册》，引起了诸多学者的关注，激发了学者国外汉学研究的热情，涌现出一批有学术价值和社会影响的著作，如王元化主编的“海外汉学丛书”，刘东所主编的“海外中国学丛书”，由北京外国语大学海外汉学研究中心主办、任继愈主编的“国际汉学书系”，由阎纯德、吴志良主编的“列国汉学史书系”等，成为国外汉学研究的奠基之作。国外汉学研究在学术界的影响日益扩大，现在几乎在中国学术的任何一个学科的主要研究方向，都可以找到相关的国外汉学的译作、专著和论文。

创办刊物。国外汉学的刊物也日益丰富，学术影响较大的国外汉学研究学术辑刊有：北京外国语大学海外汉学研究中心所主办、任继愈主编的《国际汉学》；阎纯德主编的《国外汉学研究》；刘梦溪主编的《世界汉学》；由法国汉学界和中国学术界联合主编的《法国汉学》等。

著名学者。涌现了一大批国外汉学研究的著名学者，如严绍璗对日本汉学的研究，张西平对欧洲汉学的研究，朱政惠和侯且岸对美国中国学的研究，李明滨和阎国栋对俄国汉学的研究，许光华对法国汉学的研究，张静河对瑞典汉学的研究，熊文华对英国汉学、美国汉学和荷兰汉学的研究等，以及耿升翻译的法国汉学著作等。

学术会议。为了推动国外汉学研究，从20世纪90年代开始，学界召开了一系列重要学术会议。如1995年1月中国社会科学院在海南召开的“中国国际汉学研讨会”；1997年1月清华大学国际汉学研究所主办的“20世纪国际汉学及其对中国的影响”国际学术研讨会等。21世纪以来，基于汉学研究的中西文化交流更趋活跃与频繁，其中影响比较大的是2007年由国家汉办与中国人民大学共同主办的“世界汉学大会”。

国外汉学研究是一门新兴的学科，正处于发展阶段，还有很多领域需要去研究，有很多问题需要去解决。如，至今我们还没有看到一本较为成熟的“国外汉学研究”的教材。当然，随着中国文化在世界的影响不断扩大，我们有理由相信，汉学一定会更加繁荣，中国的国外汉学研究也必将越来越兴盛。

（三）“国外汉学研究”的意义

在世界，汉学已然成为一门显学；在中国，国外汉学研究也越来越受到关注。复旦大学历史地理研究所教授周振鹤说：“以洋为镜，可以知兴衰。”汉学，会启发我们很多东西。那么，学习国外汉学的意义何在呢？

有助于完善研究中国文化的理论体系。在研究中国文化时，较之国内学者，汉学家独特而新奇的视角、推陈而出新的理论、开放而精深的思考、社会学科的方法，往往会得出不同的评价，讲出不同的道理，令人耳目一新。如瑞典著名的汉学家高本汉，他终生的最高成就是根据中国古代韵书、韵图和现代汉语方言、日朝越诸语言中汉语借词译音构拟汉语中古音，写出了著名的《中国音韵学研究》，后又根据中古音及《诗经》用韵、谐声字完成了上古音的构拟，撰写出《中日汉字分析字典》《上古汉语问题》《诗经研究》等著作。他对汉语音韵的研究是不少中国学者所不及的，他的研究深刻影响了中国学者。这些汉学家的研究成果，有助于我们构建一个更科学、更全面的研究中国文化的理论体系，有助于我们不断提高中国文化的研究水平。

有助于加深我们对中国文化的了解。汉学家们因思维方式、价值观的不同，能说出中国学界想不到的观点，诚如任继愈所说，“西方学者接受近现代科学方法的训练，由于他们置身局外，在庐山之外看庐山，有些问题国内学者司空见惯，习而不察，外国学者往往探骊得珠”。[①]如20世纪著名的日本学者津田左右吉（1873—1961年）在其关于中国古代文化研究《周易研究》《论语研究》《左传研究》《老子研究》等系列论著中，提出了中国古代文化的四个定义，“即中国文化

① 任继愈：《汉学的生命力》，《国际汉学》第一辑，商务印书馆1995年版，第7页。

是一种‘人事本位文化’（不是我们说的人本文化），其核心是‘帝王文化’；是一种儒、道、墨、法各家共有的以‘物欲、肉欲、权势欲和名利欲’四者为核心的‘利己主义文化’；是一种以礼教忠孝为手段、以知识者为羽翼，对民众实行极端残酷统治的‘权力者文化’；是一种以虚构的尧舜禹为社会楷模的‘尚古主义文化’。”[①]这是他很重要的“中国观”和“中国形象”。尽管其有些观点存在偏颇，但也不无其独异性和深刻性。

有助于提高汉语国际教育教师教学水平。学习“国外汉学研究”，对于汉语国际教育教师有着直接的现实意义。一是开拓我们的视野。通过了解汉学的产生、形成和发展的历史脉络，汉学家及主要的汉学著作，完善我们汉语国际教育的知识结构。二是提高沟通能力。了解汉学家们从哪些方面研究中国文化，研究程度，怎样评价中国文化？哪些方面评价不全面甚至存在一些认识上的偏差？这样，在汉语国际教育教学中，在与教学对象的沟通中就有主动性、针对性，也能提高时效性。总之，不仅要“知己知彼”，还要“知彼之知己”，才能更好地胜任汉语国际教育工作。

五、“国外汉学研究”课程的性质、任务、目的

（一）课程性质、任务

本课程为汉语国际教育专业的基础课，名称叫“国外汉学研究”，给人一种误解，是一个研究性的课程，其实还不到这个层次，而是以介绍基本情况和基本知识为主，实际上是汉学概要课或简史课，故本教材定名“国外汉学概论”。主要讲授汉学的起源至20世纪的概况，着重介绍国外有代表性的学者在汉学尤其是汉语研究方面的主要研究成果，借以开拓同学们的视野，加深对所学专业的认识。

① 转引自严绍璗：《我对Sinology的理解和思考》，《世界汉学》2006年第1期。

（二）课程设置目的

1. 以马克思主义理论为指导，以国家的语言文字政策为依据，贯彻理论联系实际的原则，系统地讲授汉学的基本理论和基础知识。

2. 了解国外汉学的发展脉络，即汉学家从接触、了解、热爱、研究中国文化的过程，并能适当应用于汉语国际教育教学。

3. 了解和掌握国外汉学的内涵和外延，研究理论及研究方法，并能适当应用于汉语国际教育教学。

4. 了解著名的汉学家及其代表性著作，并能恰当地应用于汉语国际教育教学与交流，进而提高汉语国际教育教学的能力。

六、"国外汉学研究"的研究方法

国外汉学是一个涉及多领域、多学科的极其复杂的多面体。"国外汉学研究"仅仅依靠单一学科的研究方法甚或某一种研究方法显然是不够的。因此，必须采用多学科、跨学科的研究方法。就基本方法而言，应注意把握以下几点。

（一）历史观察法

世间万物总处于一定的时空之中。历史观察法是按照事物发展的空间状态和时序变化过程来对客观事物进行观察的方法，它以时空变化为特征。国外汉学研究，要研究世界或者特定国家汉学的发生、发展的历程，国外汉学的特定事实都是在一定的时空条件下发生的，认识某一特定事实，首先必须秉持客观态度，努力寻求、还原事实真相，不为既有结论所左右；其次要弄清事实的来龙去脉，理清事实的基本要素，即时间、地点、人物、过程、结果等；再次不能囿于单一事实本身，而必须结合事实发生当下特定的地域、社会状况、时代特征进行考察，切忌用今人的眼光去观察、衡量历史事实。

（二）文献研究法

文献研究法主要指搜集、鉴别、整理文献，并通过对文献的研究形成对事实的科学认识的方法。这里的“文献”包括国外汉学有关的文章、文件、资料等等。搜集文献是文献研究的基础。文献搜集应遵循相关、可靠、充分的原则。亦即，搜集的文献必须与国外汉学具有相关性，可以是直接相关，也可以是间接相关，当然以直接相关为佳；所搜集的文献应该是客观真实的，特别是间接文献一定要注意真实可信。同时，文献搜集应尽量做到充分无遗。文献资料越充分，事实的可信度越高，也越丰满。当然，国外汉学研究不是杂乱无章、良莠不分的文献资料的堆积。对于搜集到的文献资料，必须经过认真的鉴别，保留相关的、可靠的，剔除无关的、不可靠的。在此基础上，根据文献所展示的国外汉学事实的内在逻辑，进行分类、梳理，借以证明事实、评述事实。

（三）比较分析法

比较分析法就是通过对两个以上事物的对比，发现其异同点，区别事物，以深入了解和认识各个事物，把握各个事物的方法。它是人们在科学研究、社会生活中经常运用的一种方法，也是国外汉学研究的基本方法之一。通过国别比较、事实比较、人物比较等，我们可以更深入、准确地认识各国汉学的特征，认识汉学事实的本质，认识汉学人物的特质及其对汉学的贡献。

七、“国外汉学研究”课程其他说明

1. 本课程所覆盖的历史及地理空间非常广阔，同时涉及多种学科知识，如何帮助学生清晰地梳理汉学的发展脉络及各章节之间的关联，将是教学活动的难点。

2. 本课程注重史实的描述与分析，并集中分析典型案例，鼓励学生参与活动。

【参考文献】

专著：

[1] 何培忠：《当代国外中国学研究》，商务印书馆2006年版。

[2] 何寅、许光华：《国外汉学史》，上海外语教育出版社2002年版。

[3] 李学勤：《国际汉学著作提要》，河北教育出版社1996年版。

[4] 莫东寅：《汉学发达史》，上海书店1989年版。

[5] 张西平：《传教士国外汉学研究》，大象出版社2005年版。

[6] 张西平：《西方汉学十六讲》，外语教学与研究出版社2011年版。

论文：

[1] 计翔翔：《汉学正名》，《浙江社会科学》2002年第5期。

[2] 吴原元：《改革开放以来海外中国学研究析略》，《国际社会科学杂志（中文版）》2009年第2期。

[3] 阎纯德：《比较文化视野中的汉学和汉学研究》，《文史哲》2000年第6期。

[4] 杨煦生：《汉学：回溯与前瞻》，《瞭望新闻周刊》2007年第13期。

[5] 张西平：《关于海外汉学的对话》，《中华读书报》2002年9月19日。

[6] 张西平：《国外汉学研究三题》，《中华读书报》2003年5月21日。

[7] 张西平等：《汉学400年》，《北京日报》2005年12月30日。

【思考与练习】

1. 简述“汉学”和“中国学”的关系。

2. 简述“汉学”和“宋学”、“汉学”和“国学”的关系。

3. 试述“汉学”的历史分期和四大中心。

4. 汉学是纯粹的中国文化吗？它与中国文化之间有什么样的关系？

5. 试述汉学与国外汉学研究的关系。

6. 请从汉语国际教育这一角度分析国外汉学研究的必要性。

7. 你是如何看汉学和国外汉学研究这两门学科及其未来？

第二章

Chapter 2

朝鲜半岛汉学

第一节 朝鲜半岛汉学的产生与发展

朝鲜，亦称高丽，二者皆为古称。中朝两国有长达1300多公里的共同边界，且半岛南部和中国隔海相望，两国山水相连。这种地域的优势，使得朝鲜不但是中国周边国家接触汉文化最早的国家之一，而且是学习汉文化最悠久、最广泛、最深入的国家之一，也是现存中国古代汉文书籍最多的国家之一。

在20世纪之前，“汉文化”一直是朝鲜半岛学习、欣赏的对象。约在公元前1世纪朝鲜半岛开始接受、学习、传播和应用汉文化；到14世纪末李氏朝鲜时期，汉语教育纳入国家正规教育体系，在汉字的基础上创立朝鲜文字“谚文”，由此兴起了“谚解”汉籍的热潮，极大地促进了汉文化的进一步普及和传播；但20世纪初日本在朝鲜半岛实施日化教育，接着朝韩内战以及朴正熙的专用韩文政策，致使汉文化的影响、学习和研究在韩国几近消失。直到20世纪70年代，特别是中韩建交之后，出现了学习汉语和研究中国文化的热潮。中国文化成为韩国高校的一门学科，成了研究对象，“中国学”得以兴起和发展。

关于朝鲜对中国文化研究，因中国和朝鲜两国基于相同的社会制度、并肩抗击美国入侵，形成了用鲜血凝成的友谊，60多年来，两国在经济、政治、文化、军事等方面都存在着密切往来。不过，由于朝鲜自身的特点，其关于中国的研究，外界知之甚少。

一、朝鲜对汉文化的学习与吸收（约公元前1世纪至14世纪末之前）

（一）汉文化的传入（约公元1世纪至7世纪70年代之前）

关于中国文化传入的时间，据《汉书·武帝纪》记载：元封三年“夏，朝鲜斩其王右渠降，以其地为乐浪、临屯、玄菟、真番郡”，史称汉四郡。自元封三年即公元前109年，西北朝鲜地区被纳入了中国中央政权的直接管辖范围。乐浪等郡县的设立，加速了内地汉文化向朝鲜半岛的传播，使得朝鲜人更多地接触、学习汉文化。随着汉朝的衰败，汉四郡也次第消失。朝鲜半岛形成了新罗（前57—668年）、高句丽（前37—668年）与百济（前18—660年）的三国鼎立。

韩国哲学会编写的《韩国哲学史》称：“汉族文化……至少是在三国时代，它们已正式被接纳并保留下来。”[①]所以朝鲜半岛最迟应在其三国时代即公元前57年之前开始接触到中国文化。

三国中，最早接触到中国文化应是靠近中国的东北、位于朝鲜半岛北部的高句丽。据《三国史记·高句丽本纪·琉璃王》记载，公元前17年，高句丽第二代琉璃王用汉文写成的《黄鸟歌》“翩翩黄鸟，雌雄相依。念我之独，谁其与归?”颇具诗经的风格，可见公元前后高句丽运用汉文的水平了。又据史料记载，到小兽林王时代（371—383年），高句丽模仿汉朝的制度设立了“太学”，招收贵族子弟，传授“五经”“三史”等儒家经典和中国史籍，以培养国家官吏；在地方设立“扃堂”，面向地方贵族和平民子弟传授中国儒家文化。同时，中国的佛教也传入了高句丽，当时前秦和尚顺道等人携佛像与经书来到了高句丽，讲经传法。到393年国家大力宣传佛教，并在平壤建九寺。道教传入是625年。应高句丽王朝的请求，叔达等8名道士带着《道德经》到达朝鲜半岛，逐渐与其本土的自然崇拜和巫俗等结合，得以延续下来。到了公元4—5世纪时，汉字通用于高句丽的贵族阶

① 韩国哲学会：《韩国哲学史》（上卷），白锐译，社会科学文献出版社1996年版，第73页。

层中。7世纪左右，高句丽开始用汉字编写史书，可见汉字在当时已经得到了广泛的使用，而且水平很高了。

位于朝鲜半岛西南部的百济，和中国隔海相望，通过海路与中国的南朝保持接触，汉文化在百济十分盛行。关于汉文化具体什么时候传入百济，朝鲜的史书中没有记录，只能从日本《古事记》中知道：公元284年，百济博士王仁东渡日本，在那里讲授《论语》等汉籍，把儒学和汉文传到日本。说明3世纪的时候，百济国的汉文水平就很高了。

与中国距离较远，位于半岛最东南部的新罗国，间接地从高句丽引入了儒学和佛学等中国文化。后为了对抗高句丽及百济的侵略，加强了与唐朝关系，直接派送留学生及官员到长安，学习中国文化。到6世纪初儒学成为官方思想，中央集权开始初步形成，并全面模仿唐朝的州、郡、县的行政区域制度。

（二）汉文化的润浸（7世纪70年代至14世纪末）

包括“统一新罗”（669—917年）和高丽（918—1391年）时代。公元669年，新罗在唐朝的帮助下统一朝鲜半岛，史称“统一新罗”，第一次实现了朝鲜国土的真正统一。在新罗和高丽统治的700多年里，中国文化从儒学经典、诗歌小说、佛教道教到中医药等各个方面都得到广泛深入地传播、应用。

1. 统一新罗时代

新罗统治朝鲜半岛近250年的时间里，与唐朝的关系十分密切。为了学习汉文化，新罗每年都派遣大批的留学生入唐学习。如公元837年新罗在唐朝的留学生就有200多人，是当时在唐留学生人数最多的国家。这些留学生有的留在唐朝参加科举考试，及第后就留唐为官；有的学成归国，或在中国做官数年后又回国，被安排到朝廷的政府机构加以重用。这些举措也促使更多的朝鲜人赴唐学习汉文化。同时，在朝鲜半岛实施科举制。682年，新罗效仿唐朝设立了国学，学习中国儒家经典，对象是16—30岁的贵族子弟，学习年限为9年。公元788年，新罗效仿唐朝实行科举制度，并把“四书”“五经”作为考试内容。科举制度的实行，不仅大大激发了新罗人学习汉字和汉文的热情，而且促使中国儒家思想在朝鲜半岛得到了更加广泛的传播和发展，也为日后汉字和汉文化在朝鲜半岛的深入传播打下了坚实的基础。

因朝鲜的口语和汉文不能言文一致，在阅读汉籍的过程中，新罗人创造了一种“吏读文字”，即利用汉字的音或义来标记朝鲜语的书写形式。“吏读也叫‘吏吐’、‘吏道’……一种汉语、朝鲜语混合文字，形式上都是汉字，文句中实词多用汉语，虚词多用朝鲜语（以汉字记音），句法从朝鲜语。”[①]它虽然用的是汉字，但与汉文不同。这种阅读方法一直持续到20世纪初李朝末年，极大地推动了汉籍的传播。范文澜等《中国通史》认为：“大约在唐朝建国前，新罗即开始使用汉字记录本族语言，称为‘吏读式’。唐时，薛聪以吏读式译中国经书为新罗语，儒学流传得以更加便利。”[②]虽然创造了用汉字记录朝鲜语的“吏读式”，但朝鲜的官方文字依然是汉字，且一般知识分子为了掌握汉文化的精髓，直接读汉文，用汉字著书立说。

2. 高丽时代

在高丽统治朝鲜半岛近500年里，经历了从中国五代，到宋朝、元朝直到明朝的开国。在经济文化繁荣的宋朝，高丽从国王到大臣，都对中国文化产生了仰慕之情。高丽政府不仅派留学生、使节等到中国来学习先进的中国文化，还在朝鲜半岛掀起了学习汉文化的热潮。

957年，高丽仿效唐制正式实施科举制，选拔人才，考试内容是儒家经典。并模仿唐朝，在京师设立国子监，下设太学、四门学等教育机构，培养不同等级的官员子弟，其他地方设立“乡学”。到高丽中期，私学逐渐盛行起来，其中最有代表性的就是崔冲创办的“东海孔子”，主要教授《诗经》《尚书》等九经和《史记》《汉书》《三国志》三史。高丽人除了到中国购买、收集或抄录汉籍之外，还自行刊印汉籍。这些举措都极大地促进了儒学在朝鲜半岛的普及与提高。

13世纪末，朱子学开始传播到朝鲜半岛，后逐渐发展为官方思想。1290年，高丽人安珦（1243—1306年）在元大都看到《朱子全书》，便将其携带归国，在太

① 夏征农等：《辞海》（第六版，缩印本），上海辞书出版社2010年版，第54页。

② 范文澜：《中国通史（第三编）》，人民出版社2008年版，第434页。

学讲授“朱子学”。此后权溥（1262—1346年）于1302年和1309年两次入元，带回朱熹的《四书集注》，在朝鲜半岛刊行，加速了朱子学在朝鲜半岛的普及。朱子学后被推崇为官方意识形态还与下面两位人物分不开。一是被称为“韩国大儒”的郑梦周（1337—1392年），字达可，号圃隐。郑梦周曾六次奉派出使明朝，三次入京师面见明太祖朱元璋（1328—1398年），并将儒家文化带回朝鲜发扬光大。著有《圃隐文集》《性理军书》《芝峰实记》等200多本重要著作，在朝鲜半岛被称为“东方理学之祖”。他的研究成果对朝鲜半岛的文化影响非常大，至今韩国还有“圃隐学会”“圃隐宗约院”等专门研究机构。二是被称为“东方真儒”的郑道传（1342—1398年），字宗之，号三峰，有《三峰集》（14卷）。在其著作中，大力崇儒排佛，并极力鼓吹“三纲五常”，特别强调“忠孝”思想，并以朱熹的“万理皆实”为武器，批驳了佛教的“万理皆虚”的宗教迷信说。从此，儒学，即朱子学成为朝鲜王朝官方思想。

高丽因到中国的人员十分频繁，迫切需要掌握汉字和汉语。为此，一方面，继续积极向中国派遣留学生；另一方面，设立专门的汉语教学机构。1275年，高丽设置了专门讲授汉语的国家机构“通文馆”，高丽国王本人及禁内学官均开始学习汉语。后又设立了司译院“以掌译语”，并使用中国的童蒙课本和经典汉籍作为教科书，如《三字经》《百家姓》《千字文》以及“四书五经”等，以书面语教学为主。到高丽末期，出现了朝鲜人独立编印的两部汉语口语教材——《老乞大》和《朴通事》，作者不详，据考证是迁徙辽东或沈阳的朝鲜人所作。课文采取了一种问答形式，其文字全部是汉字，用的是元代北方“汉儿言语”。其中《老乞大》2卷，共108节，相当于108篇课文。教材内容以高丽商人到中国经商，在途中遇到一个中国商人后结伴同行为线索，用对话的形式讲述了路上见闻、饮食住宿、交易货物等日常生活中的各个方面。《朴通事》3卷，共106节，相当于106篇课文。全书用对话或一人叙述的形式，文章内容大都关于学习生活、治病购物、下棋猜谜、打球摔跤、婚丧嫁娶等话题，涉及中国社会生活中的各个方面，非常丰富。这两部教材代表了14世纪中国北方的汉语口语，成为高丽王朝末期和后来整个李朝五百年间非常重要的汉语教材。

即使高丽王朝已进入统治末期，却依然一如既往，重视汉语学习和汉文化的吸收，如为了鼓励士人学习，还于1391年特设了“汉语都监”，安排教授馆专门讲授汉语。从中可见当时高丽王朝对汉语教育的重视。

朝鲜从三国时代开始就对中国文学，尤其是诗歌表现出了极大的热情。到新罗、高丽时代更不遗余力地推崇中国的诗歌。如高丽王朝高宗时期（1214—1259年），翰林学士集体赋了一首长诗《翰林别曲》，诗云：“唐汉书，庄老子，韩柳文集，李杜集，兰台集，白乐天集，毛诗……一气背诵，其乐复何如?”“太平广记，四百余卷，通读遍览，其乐复何如?”[①]从中我们可以看到中国典籍在朝鲜半岛的普及情况，以及中国文学受喜爱的程度。所以在充分掌握汉文学的基础上，新罗、高丽时代出现了一批颇有建树的汉文学家，他们或长期留学中国，或作为使节多次访问中国，具有深厚的汉文化功底，通晓中国的历史文化，在他们创作的诗词和撰写的诗歌评论中，表现出对中国文学的极大热情，以及文学素养。“朝鲜的四大汉诗人”中有三位生活在新罗和高丽时代，只有被称之为“朝鲜的诗佛”的申纬生活在李朝时代，可见这一时期汉诗文的兴盛。

“东国文学之祖”崔致远（857—？年），字孤云，新罗末期人。按照历史文献记载，他不仅是新罗汉文学中成就最卓著的一位汉文学家，而且是朝鲜半岛上第一位留下了个人文集的大学者、诗人，一向被韩国学术界尊奉为韩国汉文学的开山鼻祖，有“东国文学之祖”的称誉。

崔致远12岁留学于唐，18岁中进士，在唐为官10年。28岁回新罗，在新罗王朝继续担任要职。29岁时，向新罗国王呈献了自己的汉文诗集共28卷。正当他大展宏图时，新罗却陷入了内外交困的境地，于是，他毅然辞去官职，从此归隐山中，遍游名山大川，写诗唱和，潜心著述。如诗《临镜台》云：“烟峦簇簇水溶溶，镜里人家对碧峰。何处孤帆饱帆去，瞥然飞鸟去无踪。”描写了春天的一幅山水画面。在他的努力和影响下，当时已经是末期的新罗在汉诗文方面取得了丰硕的成就。

① 赵维江：《汉文化域外扩散与高丽李齐贤词》，《民族文学研究》2010年第2期。

崔致远一生文学创作不断，主要有新赋501首，五言、七言新诗100首等以及《桂苑笔耕集》20卷。范文澜曾对《桂苑笔耕集》给予很高评价，说它是“一部优秀的文集，并且保存了大量史事”。[①]由于在文学上的极高成就，崔致远得到了韩国后世的众口同赞，死后被追谥文昌侯，入祀先圣庙庭，尊为“百世之师”。因崔致远在我国扬州做过官，现在扬州市有“崔致远史料陈列馆”。

“朝鲜的李太白”李奎报（1169—1241年），字春卿，号白云居士，是高丽后期杰出诗人，在朝鲜历来被称之为“朝鲜的李太白”。年轻时代，李奎报便阅读中国经史百家佛老之书，最终达到精通程度。他一生热爱和向往中国，尤热衷于向中国优秀诗人学习，推崇陶渊明、李白、杜甫、白居易和苏轼等人，从而在自己的创作中打下了深深的中国诗作烙印。其中《晚望》一诗中赞美李白和杜甫：“李杜嘲啾后，乾坤寂寞中。江山自闲暇，片月挂长空。”表达对李、杜的仰慕之情，尤其喜爱李白及其诗风。他的创作深受其影响，写出了许多自由向上的浪漫主义诗歌，历代文人都称他为“海东谪仙人”。他还首开诗评之风，如诗话《白云小说》。李奎报的作品主要见于《东国李相国集》（共计53卷14册，1241年），其中收录2000多首诗和700多篇散文。

“朝鲜的汉诗宗”李齐贤（1288—1367年），字仲思，号栎翁。李齐贤是高丽末期汉诗创作的杰出诗人，他自幼接受中国儒家思想的教育，阅读了大量的儒家经典著作以及《左传》《春秋》《史记》等中国历史著作，尤其喜爱李奎报、李仁老等诗人的作品和中国古代诗人的文学作品。曾多次来中国，其中一次是高丽第26代国王忠宣王退位后留居元朝时，李齐贤于1315年以侍从的身份来中国，1341年回国，在中国生活了26年。其间游历了中国名山大川，还遍交元朝的文人名士，撰写了大量的吟咏中国名胜古迹的诗歌，如《黄河》：“黄河西流自昆仑，汉使乘槎昔穷源；昆仑山高几千仞，天河倒泄流浑浑；崩腾九曲转坤轴，浩荡万里浮天垠。有如楚汉战垓下，千兵万马驱平原……”在文学方面是“高丽一代无所企及者”，著作有《益斋乱稿》（10卷）、《栎翁稗说》（4卷）、《益斋长短句》等，

① 范文澜：《中国通史（第三编）》，人民出版社2008年版，第441页。

其中《栎翁稗说》是朝鲜最早的四部诗话之一，被称为“朝鲜的汉诗宗”。

这一时期，恰逢中国进入唐宋时期，诗歌达到鼎盛，还出现了诗评。这些自然也感染到中国的近邻——朝鲜，其中影响较大的是北宋欧阳修于1072年问世的《六一诗话》，书中关于“以资闲谈”的创作宗旨传到当时的高丽朝后，文人们纷纷模仿，正如许世旭所说：“吾韩自有诗话以来，作法全效中国，其成书之经过，以及体裁、条例、评论，固无一不类也。”[①]朝鲜的第一部“诗话”是公元1260年李仁老（1152—1220年）的《破闲集》，此后主要代表作有李奎报的《白云小说》、崔滋（1188—1260年）的《补闲集》和李齐贤的《栎翁稗说》等。这些著作采用随笔体式，以“记事”为主，寓评论于闲谈叙事之中。这种以“诗话”作为评论形式，不仅加深了朝鲜文人对汉诗艺术的理解，而且直接激发了将中国诗歌理论运用到朝鲜汉诗写作的热情，对于提高汉诗水准、普及中国诗论发挥了十分重要的作用。

二、朝鲜汉学的萌芽与成长（14世纪末至20世纪初）

1392年，李成桂推翻高丽王朝，自立为王，为争取明朝的支持，遣使请明太祖朱元璋裁定国号为“朝鲜”，直到1910年沦为日本殖民地。李氏朝鲜（简称“李朝”）建立初始，为了巩固统治，奉行“尊儒排佛、事大交邻、以农为本”等三大基本国策。非常重视和明朝的关系，多次向明朝表达派遣留学生的意愿，却因明朝的保守主义而遭到拒绝，只好开始通过各种方式在朝鲜半岛推广、普及博大精深的汉文化，研究汉文化。

（一）“朱学”的传播

李朝时期，为了全面学习儒家学说，国家设立最高学府“成均馆（国子监）”，在京城设立了“四部学堂”，各地设有“乡校”，民间还开设了“书堂”

① 许世旭：《韩中诗话渊源考》，台北黎明文化事业公司1979年版，第23页。

“书院”等各种类型的学校，且都以儒家经典为教材。加上李朝的“尊儒排佛”“事大交邻”政策，客观上又促进了儒家学说的普及。

到16世纪初，经过吸收和融合的朝鲜半岛朱子学（又称“性理学”）已发展得十分成熟和完善，涌现出了一批杰出的“理学”家。其中，被誉为朝鲜“理学”双璧的退溪李滉（1501—1570年）和栗谷李珥（1536—1584年）是最著名的代表。

退溪学派的创始人李滉，号退溪等，是朝鲜儒学的泰斗，素有“朝鲜之朱子”“东方百世之师”的美誉。李退溪以朱子学为理论依据，创立了以“理气互发说”等为特征的朝鲜性理学思想体系，在朝鲜朱子学发展史上竖立了一块里程碑，由此形成了退溪学派。主要著作有《退溪全集》《圣学十图》等。对于李退溪的研究，在国际上已形成一门专门的学问，称为“退溪学”。

栗谷学派的创始人李珥，字叔献，号栗谷等，是李朝时期著名的哲学家、政治家。其代表著作有《圣学辑要》《击梦要诀》《万言封事》等，后有《栗谷全书》44卷。李珥非常推崇朱子学的思想，认为三纲五常是“亘古今而不可变者”，是不可违反的永恒的绝对真理。并根据朱子学的理论，主张“理气兼发论”，形成了朝鲜朱子学的新学派，又称“栗谷学派”。

李滉和李珥这两位朝鲜大儒，虽然他们依据朱子学提出了不同的主张，但这些理论都极大地丰富、完善和发展了中国朱子的理论，在儒学史上具有重要的位置和理论价值。

（二）汉语教育

虽然在高丽时代就已经开始汉语教育了，但真正把汉语教育纳入国家正规教育体系的是李朝。李朝时期，尽管派人到中国留学的愿望始终未能实现，但这并未打击李朝学习汉语的热情与积极性，他们仍然通过多种途径培养汉语人才。

一是采取多种方式。虽然明朝官方拒绝了接纳朝鲜留学生，但李朝一方面建立派人拜访中国学者就中国语言、名物、典章等质疑问难的制度，即质正制度；另一方面派遣译学学者到辽东实地学汉语。后来，又采取语言研究人员随外交使团访华，直接接触中国语言文化的措施。清朝时期则采用“访问学者”的方式，专题研修，如天文学者宋仁龙，曾两度到中国学习历法。

二是设立教育机构。李朝在开国之初，继续沿袭高丽旧制在京城设立了“司译院”，负责汉语口语人才的培养。后来还在京城建立了“承文院”，负责外交文书兼书面语人才的培养。在地方上设有“译学院”，负责地方汉语教育。由此，形成多目的多层次培养汉语人才的制度。

三是建立师资队伍。汉语师资一部分是来自中国的汉语人才，另一部分则是朝鲜当地的汉语学习优秀的人。著名的有李边（1391—1473年）、申叔舟（1417—1475年）、成三问（1418—1456年）、金何以及崔世珍（1473—1542年）等。

四是编写汉语教材、辞书等。教材有口语、阅读、语音等多种类型。口语教材，有来自高丽末期编写的汉语口语读本《老乞大》《朴通事》等传统教材，这两部教材在李朝五百年间被不断地修订、新释、重刊，使其语言更加符合时代发展的口语要求，如《老乞大新释》（1761）、《朴通事新释》（1765）、《重刊老乞大》（1795）等。还有《华音启蒙》（1883）、《你呢贵姓》、《骑着一匹》和《中华正音》等会话教材。阅读教材，有著名学者李边于1498年用讲故事的形式编写的《训世评话》，全书上下2册，共有65则故事。每个故事先以文言叙述，后译为口语评话。内容主要是来自中韩古代名人、贤人及贞节烈妇的忠孝故事，以及寓言、民间传说、笑话等。因此，这部教材不论从编写体例，还是选材内容，都体现出创新性、多样性和丰富性。阅读教材还有来自中国明朝大儒丘濬（即丘浚，1421—1495年）所作传奇戏曲《伍伦全备》（全称《伍伦全备忠孝记》）。专门的语音教材，如申叔舟等人撰写的《洪武正韵译训》（1455）、《四声通考》，崔世珍的《四声通解》、崔锡鼎的《经世正韵》（1678）以及申景浚的《韵解》（1750）等。当朝鲜文字“谚文”于1446年公布以后，以上教材大都有谚文注解版。字书类，如《训蒙字会》《全韵玉篇》《新增类合》等。辞书类如《译语类解》（1690年）、《译语类解补》（1775年）和《华语类抄》（1883年）等。这些成果对我们今天撰写汉语教材和辞书不无启发意义。

五是制定考核机制。为了保障培养质量，司译院还制定了详细的考试制度。

汉语教材《老乞大》《朴通事》成为当时国家汉语能力考试的规定书目，用于选拔译官的“科举”考试，从而奠定了其广泛使用的基础，成为每一位汉语学习者的必读教材。

总之，李朝的汉语教育，在培养措施、教育机构、师资队伍、汉语教材、考核机制等方面都形成了较为完善的教育教学体系。

（三）创立朝鲜文字

运用汉字创制的“吏读文”有时很难准确地标记朝鲜语言，因此当时人们非常希望能有一套既适合朝鲜语语音系统和语法结构、又容易学会的文字系统。

在这样的情况下，在李朝第四代国王世宗（1397—1450年）的积极倡导下，郑麟趾（1396—1478年）、申叔舟等人多次到明朝学习音韵学，又经过多年研究朝鲜语的音韵和一些外国文字，于1444年创制了由28个字母组成的朝鲜文字。1446年朝鲜正式公布了创制的朝鲜文字，称为“训民正音”，又叫“谚文”意为“通俗文字”。

“训民正音”的创制改变了朝鲜语言文字不统一的现象，创造了广大民众广泛使用朝鲜文字的前提，为朝鲜语书面语的发展以及朝鲜文学的发展提供了良好条件。

尽管《训民正音》已经公布施行，但汉字仍在上层人士和知识分子中通行，被视为正统文字，政府颁布的一切法令、公文或王家记录，文人墨客的书籍仍均用汉文字。加之朝鲜王朝一直采取科举制度，中国的经书和诗文是必修的考试项目，因此人们从幼年起就学习汉文，读中国的经书、史书和文选。所以，汉字一直是朝鲜上自统治者，下至老百姓的文化生活的一部分。现在韩国所能看到的古代朝鲜的文献资料都为汉字。这种情况直至1894年“甲午更张”后，李朝高宗发布敕令，立“谚文”即“训民正音”为正宗文字，汉字的地位才被根本动摇。1910年日本占领朝鲜半岛后，汉字被彻底废除了。

（四）用“谚文”译汉书

《训民正音》颁布之后，并未成为汉文化东传的阻力。相反，用“谚文”注解汉文化典籍的活动开始兴起，这种翻译形式叫作“谚解”，其目的是使普通百姓也能够阅读和了解中国的经典书籍，吸收汉文化，普及汉文化。

首先是翻译汉语教材，以便利人们学习汉字和汉语。16世纪初，著名的汉语教育家、翻译家崔世珍把《老乞大》《朴通事》译成谚文，在汉字左下方以谚文释义，右下方则以谚文注汉字的本音，帮助人们掌握汉字的音和义。人们称这两本教材为《翻译老乞大》《翻译朴通事》。这种翻译方式成为后来汉语书谚解的典范。崔世珍还于1517年编写了汉语韵书《四声通解》，用谚文给汉字注音释义。1527年撰写了汉字字书《训蒙字会》一书，用谚文对3360个常用汉字注音释义，并在“凡例”中，根据汉语口语实际，对15世纪中叶创造的朝鲜文字提出了改进方案，重排了字母顺序，规定了字母的名称。

除了崔世珍的两部，还有《老乞大谚解》（1670）、《朴通事谚解》（1677）、《旧刊老乞大谚解》（1745）、《朴通事新释谚解》（1765）、《重刊老乞大谚解》（1795）等10余种，以及《伍伦全备谚解》（1721）、《华音启蒙谚解》（1883）等谚解教材。这些教材不仅有助于李朝时期的汉语学习和教学，而且也为我们今天研究元末明初的汉语口语提供了重要的历史语料。

其次是大量翻译儒家经典、小说诗歌，以及佛教经文等汉文典籍。例如《四书谚解》、《杜诗谚解》（1481）、《太平广记谚解》、《金刚经谚解》、《楞严经谚解》（1461）等各类书籍，译法采取一字一句忠实照译的方式。这一活动至中宗朝（1506—1544年）出现高潮。大大推动了汉文化在朝鲜的全面普及。

（五）汉诗的创作和研究

李朝时期和明清两朝外交来往十分频繁，明清诗歌的创作也影响了朝鲜汉诗创作者的写作趋向。著名者如申纬（1769—1845年），字汉叟，号紫霞，是朝鲜四大汉诗人的最后一位，被尊称为朝鲜的“诗佛”，相当于中国的王维。他是一位诗、书、画都很出众的“三绝诗人”，其诗句“夕阳淡淡阑珊酒，芳草萋萋途别人”颇有王氏遗风。曾拜在我国清代著名学者翁方纲的门下请益。著有《紫霞诗集》。

李朝延续了高丽时期的诗话，而且汉诗评论得到了进一步发展。如李朝前期的汉文文学创作的杰出代表徐居正（1420—1488年）的《东人诗话》（1474年），分上下两卷，是朝鲜诗话史上第一部以“诗话”命名的谈诗论诗之作，第一次实现了诗话由“闲谈”“记事”向评诗论诗为主的质的转变。《东人诗话》崇尚宋诗，而在诸多名家中，苏东坡最受推崇：“高丽文人，专尚东坡，每及第榜出，则人曰三十三东坡出。”除此，还有南孝温《秋江冷话》等汉诗评论。这些著作大多仿自中国的诗话，或摘句举篇，品评高下，或记佚闻趣事，或发表理论见解，所论之诗既有中国诗人之作，也有朝鲜诗人的诗，具有多方面的价值。

15世纪，一些出使中国的朝鲜使臣及随从文人，纷纷把游历中国的见闻记录下来，并把这种纪行散文叫“燕行录”。李朝人崔溥（1454—1504年）的《漂海录》是古朝鲜最早的中国行记的专著。1488年时任济州官员的崔溥得知父亲病逝，于是渡海回家奔丧，途中遭遇海难，在海上漂流了14天，最后在中国浙江台州获救登陆。因种种原因用了四个半月的时间，回到了朝鲜。后奉李朝国王之命把自己沿途所见所闻，写成《漂海录》。这是一本用汉文撰写的著述，广泛记录了中国明代大江南北的政治、经济、交通、风物，对研究当时的地理交通和海防及外交均有重要价值。到18世纪，这种游历散文在朝鲜非常繁荣，其中著名学者朴趾源（1737—1805年）所著《热河日记》，共26卷，讲述了1780年作者跟随使节团来中国沿途所见所闻。书中详细介绍了从鸭绿江经盛京（今沈阳）、北京及热河等30余地，两千多里行程，特别是关于乾隆七十大寿的情况。所述内容包括中国的历史地理、风俗习惯、人物乃至诗琴书画等当时中国社会生活各个层面的风貌。

中国小说很早就传入朝鲜。公元284年《山海经》已传入，其后《搜神记》《太平广记》等也相继传入。李朝时期，《太平广记》等小说还被译成谚文。对此，一些士人对中国小说发表了评论，提出了自己的看法，有的从学习汉文、了解汉文学和历史的角度给予了肯定，有的则从维护封建李朝统治的立场予以否定。在长期的论争中否定者的意见渐占上风，1786年，李朝政府下令禁止中国小说传播，但是，中国小说仍然在朝鲜半岛流行。正由于大量中国小说的传入朝鲜，有些在中国已经失传的小说，在朝鲜仍有当时的原本，如明代陆人龙创作的一部优秀白话短篇小说集《型世言》。朝鲜还有大量的中国小说译本，如《三国演义》的译本有木刻本7种、手写本8种；《红楼梦》译本为世界上第一部完整的译本。另外，朝鲜还有中国小说的改编本，如《楚霸王实记》改自《西汉演义》、《唐太宗传》改自《西游记》、《张飞马超实记》改自《三国演义》等。对我们今天了解和研究中国小说史提供了很有价值的资料。

汉字、汉诗、汉文，在朝鲜半岛风靡近2000年而不衰，孕育了古代朝鲜文化，造就了一大批在儒学、汉文学、汉语教育等各个方面卓有成就的朝鲜学者。

三、韩国中国学的形成与发展（20世纪初至今）

1910—1945年日本占领朝鲜时期，采取了日化教育。1924年日本在京城（今韩国首尔）建立第六所帝国大学京城帝国大学。按照日本帝国大学的建制，开设了支那哲学、史学、语学及文学等学科。其办学宗旨、培养目标等都是为日本国家利益服务的，教学体系也是套用东京帝国大学，包括教授也基本来自东京帝国大学，如先后担任中国语学、中国文学讲座教授的儿岛献吉郎和辛岛晓（1903—1967年）。虽然到1945年韩国国家独立为止，韩国籍毕业生只有9位，但这所20世纪上半叶朝鲜半岛唯一一所国家最高学府，毕竟直接培养了一批韩国最早向现代学术过渡的学者，这些学者有的成为韩国独立后第一代中国学家，如著有《中国文学史》的车相辕（1910—1990年），后来成为汉城大学中国文学专业的教授。

1945年韩国国家独立。次年，在京城帝国大学的基础上成立的国立汉城大学（现首尔大学）开设了中文专业。但接着朝鲜战争，朝韩分治，导致中韩关系降到了“冰点”。特别是1961年朴正熙上台，强调专用韩国文字，明令禁用汉字，中国文化的影响、学习和研究在韩国几近消失。其间虽然韩国外国语大学、成均馆大学分别于1954年和1955年开设了中文专业，1955年由研究中国文学的车柱环（1920— ）、研究中国历史的金俊烨、研究中国哲学的李相殷等学者共同发起创建了“韩国中国学会”，创办了《中国学报》（中文版）等，但是韩国与中国大陆的文化交流几乎处于停滞状态。

1965年，美国为了争夺世界霸权调整了东亚政策，尤其是加强了对中国的研究力度，于是通过基金会资助韩国学者开展对中国的研究。但因中韩尚处于敌对之时，韩国无法与中国大陆直接往来，韩国人学习汉语只好去中国台湾地区，资料来源也只能依赖于国外论文或二手资料，有些研究内容，如中国当代问题属于学术界敏感区，出版有关著作和专刊也受到严格控制。所以这一时期的中国研究主要停留在译介阶段，据《1945年后韩国出版的中国学著译目录》一书的统计，1945—1970年韩国出版的中国学研究著作大多数属于译介著作。另外，这一时期的学术研究受政治因素影响也缺乏客观性。当时的学者对中国问题的研究，或多或少还受反共政治理念影响。例如，有些著作在论述辛亥革命时，就只介绍国民党政府的立场。

直到20世纪70年代以后，随着中国与美国的关系逐渐缓和，中国加入联合国，以及中国开始实行改革开放政策，特别是1992年中韩建交，两国政治、经济、文化交流逐渐升温，两国民间交往也日益频繁，韩国的中国学进入发展期。

首先，研究机构竞相成立。20世纪90年代初期，韩国先后建立了中国人文科学研究会、韩国敦煌学学会、中国现代文学学会、韩国汉诗学会等研究机构。不仅所有大学设立了中国学系，一些大学还设立了专门的中国学研究机构。如淑明女子大学的“中国学研究所”，建国大学、外语大学的“中国问题研究所”等。研究机构属学院式，学会则多为民间组织。这些机构自创立以来，有的每月召开一次学术报告会，有的每年举行一次学术报告会。如，1955年创办的“韩国中国学会”，每年通过举办“中国学国际学术大会”，加强中韩以及世界关于中国学的学术交流，提高中国学研究水平。2000年，“韩国中国学会”又创办了《国际中国学研究》（中文和英文版）。现在，韩国中国学会已发展成为韩国研究中国问题的最具有代表性的综合性团体和韩国最大的学会，研究领域由中国文学、历史和哲学，发展到中国政治、经济、教育、语言、法律、艺术和考古等各个方面。正如金俊烨所说："韩国中国学会对中国学在韩国的发展起到了应起的作用。"①

影响最大的中国语研究机构是，2005年韩国外国语大学孟柱亿创办的"韩国中国语教育学会"，办有会刊《中国语教育与研究》。会员来自大学中文系教授，初高中、汉语补习班的中文教师等，会员遍布韩国的汉语教学界。会长先后由孟柱亿和韩溶洙担任。

这些研究机构极大地推动了韩国中国学的研究，现中国学研究不论在人数上，还是在研究成果上规模都在不断增长。

其次，汉语热不断高涨。随着20世纪80年代以后中韩两国政治、经济和文化等交流的不断深入，韩国人学习汉语的热情也持续高涨，学习汉语的人数也不断增加。一方面，2005年，韩国教育部提出，在全国中小学普遍开设汉语课，并将汉语认定为韩国高考外语语种，高考时对学生"全国汉字能力检定试验"成绩和"汉语水平考试（HSK）"成绩都有相关的认定加分。这些政策有利于更多的韩国高中学生选择汉语作为第二外语，现选学汉语的人数居第二位，英语第一。另一方面，到2008年，韩国高等院校已有定名为中国语科、中国语学科、中语中文学科、中国学科、中国文化学科、语学堂等中文专业200多个，同样，学习汉语的人数也位居第二，英语第一。"截至2009年2月，在只有4900万人口的韩国，已有30多万较固定的长期汉语学习者以及100万左右不固定的短期汉语学习者。"②

由中国政府资助的世界上第一家孔子学院于2004年在韩国首尔大学成立，截至2017年，韩国现有孔子学院23所，如首尔孔子学院、仁川大学孔子学院等；孔子课堂13个，如华山中学孔子课堂、仁川国际高中孔子课堂等，位于亚洲第一。

① 王霞：《韩国中国语教育学会简介》，《世界汉语教学学会通讯》2010年第6期。
② 焦毓梅、于鹏：《韩国汉语教育现状分析及发展前瞻》，《长江学术》2010年第3期。

第二节 韩国的中国学名家

据统计，“到2004年韩国从事中国学研究的人员有1271名。而从事中国文学、语言学和中韩比较文学的专业人员就有700余名”，[①]涌现出一批在中国历史、文学以及语言研究方面成果卓著的中国学家。

一、中国历史学家金俊烨

被称为“韩国费正清”的金俊烨（1920—2011年），是韩国当代中国研究的首倡者之一。他曾参加过中国抗日游击队，1948年在南京中央大学研究生院研究中国史，后转入台湾大学从事中国历史研究。1949年回国，在高丽大学从事汉语教学和中国学研究，直至1985年。1957年创立高丽大学亚洲研究所和韩国中国学会，并兼任高丽大学亚洲问题研究所所长。曾两度赴美担任哈佛大学、普林斯顿大学等大学的客座教授。

金俊烨主要研究中国近代史，如《中国共产党史》（1958）、《中国现代史》（1963）、《中国近代史》（增补版，1967）、《孙文与胡适》（1968）、《中共和亚洲》（1979）、《我的长征》（5卷，1995）以及《我与中国》（1997）等著述，均在学界

① 郑成宏：《当代韩国的中国文学研究》，《当代韩国》2004年第3期。

受到高度评价。在金俊烨努力和影响下，中国近现代史研究以及整个中国学的研究在韩国迅速展开。

二、中国文学家许世旭

被誉为“第一个用中文创作新诗的韩国人”的许世旭（1934—2010年），1959年毕业于韩国外国语大学中文系，1960年到台湾师范大学学习中国文学，后以《李杜诗比较研究》获得硕士学位，1968年又以《韩中诗话渊源考》获得博士学位。学成回国后，先后任韩国外国语大学中文系和高丽大学中文系教授，又历任韩国中文学会会长、韩国教育部汉字审议委员等。从1956年起便用韩文写诗，1961年开始用汉语写作现代诗歌和现代散文。已出版的韩文著作有《中国文化史概论》、《中国现代文学论》（1982）、《中国古代文学史》（1986）、《中国现代诗研究》（1992）、《中国现代文学史》（1999年），《中国随笔史》等20余部论著及诗文集，中文著作有诗歌《雪花赋》、《东方之恋》（1994年），散文集《许世旭散文选》《城主与草叶》，诗与散文合集《藏在衣柜里》等，学术专著《韩中诗话渊源考》等。另外，许世旭还用中文翻译出《韩国诗选》《春香传》等作品。许世旭撰写汉语诗歌、散文，研究汉文学，为中韩文化交流做出了杰出的贡献。为了表彰他的成就，中国现代文学馆特别设立了“许世旭文库”。

除了许世旭以外，韩国在中国文学研究方面有突出成绩的还有车柱环的《中国词文学论考》和《中国诗论》，权吉的《中国现代文学史》，金时俊的《毛诗论考》《中国现代文学论》和《中国现代文学作品选读》，柳晟俊的《王维诗研究》、《中国唐诗研究》（上、下）和《中国现代代表诗集》，等等，可谓硕果累累。

三、中国语学家孔在锡

韩国当代著名的中国语学家孔在锡（1937— ），1963年汉城大学中文系毕业后，进入汉城大学研究所攻读硕士学位，1966年毕业。曾到中国台湾地区“中央研究院”历史语言研究所、美国纽约圣诺望大学亚洲研究中心交流。自1970年起，在韩国汉城大学、檀国大学等大学中文系任教，现为高丽大学中文学科教授，担任韩国中国文字学会会长。作为韩国中国语研究的开拓者，他的研究范围涉及中国语各个分支学科，如汉字研究，著有《基础汉字的语源考察》(1993)、《汉字的理解》(1994)、《汉字起源问题的理解》和《汉语词的理解》等；现代汉语语音学研究，有《汉代方言与朝鲜方音的比较》(1975)、《中国语音表记法研究》(1984)、《中国语音的基础理解》(1984)和《关于中国语音节》(1985)等文章。孔在锡是第一个把汉语拼音方案介绍到韩国的学者，并在论文中介绍了中国语语音研究的历史；现代汉语语法研究，著有《现代中国语语法》《现代中国语文法》《中国语学概论》等学术专著，现这些语法著作成为韩国大学汉语教学的教材。他还为韩国的中国语研究界和教育界培养了许多学生。

除了孔在锡在中国语言学方面的研究成果外，韩国汉语语法、词汇及汉语教学、音韵、文字改革方面的论文著作可以说是数以千计。现代汉语语法研究专著有宋在禄的《中国语标点符号研究》、金模的《新中国语文法》、许成道的《中国语语法研究》等；词汇和文字研究的专著有宋在禄的《中国语虚词用例集》《简体字研究》、成元庆的《中国简化字》等。汉语教学研究方面，汉语教材有上百种，汉语辞典也有十几种。韩国外国语大学中国语科教授、韩国外国语大学首任孔子学院院长、世界汉语教学学会副会长、韩国中国语教育学会会长孟柱亿，发表了大量的关于汉语在韩国的教学著述，著作如《现代中国语文法》等，论文有《韩国人汉语词语偏误分析》《试论语音教学中的误导问题》《韩国汉语教育的现状与未来》等。这些成果将有力促进韩国中国语研究向深度发展。

［参考文献］

专著：

［1］何寅、许光华：《国外汉学史》，上海外语教育出版社2002年版。

［2］刘顺利：《朝鲜半岛汉学史》，学苑出版社2009年版。

［3］汪维辉：《朝鲜时代汉语教科书丛刊（全四册）》，中华书局2005年版。

诸多不便，特别是当僧侣们听经时要在很短时间内，在经书的狭小的字里行间记下读音和意义，为求快求便，于是对汉字进行拆解省略。到8世纪末，在语音已经相对固定化了的万叶假名上，形成了仅用楷书的一部分代替整个汉字的一套记音方案，由此而形成了“片假名”。“片者，整体的一部分”，如用“阿”的偏旁“ア”代替“阿”表示“a”音。由于这种方式书写简便，所以很快普及开来，到公元10世纪，48个片假名逐渐统一定型。与此同时，宫廷中女子在用万叶假名写作和歌、物语和随笔时则一般喜欢用汉字草体。草体本身具有省略简写性质，因而不必再将字分割省略。由此，形成以汉字草体为记音方案的“平假名”。如用“安”的草书体“あ”表示“a”音。因早期为日本女性专用，被称为“女手”，即女性文字，后随着女作家紫式部的《源氏物语》的流行而使得日本男人也开始接受和使用平假名。片假名和平假名的创造，标志着日本有了自己正式的文字。但汉字仍然作为日本官方用来记事的正式文字。直到明治时代，片假名和平假名才正式作为官方文字使用，并规定由汉字和两种假名（以平假名为主）混合使用。从此以后，日文不再全用汉字书写，但汉字仍然占据重要位置，绵延至今。日本文化审议会于2010年汇总了新常用汉字表的最终方案，公布了2136个汉字。

在奈良时代，日本上层社会把会写汉文和汉诗作为一种有地位的象征，掀起了一股写汉文汉诗的热潮。汉文如，日本第一部全书用汉字写成的历史文学作品《古事记》（712年），以及日本留传至今最早的编年体正史《日本书纪》（720年）。汉诗如，日本现存的最早的汉诗集《怀风藻》，成书于751年，64位诗人的诗作，计120首（佚失4首），绝大部分是五言，只有7首是七言。在这部诗集里，有141处引用中国诗的典故成语，40处模拟中国诗的句式。诗风多模仿六朝齐梁体的古诗，用字典雅，但内容比较单调，多数为宫廷中的侍宴、述怀、迎驾、游乐等内容。如文武天皇的《咏月》：“月舟移雾渚，枫楫泛霞滨。台上澄流耀，酒中沉去轮。水下斜阴碎，树落秋光新。独以星间镜，还浮云汉津。”这些都说明了日本人使用汉字写作汉文已达到了一个较高的水平，也说明汉籍东传对日本社会的巨大渗透和对日本文化的巨大促进。

到平安时代，贵族阶层成为学习汉文典籍的主角。他们不仅欣赏，还评论中国的汉诗，更对中国唐诗情有独钟，尤其是崇拜白居易的诗。如公元833年，藤原岳守因在唐商人入日的中国船上发现了一部《元白诗笔》并献给仁明天皇，因此而升官。可见日本朝廷对白居易诗的喜爱程度。日本汉诗集《千载佳句》载唐153人的1083首诗中，白诗共507首；《和汉朗咏集》录汉诗234首，白诗共139首。二集白诗均占其半壁江山。平安朝还设立了《白氏文集》讲座，数代天皇皇后都参与了这个讲座，如《源氏物语》的作者紫式部作为女官，曾为彰子皇后讲授《白氏文集》。在她的《源氏物语》中，随处可见对白诗的运用。评论汉诗方面高僧空海的《文镜秘府论》就是一部非常重要的汉诗文研究的著作，被称为日本的《文心雕龙》。因此书，中国失传的六朝至唐许多重要文献得以保存。

总之，日本的上层——皇室和贵族成为这一时期学习汉文化的主导者和推动者，从学习汉字、汉语，到在汉字的基础上创造出日文；从学习汉文、欣赏汉诗，到创作汉文、汉诗，再到评论汉诗；从学习儒家经典，到运用儒家思想来治国治民，如圣德太子在执政期间依据《论语》《孟子》《诗经》和《尚书》等汉文典籍，于603年和604年分别制定了《冠位十二阶》《宪法十七条》等制度来治理国家；模仿唐朝设立了传授儒学经典的学校，如京师有大学，地方有国学，教材来自中国儒家经典。还引进和大力弘扬佛教，维护和巩固皇权。甚至音乐围棋等也被引进到日本，成为学习的内容。日本朝野以模仿唐朝的一切为时尚，就连平城京也是模仿长安城的格局建设而成。由此，中国文化在日本得到了较为全面的普及和推广。

（二）以“禅宗”为主导的汉文化学习

五山时代（13—16世纪），包括镰仓幕府时代（1192—1333年）和室町幕府时代（1333—1573年），约300年。与飞鸟、奈良、平安时代以王朝的都城所在地命名不同，“五山（寺）”原只是南宋时期中国佛教禅宗的五个基地，日本僧侣也模仿中国禅宗“五山（寺）”的名号在日本也法定了“南禅寺、天龙寺、建仁寺、东福寺、万寿寺”等五座寺庙。正是这五座寺庙主导了这一时期日本学习中国文化的各个方面，甚至整个国家的意识形态，形成了由禅宗、宋学、宋诗等为内容的“五山学派”，产生了“五山文化”，故称之为“五山时代”。

禅宗，是印度佛教的中国化。中国禅宗主张的“不必研读佛教经典”“顿悟成佛”等思想受到当时日本社会文化修养水平较低的武士阶层的欢迎，禅宗成为武士的宗教。于是，僧侣成为这一时期到中国学习和收集汉文典籍的主角，如著名僧人明庵荣西（1140—1215年）曾两次入宋学禅，被宋孝宗赐号为“千光法师”。归国后，兴建寺庙，宣传禅宗，被称为日本禅宗的开山祖师。其后，中国禅僧兰溪道隆与弟子东渡日本，也带去了大量的文献典籍。在中日僧人的共同努力下，禅宗得到了幕府的保护，并迅速发展为日本社会文化意识的主流，影响甚至主宰了日本人生活的方方面面，如茶道、剑道、花道、武士道，以及建筑、园林等各个领域。

一些文化层次较高的日本僧侣在学习、传播宗教文化的同时，也接受新儒学，即宋学，他们内修禅宗之谛，外学宋学之道。宋学在日本经历了传播、讲习等过程，采用“汉籍和训”等学习形式。学习宋学的成果最初形式是五山禅僧的《语录》，接着出现比《语录》更高一级论文集，如虎关师炼（1278—1346年）的《济北集》、义堂周信（1324—1388年）的《空华日工集》等。他们以专题论文的形式阐述其对宋学的理解，最后出现了宋儒学研究的系统性专著。现存最早的宋学研究著作是临济宗僧云章一庆（1386—1463年）讲授的《百丈清规》讲义。到15世纪末期以后，朱子学研究更盛行日本，其研究成果颇为丰硕。仅清原业忠一人著作就有16种之多，如《周易抄》《大学听尘》《中庸抄》《论语听尘》等。大批宋学研究著作问世，表现了宋学日本化的倾向，逐步形成了宋学学派。

以“五山”为主体的僧侣们也成为汉文学的欣赏者与创作者，他们崇尚中晚唐及宋代诗歌，形成了以汉诗创作为主的五山诗风，这就是“五山汉文学”。根据作者是否到过中国学习汉文化，分为“本土派”和“游学派”。“本土派”，即指没有到过中国，只在日本本土学习中国典籍，研读汉诗文，写作汉诗文的僧侣。其代表人物义堂周信，著有《空华集》等诗文集。“游学派”，是指到中国求法求学，游历中国山川名刹，结识高僧名士，对汉文化既有理念上相通，又有感性上体会的僧侣。代表人物有绝海中津（1335—1405年），在华求学达八年，学识广博，诗文俱佳，著有诗文集《蕉坚稿》，与义堂周信一同被文学史家称为“五山文学双璧”。

此阶段，日本学习汉籍主要采用训读法的形式，学习内容和教材主要来自中国传统的蒙学读物、中国儒家经典以及汉诗文，没有专门的汉语教材，注重书面语即文言文的学习，重阅读、理解，轻听说。这种学习汉语的训读方法成为“五山时代”僧人学习汉籍的重要方法，并通过不断改造完善，得以初步定型。

二、日本汉学的初启（17世纪至19世纪60年代）

江户时代（1603—1867年），是日本封建社会的末期，相当于中国的明末到清末时期。当时首都在江户（现东京），所以称江户时代，这一时期是由德川幕府统治，故又称德川时代。日本自5世纪末开始引进汉文化、学习汉文化，但基本上是一种模仿或移植。到江户时代日本开始根据政治需要及民族特点变异地引进、吸收“汉文化”。

首先进行变异的就是中国“儒学”。为了巩固自己统治，儒学，特别是宋学受到了德川幕府的大力推崇：“宋学重大义名分，规定严格的君臣关系，对于规范和稳定社会秩序都会起到一定作用，为幕府的统治者所接受。”[①]由此，宋学上升为日本的国家意识形态，被尊为“官学”，并在实践层次上成为这一时期日本人起主导作用的价值观。这种状况是与两个人推波助澜分不开的：一是藤原惺窝（1561—1619年），宋学的开创者，反对“五山时代”的僧侣文化，倡导宋明理学，提出以朱子（朱熹）学为正宗。二是其弟子林罗山（1583—1657年）更不遗余力地推行朱学，提出以忠为本，忠为孝先；不仅批判佛教，还对老庄及基督教进行激烈地批判；提倡“神儒合一”，其中的“神”即日本本土宗教“神道教”。由此，藤原惺窝和林罗山完成了宋学的日本化。但他们推崇的宋学，成为幕府的官学，“实际上只是借中国的学问以建立日本自己的学问体系，是一种以自我为中

① 叶渭渠：《日本文化史》，北京理工大学出版社2010年版，第244页。

心的、完全日本化的宋学。宋学在江户儒家眼中只是一个被有目的地摘取而改造利用的对象，而不是被认真研究和认识的‘客体’、‘异文化’”。①

与作为官方意识形态的宋学派相对立的，江户时代还出现了代表民间势力的古学派和阳明学派。所谓古学派，就是主张复古的儒学派。又分为“古学派”“古义派”和“古文辞学派”。代表人物分别为山鹿素行（1622—1685年）、伊藤仁斋（1627—1705年）和荻生徂徕（1666—1728年）；日本阳明学派的创始人是中藤江树（1608—1648年），吉田松阴（1830—1859年）也是代表人物之一。

可以说，这些学派都借鉴了中国儒学，特别是受到宋学的影响，虽然各派之间名称不同，提法互有出入，但都具有儒学或宋学日本化的共同倾向，体现出日本儒学来源于中国又有别于中国的继承和创新的特点。它说明，任何文化的交流都不是简单的移植，而有一个本土化的问题。

其次是中国小说的改写。江户时代的文学，最有成就是在小说方面，尤其是一些读本文学。所谓读本，是相对于画本而言的，是指吸收当时中国小说的写法以文字为主的作品。“读本”大多采取用“翻案法”写作，所谓翻案法，即借助中国小说的素材、情节和人物，按照日本的价值观念、审美习惯、地名人名对中国小说进行改写。如读本小说的开创者都贺庭中（1718—1794年），其《古今奇谈英草纸》《古今奇谈繁野话》和《古今奇谈莠句册》，可称为“古今三谈”，实为冯梦龙《三言》的翻案。读本小说的代表作是上田秋成（1734—1809年）的《雨月物语》，取材于中国小说《剪灯新话》和“三言”，被誉为日本近代以前怪诞小说的巅峰之作，在日本文学史上占有举足轻重的地位。中国的名著《三国演义》《水浒传》是当时重点翻版的对象，如著名作家曲亭马琴（又名“泷泽马琴”，1767—1848年）的长篇小说《南总里见八犬传》就是借用了《水浒传》中的素材和灵感。这部小说历经28年（1814—1842年）完成，共98卷、106册，是日本古典文学史上最长的巨著。当时还出现了《倾城三国志》《风俗女三国志》《风俗女西游记》等风格不同的翻版作品。这一时期日本小说的创作具有明显的中国烙印，可

① 钱婉约：《日本中国学京都学派刍议》，《北京大学学报（哲学社会科学版）》2000年第5期。

以说，它们是在中国小说创作和理论的基础上加入了一些日本元素，从而形成具有一定日本民族特色的文学，而且其发展趋势越来越明显。

江户时代，日本开始了真正意义上的汉语教育，出现了正规的汉语教学组织、专职的汉语教师以及专门的汉语教材等。其中推动这场汉语学习的，儒家学者的重视和中日贸易激增是两大主因。

为了准确地掌握中国儒家经典，日本儒家学者非常重视汉语的学习，认为阅读儒家经典必须直接用汉语语音来读，才能正确把握儒家的圣人之道。特别是以荻生徂徕为代表的“古文辞学派”，反对使用“训读法”，认为仅以训读理解原文，很难准确地理解汉语原文本身的语法、措辞，破坏了原语音、原语调和语序；提倡使用“汉文直读法”，即用汉语的读音阅读和讨论儒家经典，并用古汉语写文章、解释六经。为此，组织了汉语教学组织——“译社”，其宗旨是交流汉语的发音和语法，探讨如何将汉语翻译成日语等，还邀请当时汉语水平最高的学者和翻译家冈岛冠山（1674—1728年）到译社担任汉语教师。冈岛冠山在任教期间于1716年开始陆续出版了日本历史上首套汉语教材，其中包括《唐话纂要》（6卷，1716）、《唐音雅俗语类》（5卷，1725）、《经学字海便览》（7卷，1725）、《唐话便用》（6卷，1726）、《唐译便览》（5卷，1726）共5种。这是首次由日本的汉语教师悉心设计、编写的一套汉语教材，象征着日本汉语教育走向科学化的道路，是日本汉语教育史上的一件大事。

德川幕府统治期间，实行闭关锁国的政策，禁止日本商船出海，但允许中国和荷兰的商船在长崎港进行贸易。随着日中贸易在长崎的兴盛，当地人要与中国商人、船员打交道，就需要懂得汉语，特别是要精通汉语口语的翻译人才。于是长崎地方政府于1604年专门设立了“唐通事”这一职务，规定了汉语教育由“唐通事”负责。还具体规定汉语教学以南京语音为中国官话的代表，根据学生的汉语水平分为三个阶段：初级阶段学习唐音，教材直接选自汉语的启蒙读物和儒家经典，如《三字经》、“四书”“五经”等。这些文言典籍用于认字记音，作为进一步学习唐话的基础；第二个阶段是中级，大多是唐通事自编教材，如冈岛冠山编的6卷本《唐话纂要》；以上阶段结束后，开始第三阶段的学习，有《译家必备》

（4册）、《养儿子》、《琼浦佳话》等汉语读物，这些读物都是唐通事编写的抄写本。毕业以后可以阅读《今古奇观》《水浒传》《三国演义》《西厢记》《金瓶梅》《红楼梦》等中国古代通俗小说。通过这些文学作品的学习，学习者不仅了解了中国文化知识，还提高了汉语口语表达能力。

随着学习汉语的人日益增多，推动了更多学者编写汉语课本和编写辞书。1969—1977年日本古典研究会编辑，日本著名文献学家长泽规矩也（1902—1980年）解题、编著并出版了一部大型丛书《唐话辞书类集》，收录了由江户时代的汉语教师们编著的各种汉语辞书63种，分为20集（另有别卷一集）。这套丛书较为全面地反映了江户时代日本人学习汉语的状况，同时在很大程度上反映了当时中国的俗语、方言等情况，乃研究近代汉语的重要资料。

唐通事的汉语学习和教育活动是江户时代一种主要的汉语教育形式，培养了大批唐通事的继承人，对后世的影响也很深远。对此六角恒广（2002）评价说："近代日本的中国语教育，因为有二百六十多年唐通事唐话教育的经验与传统，所以明治的汉语教育，从一开始就一点儿困惑也没有，并且，教师丰富的知识反映在了教学中。"可以说，江户时代中日贸易的蓬勃发展是以长崎为中心进行的汉语学习和汉语教育的根本动力，为日本后期的汉语教育积累了丰富的教学经验。

汉语学习的热潮不仅推动了教材辞书的编写，也推动了汉语语法的研究。日本的汉语语法研究是从翻刻中国语法著作开始的。第一部汉语语法著作是翻刻明代万历年间刻书家、藏书家胡文焕刊刻的《新刻助语辞》，这部书原作是元代卢以纬著的《语助》（1324），是一部研究文言虚字的专著。1641年在日本以《新刻助语辞》为名出版，添加了方便阅读的日语假名和标点。该书的出版成为日本研究汉语虚词的主要范本，也开启了日本研究汉语语法的历史。此后陆续出版了三好似山著的《广益助语辞》（1672）和《广益助词辞集例》（1694），在《新刻助语辞》的基础上，补充了一些新的内容，如在书中列举了1000多个词，分成56个分类；毛利贞斋著的《鳌头助语辞》（1683）、《训蒙助语辞谚解大成》（4卷，1708）和《重订冠解助语辞》（2卷，1717）等，作者在标点、注音的基础上，第一次用日语解释汉语语义。1734年，伊藤仁斋的长子伊藤东涯（1670—1736年）著的

《新刊用字格》，在分析“助字”“虚字”之外，还结合大量的实例，详细地比较了汉语与日语语序的不同，具有一定的独创性。

日本的学者还结合中国的《左传》《诗经》《史记》等古典文献中的助词、虚词等词语进行了研究。其中集大成者是皆川淇园（1734—1807年）撰写的《史记助字法》（1760）、《左传助字法》（1769）、《诗经助字法》（1783）。他在著作里很明确地采用“实字、虚字、助字”的三分法。之后他又撰写了《虚字解》（1783）、《续虚字解》（1792）和《助字详解》（1814）等著作。关于为什么日本要以古代文献中的“助字”“虚字”为主要研究对象，据牛岛德次在《日本汉语语法研究史》一书中分析，“或者说目的是为了有助于中国古文的阅读、理解。但从各著作内容看，不如说主要是为了写‘汉文’。由汉字组成的中国古文，对其认读、训解还可以，但一旦用汉字作文，那么用怎样的顺序排列汉字，是非常难的。更难的是，读书时不重视的所谓可有可无的‘助字’，什么地方用什么地方不用这一问题。这是大多数学者也头痛的事”。[①]为了正确理解中国古代文献中的语句和用中文写作而研究汉语，不仅有助于日本人学习古代汉语和中国经典文献，还有助于推动汉语的全面研究。

三、日本汉学的确立（19世纪70年代至20世纪中叶）

从明治初年到第二次世界大战结束（1868—1945年），包括明治时代（1868—1912年）、大正时代（1912—1926年）和昭和时代（1926—1989年）的早期相当于中国的晚清和近代。这一时期日本开始了全面学习西方，如实行议会制度，进行西式教育，发展实体经济，建立新式武装力量等一系列资本主义性质的改革。为了成为世界列强中的一员，先后发动了中日（甲午）、日俄、吞并朝鲜以及侵略中国等一系列战争，由此，导致了中国文化在日本的地位受到了前所未有的冲击和削弱，中国文化在日本的地位发生了巨大的变化和重大转型。

① ［日］牛岛德次：《日本汉语语法研究史》，甄岳刚编，北京语言学院出版社1993年版，第135页。

首先，从称呼上，日本此前称中国为“汉土”“唐土”，19世纪末日本受到西方称呼中国为“China”的影响，译成日文为“支那”，称研究中国的学问为“支那学”。

其次，在明治维新之前，中国文化主要是学习的对象，之后，中国文化成为研究对象。创建于1877年的东京大学（1886年改为“帝国大学”，二战后又改为“东京大学”）既为日本大量输入西方科学文化提供方便，也为中国文化作为一门学科的建立提供了契机。1882年文学部首次设立了以讲授中国传统学术为中心的“支那古典讲习科”（包括中国古典在内经史子集内容），学制四年。1890年，东京大学文科大学模仿欧美学制，设立讲座制度，其中汉学和支那语学设立了三个讲座。日本著名文学家夏目漱石（1867—1916年）于这一年进入文科大学学习。1905年，把汉学和支那语学讲座分成支那哲学、支那史学和支那文学三个讲座。第一讲座首任教授是岛田重礼（1838—1898年），第二讲座首任教授是竹添进一郎（1842—1917年），第三讲座首任教授是张滋昉（旅日华人，1839—1900年）。1910年，为了与“西洋史学”相对，将“支那史学”改为“东洋史学”，后发展为“东洋学”，即以中国为主要研究对象的一门学科。这派学者以那珂通世、白鸟库吉、桑原骘藏（1871—1931年）等为代表形成了“东洋史学派”。

另一所创建于1897年的京都帝国大学（二战后改为“京都大学”），也于1906年设立了“支那哲学”讲座，由狩野直喜、铃木虎雄（1878—1963年）、青木正儿（1887—1964年）等担纲；1907年开设的“支那史”讲座，由内藤湖南讲授；1908年设立了“支那语学和支那文学科”讲座，由狩野直喜主讲。1907年，狩野直喜发起并创建了以京都支那学研究者为主体组成“支那学会”，1920年，成立支那学社，并出版学会杂志《支那学》。以内藤湖南、富冈谦藏（1873—1918年) 等人为代表主张“支那史”应该包括中国史、中国哲学、中国文学。由此，在京都大学形成了“支那史学派”。

接着，1924年，在东京成立了亚洲最大的东洋学中心“东洋文库”，为“东洋学”的专门图书馆兼研究所，由白鸟库吉负责文库的研究工作。被日本学术界称之为亚洲文献的宝库。研究所一直聘任兼职或专职的东洋文库研究员，编辑出版

《东洋学报》以及《东洋文库论丛》《东洋文库欧文论丛》等杂志和丛书，推动了日本对亚洲特别是中国的研究。二战后，图书部交日本国会图书馆管理，成为国会图书馆的分馆。

综上，到19世纪末20世纪初，中国文化正式作为一门学科在日本大学体系中占有一席之地，标志中国文化在日本成为一门独立的学问。以东京帝国大学、京都帝国大学为基地，日本学者开始大规模地学习和引进西方社会科学理论及其研究方法，借用这些理论和方法全面考察中国语言、文学、历史、哲学，以及中国艺术乃至社会现状等方面。这标志日本进入从借用或参考中国文化的历史转变为从他者的角度研究中国文化的历史。

（一）汉语教育与研究

1. 汉语教育

明治维新后，日本的汉语教育发生了一系列的重大变化。日本官方废除了江户时代的唐通事职务，改“唐话”为“清话”“汉话”，后来统称“支那语”。特别是1871年，日本与清政府正式建立外交关系后，随着中日之间的政治、经济往来日益频繁，日本国力的不断增强，培养能懂会说的汉语人才成为日本亟待解决的一个问题。

首开日本近代汉语教育的是1871年外务省创办的“汉语学所”，目的是培养外交和商务活动的汉语翻译。规定用南京话教学，使用《汉语跬步》《三字经》《译家必备》等作为汉语教材。1876年文部省开办了“外国语学所”，转而用北京话教学。教材用的是广部精（1854—1909年）以英国人威妥玛的《语言自迩集》为基础编写的《亚细亚言语集支那官话部》。后“外国语学所”并入东京外国语学校，1879年中田敬义（1858—1943年）将日文版的《伊苏普喻言》（《伊索寓言》）译成北京官话作为汉语教材。以上三所学校的汉语教学都由唐通事出身的颖川重宽（1831—1901年）主持并负责。

此后民间、军方为了培养汉语人才纷纷加入创办汉语学校之中。其中影响较大的民间汉语学校有1875年广部精创立的“日清社”，1877年振亚社办的“中国语学校”，1880年兴亚会办的“支那语学校”，1895年宫岛大八（1867—1943年）创办的“善邻书院”等。日本军方还在中国设立了汉语学校，让日本人直接到中国来实地学习汉语，著名的如1890年在上海成立的“日清贸易研究所”（1901年改为“东亚同文书院”），1924年的“满铁教育专门学校”，1926年日本在大连开办汉语广播讲座等汉语培训机构。上海的汉语教学由御幡雅文（1859—1912年）负责，著有《华语跬步》，教授北京官话及上海话。东北的由秩父固太郎（1876—1948年）负责。

随着汉语教育的开展，汉语教材的编写和出版成为亟待解决的问题。于是日本官方、民间、商人和军方等都纷纷编写教材。据统计，从1867年到1945年编纂的教科书达1437种。其中官方教材著名的如东京外国语学校用的唐通事后代吴启太、郑永邦编的《官话指南》（1882），该教材是日本人较早编写的北京官话教材。而影响最大的是宫岛大八编著的《官话急就篇》（1904），重版了170多次，被日本汉语教育界誉为二战前日本汉语教科书的“经典”。军方编写的教材，如《日清会话》（1895）、《支那语军用会话》（1940）以及《军用支那语大全》（1943）等，有33种之多。当时日本还出版了专门的汉语语音教材，著名的有伊泽修二（1851—1917年）撰写的《日清字音鉴》（1895）、《清国官话韵镜》（1904）和《支那语正音发微》（1915）等系列教材，这些著作最大的特点是用日语假名标注汉字读音。

综上，明治维新时期的汉语教育，从1871年汉语学所的创办，到1945年战败投降，历时70年之久，可谓斑驳陆离。既有官方的、也有民间的；既在日本本土办学，也到中国办学；教材种类繁多、琳琅满目；教学从重视文言文教育变为白话文教育，从南京官话转为北京官话，注重口语教学。但是因日本这一时期的汉语教育培养目标跟政治、经济特别是跟侵略扩张有密切的关系，所以出现了急功近利和实用主义的问题。教材数量虽多，但质量却不高，且大同小异；教师教学上仅注重口语操练，忽视语法理论和文化背景的讲授。正如安藤彦太郎（1917—2009年）在《中国语与近代日本》（1991）中所指出的“日本在明治维新后中国语被看作是一种不必顾及其文化背景，以实用会话为中心的‘特殊外语’”。所以，明治维新的汉语教育突出的特点就是军事汉语和商贸汉语为主。

2. 汉语研究

在江户时代，日本的汉语研究基本上是紧跟中国语言研究的步伐。到了明治时代，这种情况依然如此，尤其是汉语语法的研究。正如日本当代著名汉语专家牛岛德次所指出的："日本研究汉语语法的状况，与中国国内对汉语语法的规律的探索是密切相关的。往往中国国内出版了一本汉语语法书后，日本学者紧跟着马上也翻译注释出版，在这过程中他们还添加上自己研究的心得体会。"[①]如1869年美国传教士高第丕（Tarlton Perry Crawford）和中国人张儒珍合著的《文学书官话》传到了日本后，被誉为"日本近代辞书之父"的大槻文彦（1847—1928年）根据此书于1877年出版了《支那文典》。大槻文彦因受西方语言学的影响，在翻译、注释《文学书官话》基础上，增加"介词"类别，还把"数词""量词"独立出来，体现了这部书的独创性。因《文学书官话》是一部研究汉语口语的著作，大槻文彦也成为日本研究现代汉语语法的第一人。

这一时期，对日本影响较大的3部著作是马建忠的《马氏文通》、黎锦熙的《新著国语文法》和王力的《中国文法学初探》。

当1898年中国出版第一部具有完整体系的古汉语语法书——《马氏文通》传到日本时，激起了日本学者研究古代汉语语法的热潮。其中影响较大的，是儿岛献吉郎（1866—1931年）和广池千九郎（1866—1938年）等。儿岛献吉郎在参考了《马氏文通》和猪狩幸之助的《汉文典》（1898年）的基础上，于1902年和1903年分别出版了《汉文典》和《续汉文典》。"文典"的体系由两大部分组成：第一部分是语法部分，又分为文字典、文辞典、文章典等3个方面；第二部分是修辞部分。其中关于汉语词类的分析最为系统和详细，即把汉语词语分成4类10种，体辞（名词、代名词），用辞（动词），状辞（形容词、副词），助辞（前置词、转接词、助动词、感应词、歇尾词）。广池千九郎于1905年出版了《支那文典》，10年后又修订出版了《增订支那文典》。提出所有"代名词"，可分为"强制的"和"自由的"，"动词的被动式"有3种形式（《马氏文通》认为有6种形式），

① 杨初晓：《日本研究汉语语法的历史》，《云南师范大学学报（对外汉语教学与研究版）》2007年第4期。

探讨了形容词的“无”和“莫”的不同，此外，还详细讨论了动词“有”的用法等。这些观点都是以往的语法书没有提过，或只是简单涉及的，这是该书独创之处。日本汉学界认为该书是一部集大成之作，引用资料全面，内容丰富，引证确切，分析和评介恰当，并且运用了独特的研究方法，开创了日本汉语语法研究的新局面，为日本汉语语法研究指出了方向和目标，反映了日本古汉语语法研究的最高水平。

进入昭和时代后，由于入侵中国的需要，日本朝野上下开始盛行学习现代汉语或口语，现代汉语被说成是“实用语言”。正如后藤朝太郎在其1908年出版的《现代支那语学》“自序”中所言：“近来我国支那语研究兴起是东洋语研究中值得注目的现象。不过从另一角度看，今日的所谓支那语研究仍停留在单纯的实用上，一步也没有前进。”此书对北京官话语音、文法进行了阐述，并把它作为标准语，在对口语和文言比较中，总结了汉语方言分布及特点等，对我们今天了解和研究清代汉语的语言特点具有重要的启示价值。

此时的中国也掀起了声势浩大的“白话文”运动，现代汉语语法的研究受到越来越多的学者的重视，黎锦熙于1924年出版了《新著国语文法》，王力于1937年出版了《中国文法学初探》。受其影响，日本对古代汉语的研究风气日益减退，研究古代汉语的学者和书籍受到冷落，而研究现代汉语的潮流日渐兴盛。如黎锦熙《新著国语文法》出版后，日本学者仓石武四郎、内藤尧佳、香坂顺一、宫越健太郎先后出版了自己的译本。王力《中国文法学初探》传到日本后，最早将其著作译成日文的是田中清一郎1937年的《中国文法学初探》，佐藤三郎治译1940年的《支那言语学概论》等。

此外，在文字学方面，由于甲骨文字的发现并传入日本，日本学界开始了对甲骨文文字的研究。尤其是罗振玉和王国维东渡日本后，有力地推动了日本甲骨文文字学的发展。

（二）中国文学研究

明治维新后，随着日本学者学习西方现代文学理论和方法的深入，中国文学在日本的地位发生了重大转变。其中以1908年东京帝国大学在文学科开设“支那文学史”和1908年京都帝国大学设立“支那语学和支那文学科”讲座为标志，中国文学正式作为一门专业和研究对象得以确立。

明治中期以后，从1882年至1912年30年间，日本学者用西方文艺理论对中国文学的发展历程进行了详细地梳理和阐述，相继出版了20余部中国文学史通史及断代史。日本第一部、世界第二部（第一部是俄国人瓦西里耶夫《中国文学史纲要》）中国文学史著作，是末松谦澄（1855—1920年）于1882年出版的《支那古文学略史》（上下册，只介绍了先秦文学），名为文学史，实为学术史。早期日本学者在梳理“中国文学史”的撰写史时，多忽略此书。后儿岛献吉郎于1891年出版的《支那大文学史》，也只介绍先秦的文学。而世界第一部真正现代意义上的中国文学史著作是古诚贞吉（1866—1949年）于1897年出版的《支那文学史》。在这部著作中，以时代为经，以作家为纬，兼顾文体等因素，体现了文学的流变，具有明显的现代意识。盐谷温（1878—1962年）于1919年出版的《中国文学概论讲话》，被认为是中国文学史跨入近代化研究的标志，等等。这些中国文学史的研究不仅对日本了解中国文学史以及中国文学和日本文学的关系，还对中国本土文学史的写作具有促进作用和启发意义。

1885年，日本出版了第一部用西方文学理论研究中国文学的著作《小说神髓》，作者坪内逍遥（1859—1953年），书中对李渔等人把小说当作“劝善惩恶”工具的观念进行了批判，提出小说应遵循“模拟人情、模拟世态，力求模拟得逼真”的写实主义，力求态度客观，同时注意观察人的性格和心理。该书的出版标志着日本小说家对中国古典小说从仰慕推崇到参照批评的转变，也标志着日本文学创作向近代文学观念的转变。在此理论指导下，二叶亭四迷（本名“长谷川辰之助”，1864—1909年）于1887年发表了长篇小说《浮云》，系近代日本文学第一部运用现实主义创作方法的作品，揭开了日本近代文学的序幕。被称为日本近代“中国文学研究的第一人”的铃木虎雄于1925年出版的《中国诗论史》，乃开创中国文学批评史之作，比中国最早的同类著作陈中凡的《中国文学批评史》问世还早两年。著名汉学家青木正儿、吉川幸次郎（1904—1980年）、小川环树（1910—

1993年）都是出自铃木虎雄门下。

1919年中国的“五四”新文学运动之后，日本学者开始翻译和研究现代中国作家和作品。其首倡者是京都支那学派的学者青木正儿，在1920年的《支那学》的创刊号上连续发表了《以胡适为中心的汹涌澎湃之文学革命》一文，介绍了中国新文学运动的发生和发展，并且特别评价了鲁迅。到30年代，佐藤春夫、井上红梅、山上正义等学者开始翻译鲁迅、郁达夫、郭沫若、茅盾等当下作家的作品。

1934年，竹内好（1908—1977年）倡议并联合冈崎俊夫、增田涉（1903—1977年）、武田泰淳（1912—1979年）、松枝茂夫（1905—1995年）等发起成立“中国文学研究会”，1935年创办《中国文学月报》（后改为《中国文学》，于1943年解散）。此时的日本学术界对中国的研究基本上是以中国古代文化为对象，名称为“支那学”“东洋学”。该学会是日本第一个以“中国”命名，并明确宣称以中国现代文学为研究对象的民间社团，在20世纪中叶前日本中国研究中具有里程碑的意义。“中国文学研究会”会刊《中国文学》9年105期中发表了80余篇中国文学作品的译文，其中60余篇是中国现代文学作品，包括鲁迅、郁达夫、茅盾、冰心、巴金、老舍、周作人等诸多中国现代文学作家的作品。该研究会及其会刊对中国现代文学作品的译介和研究，扩大了中国现代文学作品在日本的影响，也加深了日本对中国现代社会的了解。

明治以后，日本对待中国文学从之前重在欣赏、模仿创作，进入了运用西方的文学理念编写中国文学史、撰写中国文学理论阶段；从之前欣赏中国古典诗歌转为中国近现代小说、戏剧等俗文学的译介和研究阶段。

（三）中国历史研究

19世纪末，随着西方史学理论和方法的传入，日本一些学者开始运用西方的近代史学方法研究中国古代史。1894年，那珂通世（1851—1908年）在其用文言撰写的4卷本《支那通史》中首次提出了“东洋史”的概念，即主要以中国为主的亚洲历史。这部著作被誉为“世界第一部近代性质的中国通史”。由此，在日本形成了国史（日本史）、西洋史、东洋史（主要指中国史）三足鼎立的局面。1896

年，日本高等师范正式开设了“东洋史”课程，由那珂通世讲授。1910年东京大学文科大学史学科设置“东洋史学专修学科”，以此为标志，“东洋史学”作为一门独立性的学科正式确立。此后围绕着东洋史的研究，逐步形成了两大学术流派“东有白鸟，西有内藤，”即以东京帝国大学教授白鸟库吉为代表的“东京文献学派”和以京都帝国大学教授内藤湖南为代表的“京都实证学派”。

日本史学家除了那珂通世、白鸟库吉、内藤湖南之外，还有市村瓒次郎、林泰辅(1854—1922年)、狩野直喜、藤田丰八(1869—1928年)、桑原骘藏、鸟居龙藏(1870—1953年)、和田清(1870—1963年)、津田左右吉（1873—1961年）、羽田亨（1882—1955年）、原田淑人(1885—1974年)等学者。他们运用近代科学方法来研究中国历史文化，在许多领域里取得了显著的成果，诸如对中国上古史、中国历史分期、先秦典籍、中国宗教史、民族史、明清史、中外关系史等方面，都取得了前所未有的成就。

（四）中国哲学研究

明治维新前后，日本儒学的地位变化最为明显。之前，中国儒家文化基本上是日本的主流文化，甚至成为官方意识形态。此后，为了更快地引进西方学术，中国儒家文化不仅不能保持主流文化的地位，还遭受极端的批判，甚至清算。引起这一变化的始作俑者是曾深谙中国文化，后又留学欧洲，系统地学习西方文化的“西洋派”。其中第一个把西方哲学介绍到日本的，是启蒙思想家西周（1829—1897年），他提出功利主义的伦理观“人生三宝说”，即健康、知识、富有。这和儒家学说朱学“存天理、灭人欲”的伦理道德是针锋相对的。接着津田真道（1829—1903年）提出“实学”和“虚学”的概念，认为儒学是“虚学”，西方物理、化学等学科是“实学”，而只有“实学”才能构建真正的文明。更有甚者福泽谕吉（1834—1901年）认为“导致日本落后于西方的原因是儒学”，其在《文明概略论》一书中提出了著名的“脱亚入欧论”。

当这种论调在日本愈演愈烈时，明治天皇感到自己的地位岌岌可危，从而认识到“仁义忠孝”的重要性。于是在1879年、1890年分别颁布了《教学大旨》和

《教育敕语》，重新强调“君臣父子之义”，“仁义忠孝”，“道德之学，以孔子为主”。此时的一些学者也鼓吹恢复“儒学”，如主张立儒教为国教的西村茂树（1828—1902年）在《日本道德论》一书中提出“儒教”是日本“哲学的根干”，并提出西洋哲学来充实和更新“儒教”的“混合儒教主义”。而另一位学者服部宇之吉（1867—1939年）在《儒教与现代思潮》一书里提出了“孔教”的概念，否定孔子以外的任何儒学，把孔学提到了宗教的程度，目的是要把儒学改造得更适合于天皇政权的需要。在这样的背景下，儒学开始走向了复苏，但此时的日本逐渐从学术上来考察中国儒家文化。这种转变是运用西方学术，在大学学科体系之下产生的，名为“支那哲学史”。其中著名的中国哲学史研究者有井上哲次郎(1855—1944年)、狩野直喜、武内义雄(1886—1966年)、小岛祐马等。

这一时期，日本对中国文化的研究，出现了“支那学”与“东洋学”、“支那史”与“东洋史”等概念并存的局面，反映了当时在日本研究中国的学术圈内，刚刚建立的研究“中国的学问”，名称、学科体系以及课程设置等还在完善阶段，也反映了日本当时的中国观。

四、日本中国学的建立（20世纪中叶至今）

1945年，日本投降，中国政府提出禁止日本使用带有贬义的“支那”一词，改为“中国”。由此，研究中国文化的学问为“中国学”。

战后初期，日本国内的政治经济处于低迷状态，而世界又处于“冷战时期”，日本的中国文化研究基本处于停滞状态，许多研究学会停办、研究刊物纷纷停刊。为了摆脱这种状况，1949年日本研究中国文化的学者岩村三千夫、野原四郎和平野义太郎等发起成立“日本中国学会”，该学会研究的领域包括中国文学、语言学、哲学三大部分，创刊《日本中国学会报》等。该学会和会刊的创建开启了日本研究当代中国的先河，该学会还是第一个将有关中国的研究称为“中国学”的机构。后经日本学者不断地努力，该学会和会刊逐渐成为日本现代中国学研究的中心。

1972年，中日邦交虽然恢复了正常化，但由于中国还处于“文革”之中，日本关于中国的研究依然没有多少进展。这种局面完全得到改善是从1978年中日两国签署《中日和平友好条约》开始的。日本从1979年重新开始向中国派遣留学生和研究人员。后随着中国的改革开放，日本学者可以比较自由地来中国进行实地调查研究。对于中国的研究开始出现了很大的变化，从中国古代文化的研究扩展到现代中国的政治、教育、法律、经济、军事、社会生活、国际关系、考古学及新闻学研究等。研究方法也不断更新，在注重实证研究的基础上，开始多角度地考察中国，使日本中国学研究走向了新的阶段。

（一）汉语教育与研究

二战结束后，日本的汉语教育处于低谷阶段，学生学习汉语的人数不多。为了振兴日本的汉语教育与研究，1946年，在中国语学文学研究专家仓石武四郎主持下成立了“中国语学研究会”（现改为“中国语学会”），该学会的宗旨是汇集日本汉语学者共同探讨汉语教学和研究的发展道路，并于1947年创办了《中国语学》杂志。1951年，在日中友好协会的支持下创办“中国语讲习所”，由仓石武四郎负责，创办了《朋友》（1954年更名为《中国语》）作为会报。该讲习所提倡以“听说”作为主要的汉语教学方法，深受学生欢迎。学习汉语的人数逐年增多，1964年讲习所更名为“日中学院”，成为专门的汉语学习学校。仓石武四郎还与日本广播电视台（NHK）联合开办“汉语讲座”。由此，日本的汉语教育开始恢复，但随着中日关系的变化时有起伏。

直到20世纪80年代，中日两国出现了互相学习对方语言的热潮，学习汉语的人数渐增，日本的汉语教育出现了前所未有的发展。

汉语教育蓬勃发展。大学普遍开设汉语专业和公共汉语课程，高中部分学校也开设了汉语课，甚至连一些小学也有汉语兴趣课。此外，还有民间学校汉语班，孔子学院汉语班，以及各类汉语专修学校等。日本广播电视台（NHK）开设了面向全国的电台和电视汉语讲座，以及互联网汉语教学方式。从1997年开始，日本大学入学考试中心增设汉语作为入学考试科目之一。这一政策不仅有力促进中学开设汉语课，还激发了高中学生学习汉语的热情。

师资力量不断增强。中日建交之前，汉语教师基本上都是日本人，多数是国内培养的，只有少数到过中国。第一代的，如著有《中国语教本》的仓石武四郎、《汉字的故事》的藤堂明保（1915—1985年）、《中国语历史文法》的太田辰夫（1916—1999年）、《广东语的研究》的香坂顺一（1915—2003年）、《中国语和近代日本》的安藤彦太郎（1917—2009年）、《中国语词典》的伊地智善继（1918— ）等。第二代的，如著有《中华文化汉日图解词典》的舆水优（1935— ）、《汉语语音史探索》的平山久雄、《汉语语法研究论文集》的大河内康宪（1932— ）等；第三代的，如衫村博文、中川正之、木村英树等。这是一支宏大的汉语师资队伍，他们不仅是汉语教育家，还是汉语研究家，是日本汉语教育发展的基础。

汉语教材编写成果丰硕。在中日邦交正常化之前，日本的汉语教材主要来自自编教材，大都是建立在中国文法研究成果上撰写的，如仓石武四郎的《中国语教本》和《中国语的结构》，香板顺一的《现代中国语文法》，钟夕江信光主编的《中国语讲座》等，这些教材一般包括内容的编排、说明、提示、练习等，大都以语法为基础。还有一部分引进中国教材，如1959年来自北京大学中国语文专修班编写的《汉语教科书》，1964年引进北京语言学院所编的《汉语读本》等。自中日邦交正常化之后，教材主要来自三个方面：一是日本自编的，其数目相当可观，且种类丰富。如，高信太郎的《漫画中国语入门——与13亿中国人快乐地交谈》（1999），用漫画的方式讲解汉语；上野惠司的《标准中国语》（1989，1996年重版），该教材课文旁有日语解释，每课后面附有本课的语法重点；深泽春太郎《立刻发挥作用的商务中国语》（2002）等。二是中日合作编写的。著名的如刘家业、张淑荣和市濑信子、桥本敬司等合编的《从早到晚——太郎的一日》（1992）。三是中国人编写的。如张正光的《日中生活习惯异同》（1988）、楼志娟的《24种掌握中国语的方法》（1999）、奏燕的《有趣的中国语会话——日本人和中国人之间常用会话》（2001）等。从20世纪80年代开始，日本开始配套出版与汉语教材同步的录音磁带、CD等现代化的电子产品，如：野村邦近的《耳朵记住的初级中国语CD书》(2000)，帮助日本人改善听力和发音欠佳的问题。[①]

研究汉语语法教学的成果也逐年增加。影响较大的，如乌井克之编著于1988年出版的《中国语文法入门》，中山时子监修，鹿琼世、藤山和子编著于1988年出版的《新中国语语法》等。翻译的著作有吕叔湘的《现代汉语八百词》(1980)、《现代中国语用法辞典》和《中国语语法分析问题》(1983)，朱德熙的《语法讲话》(1986)，刘月华的《现代中国语文法总览（上）》(1988) 等。这一时期著名的汉语教育研究者有仓石武四郎、藤堂明保、安藤彦太郎和六角恒广等学者。

战后日本的汉语研究涉及面比较广，从古代汉语、方言和音韵学，到现代汉语的语音、词汇、语法和文学语言，以及辞典的编写等，都有学者进行研究。如日本汉语学界为战后三十年编制的汉语研究目录有《中国语音韵研究文献目录》《现代中国语文法研究文献目录》《中国语文法资料暂用目录》《汉语文法研究主要论文目录》《解放后中国发表的关于"词"和"词汇"的文献月录》。限于篇幅，本书只介绍语法方面的研究成果。

其时，日本学者开始独立撰写语法著作，如乌居久靖的《华语助动词的研究》(1947)、仓石武四郎的《中国语法读本》(1948)、太原信一与伊地智善继合著的《中国语表现文型辞典》(1949) 等。影响较大的有两部：一是藤堂明保于1956年出版的《中国文法研究》，是日本最早出现的关于中国文法集大成之著作。二是太田辰夫1958年出版的《中国语历史文法》，此书对现代汉语诸种语法成分和语法现象进行了历史溯源的探讨。这部书实际上是一部近代汉语语法史。朱德熙在为《中国语历史文法》中译本所作的序中说："此书刊布已三十年，可是到目前为止，还没有哪一部书可以取代它的位置。"太田辰夫还著有《汉语史通考》《中国语文论集》《唐代文法试探》《宋代文法试探》《论语文法研究》《孟子文法研究》等专著以及《西游记研究》等。此外，还有牛岛德次的《汉语文法论》(古代编、中古编)(1967、1971)，志村良治著的《中国中世语法史研究》(1984) 等。

仓石武四郎领导的"中国语学研究会"，通过召开学会会议、出版会刊以及专

① 杨初晓：《日本研究汉语语法的历史》，《云南师范大学学报（对外汉语教学与研究版）》2007年第4期。

著和论文集等，大力促进日本汉语研究。如1953—1955年出版的《中国语学研究会论集》，1957年出版的《中国语学字典》（7分册）、《中国语概论》、《中国语比较研究》、《中国语研究史》、《实用中国语》（Ⅰ、Ⅱ）、《新中国语单词》、《中国语学文献目录（1945年8月—1957年7月）》，1958年的《中国语研究资料》（合订1册本），1965年的《中国语和中国文化》，1969年的《中国语学新辞典》等。另自20世纪50年代以来引进、翻译和注释中国语言研究著作。如1953年吕叔湘、朱德熙的《语法修辞讲话》，1954年吕叔湘的《中国语法学习》，1955年张志公的《中国文法基础》，1956年杨伯峻的《中国文言文法》和俞敏的《现代汉语语法缩编》等。这些著作的出版对于日本中国语言研究的战后恢复和发展起了巨大的推动作用。

（二）中国文学研究

战后，因受当时的国际环境影响，1950—1979年，中国文学在日译介活动进入了低谷期。作者大都是来自30年代以来的汉语言文学研究者，如仓石武四郎、竹内好、松枝茂夫、冈崎俊夫、吉川幸次郎、小川环树等。1951年仓石武四郎编译《冬儿：谢冰心自选集》；1954—1958年，竹内好等人共同编译《现代中国文学全集》（15卷），收集了13部个人作品集和两部文学专集；1962—1963年，三好一等人编译《中国革命文学选集》（20卷）；1970—1971年，竹内好等人编译《中国现代文学选集》（20卷）。吉川幸次郎的《中国诗史》《宋元明诗概说》等。这一时期，翻译作品多见于文集或合集，期刊发表十分稀少；集中在中、短篇小说的译介上，并以重译为主，新译作品数量有限，其中新中国成立前的作家作品是译介重点，如鲁迅、沈从文、冰心、赵树理等。

这种局面直到20世纪80年代后，才得到彻底改变。日本对中国文学的译介出现热潮，开始关注中国当代文学作品，如1983年上野广生编译《现代中国短篇小说选》，1984年永田耕作编译《最新中国短篇小说集》，1990年藤井省三、白水纪子等人编译《发现与冒险中的中国文学》（8卷）。2008年还专门成立了“中国现代文学翻译会”，目的是翻译介绍中国现代文学作品。如“翻译会”成员南條纯子等人于1986年编译的《80年代中国女性文学选》(5卷)。据东京大学文学部藤井省三介绍,“1977年至2006年11月,中国小说有448部单行本被日本翻译出版,其中大陆作家作品计233部”。[①]进入21世纪,日本对中国文学作品的翻译、介绍及评论的势头有增无减,特别是莫言获得诺贝尔文学奖,更加激起了日本学者对中国文学作品的重视,从而加速了中国文学在日的传播。

综上,日本自20世纪20年代以来一直通过翻译、介绍中国现代文学,观察、了解中国的风土人情,了解中国社会变化。正像汉学家、翻译家冈崎俊夫所说的那样,“我们想藉了解在那里中国逐渐生长着新的文学,去接触新中国的气息”。[②]但同时,中国现代文学又被日本人当作反观自我和了解自我的参照坐标。

(三)中国历史研究

战后,日本东洋史学对中国史研究的一个重要课题是:反省与批判战前史学的研究观点,如“中国社会停滞论”。由此,引发一场有关中国历史分期、中国近代化等历史进程问题的大论争,一直持续到20世纪80年代。这场讨论,整个日本史学界都深受马克思主义历史观影响,提出了中国社会并非“停滞不前”的论点。

20世纪90年代以来的日本中国史研究,研究方法上,继续注重史料的发掘、调查、收集和考证,并开始微观研究和对历史细节进行考订(之前注重“宏观研究”,如中国历史分期等问题),例如,宫地幸子撰写的《中国已婚女性的姓名》,分析中国历代女性姓名从属问题;神矢法子著的《母之丧服》探讨中国古代的礼制,特别是汉晋时期母丧服制的问题。近几年,日本中国史学界还注意吸收政治学、经济学、社会学、生态学、文化学、人口学等学科中的方法。如汉学家沟口雄三(1932—2010年)出版的《方法的中国》,书中整理出日本研究中国历史所用的学际整合、生态学研究方法、文化研究方法等三种研究方式。研究理论上,在美国“中国学”的影响下,日本对中国的研究也开始注重“地域研究”,如滨下武

① 转自杨四平:《现代中国文学在日本的传播与接受》,《井冈山大学学报(社会科学版)》2013年第3期。

② [日]大塚幸男:《比较文学原理》,陈秋峰、杨国华译,陕西人民出版社1985年版,第24页。

志（1943—）主编的《地域的世界史》系列在日本出版。日本对中国的历史研究的视野更加开阔，研究角度更加多元，研究成果更加丰富。

综上所述，从有文字记载的中日交流史，日本对中国文化的态度，经历了一个最初崇拜汉文化；到江户时代变异中国文化，使中国文化本土化、民族化；再到明治维新用西方文化审视和批判汉文化，并在东京和京都两所大学里设置“汉学”讲座，正式把中国古代文化作为研究对象，或多或少在文中认为中国近代历史是“落后的、野蛮的、停滞不前的”，具有一定的局限性；到二战后，建立了不仅关注中国古代文化，更多地以中国近现代文化作为研究对象的“中国学”。主角从飞鸟奈良时代的皇室、平安时代的贵族、五山时代的僧侣，到江户时代的士大夫，再到明治维新的深谙中国文化又学习西方文化的启蒙家，最后到二战后的各路学者。正因为一千多年来汉文化对日本民族的浸润，所以对中国文化的研究不但涉及面广博，而且深入、细致、系统，研究成果可谓卷帙浩繁。日本汉学家研究成果对推动中国本土学者的研究具有积极意义，特别是中国哲学、中国历史、中国文学、汉语语法、音韵学、训诂学、文字学等，其研究内容、研究方法和研究视角值得借鉴。

目前，日本有孔子学院14所，如立命馆孔子学院、北陆大学孔子学院、爱知大学孔子学院、早稻田大学孔子学院和关西外国语大学孔子学院等；孔子课堂有8所，如立命馆孔子学院东京学堂、长野县日中友好协会广播孔子课堂等。

第二节　日本的汉学名家

一、狩野直喜与“支那学派”

狩野直喜（1868—1947年），号君山，1895年毕业于京都帝国大学汉学科，曾两度留学中国，于1906—1928年在京都帝国大学文科大学讲授“支那哲学史”，后又于1908年在文学科开设“支那文学史”，使中国哲学和文学逐渐成为一门独立的学科。1911年到欧洲探寻被英、法和俄等国所盗取的敦煌文献，以《中国俗文学史研究的资料》为题，发表了他在欧洲调查的报告。

（一）创办杂志，建立学派

1920年狩野直喜与小岛祐马、武内义雄、青木正儿等创办《支那学》杂志，以此为基地，发表大量的关于中国文化的文章，开创了日本的“支那学”。并与京都大学的同僚“支那史”教授内藤湖南、桑原骘藏一起构建了“支那学派”，因与清亡逃命日本的国学大师王国维有深交，经其传授清儒的治学方法，即考据学，由此奠定了“支那学派”实事求是的学风。

（二）研究原典，自成一体

狩野直喜以事实为依据，注重文献考量的研究方法运用于对中国哲学和中国文学的研究中，取得一系列成果。如哲学方面，有《中国哲学史》（1953）、《清朝学术》（1908）、《清朝经学》（1910、1914）、《两汉学术考》（1924）、《魏晋学术考》（1926）等。在讲授和研究中国文学史时，创造性地把小说戏曲等俗文学纳入中国文学的视界之内，著有《支那文学史》（1908）、《清朝文学》（1912）、《支那小说史》（1916）、《支那戏曲史》（1917）、《两汉文学考》（1925）等。在这些研究成果中，所表现的研究理念、研究方法及其所取得的成就构成了“狩野体系”，成为日本汉学实证主义学派中最重要的一个学术组成部分。

二、内藤湖南与“京都实证学派”

内藤湖南（本名“内藤虎次郎”，1866—1934年），字炳卿，号湖南。出生于儒学世家。1884年秋田师范学校毕业后，当过几年小学教师。1893年后担任《朝日新闻》《台湾日报》《万朝日报》等报纸的记者兼编辑。曾先后10次来中国。1907—1927年担任京都帝国大学“支那史”讲座教授。

（一）力倡实地考察的研究方法

内藤湖南在汉学方面最大的贡献就是把狩野直喜架构的“支那学派”的实证主义治学方法加以发展和完善，形成了影响深远的“京都实证学派”。一是重视实地考察。在研究方法上，强调到中国实地收集新史料并加以考辨，发现能与原有的文献资料相印证的新文献和新文物，如对甲骨文、敦煌文献等出土文物和史料非常重视，将传统“文献实证”的研究方法推向“实地考察”；二是加强与中国学者的互动。内藤湖南始终保持着与中国同行学者如罗振玉、王国维等的密切接触交流，尽量真实地、中国式地了解和研究中国的治学志趣。

（二）提出对中国历史的独到见解

内藤湖南在中国上古史、元蒙史、明清史方面，有较深的造诣，对先秦典籍、明代东北疆域、清代入关前的研究也有独到见解。其研究成果收集在《内藤湖南全集》，共14卷。在其著作中提出了不少著名的理论，如“中国历史三阶段论”“唐宋变革论”“文化中心移动说”“宋代近世说”等观点，从文化史的角度阐明中国历史发展的全过程。他的研究观点和研究思路、研究方法，不仅影响了日本中国历史学的研究，还影响了日本其他中国学科的研究，甚至中国学者的研究。但他的一些历史观点，如“文化中心移动说”为日本军国主义者侵略中国提供了理由，将日本侵略中国“合法化”。

三、白鸟库吉与“东京文献学派”

白鸟库吉（1865—1942年）与那珂通世同被称为“东洋史学派”的奠基人，也是东洋史学“东京文献学派”的创始人。白鸟库吉就读千叶县县立中学时，受到当时的校长那珂通世和英文教师三宅米吉的影响，开始了他与近代史学、东洋史的最早因缘。1887年进入东京帝国大学文科大学新设史学科的学习，师从近代日本国史之父重野安绎（1827—1910年）和德国史学家路德维格·里斯（Ludwig Riess，1861—1928年），接受了传统的考据学和西方的批判主义历史观。1890年，从东京帝国大学毕业，担任学习院（日本天皇家族子弟等高等学府）教授，1900年获得文学博士学位。曾两次游学欧洲（1901—1903年，1922—1923年）。1904年成为东京帝国大学史学科教授，讲授“支那史”（后改为“东洋史”）。1905年，白鸟库吉发起成立“亚细亚学会”（后改名东洋协会学术调查部），创刊《东洋学报》。1906年、1909年两次来中国东北地区考察。1914—1920年，担任昭和天皇的“西洋史”教育。1924年任东洋文库理事和研究部长，创办《东洋文库论丛》《东洋文库研究部欧文纪要》等出版物。

（一）疑古辨伪创立新学派

白鸟库吉最重要的贡献就是开创了“东京文献学派”。这一学派研究历史时，重视文献的收集，对待“文献”不再是盲目信从，而是秉持“疑古辨伪”思想和“史料批判”的态度。即对收集的历史文献，在确保史料真实可靠的基础上，带着批判的眼光了解其成书的背景、作者的意图，以此为起点试图进行史料的再解释和历史图像的再建构。如1909年发表的《支那古代传说的研究》提出所谓“尧舜禹抹杀论”，他认为尧舜禹并不是历史的真实人物，而是神话中的人物。此论一出，学界哗然，引发了中日诸多学者参与的“尧舜禹抹杀论”之争。然后，这种“抹杀论”扩大到《诗经》《春秋》《左传》等先秦古籍，对中国古代历史的真实性产生了怀疑。之后“抹杀论”由他的学生进一步发展为“东洋文化抹杀论”。同时，“东京文献学派”推行原典的研究。即从大量的历史文献中发现历史事实，然后通过实证的方法，对考察得到的事实进行科学的研究，以便发现它们之间的联系，找出隐藏在现象背后的规律。这种研究历史的思想和方法，由那珂通世提出，白鸟库吉形成，到他的学生津田左右吉、池内宏（1878—1952年）、加藤繁（1880—1946年）等继承和发展，得出中国文明处于停滞状态的结论，从而蔑视中国文化和亚洲文明的特性，形成了涉及面广、影响深远又颇具争议的“东京文献学派”。

（二）不断创新研究东洋史

白鸟库吉30多年的教学和研究生涯里，在“东洋史”的著述中有很多独创：第一，在研究地域上，从朝鲜的历史传说人物檀君开始研究，逐渐把研究视野扩大到中国北方、西域民族，进而进入中国历史的研究，直至整个“东洋史”。第二，在研究思路上，从神话传说，到地名族名、民族语言，再结合古典文献等方面进行考证，揭示其民族的历史真相，即种族起源、居住地域，政治体制、文化风俗的形成和发展，以及这个民族与周边其他民族的联系等。文章如《朝鲜古代诸国名称考》《朝鲜古代地名考》《朝鲜古代王号考》《朝鲜古代官名考》以及《高句丽的名称考》《满州地名之解释》《关于支那北部的古民族种类》等。第三，在研究内容上，涉及神话传说、语言宗教、地理考古等，如《檀君考》《朝鲜古传说考》《蒙古民族的起源》《匈奴民族考》《乌孙考》《粟特国考》。第四，在研究方法上，利用掌握各种古代民族语言和欧洲语言的能力，采用比较语言学和史料考证学等方法研究中国古代北方少数民族史，探究古代民族之间在种族、语言等方面的联系。著有《突厥阙特勤碑铭考》《对日本书纪中可见韩语的解释》《日本古语与朝鲜语的比较》《匈奴及东胡诸族语言考》《朝鲜语与乌拉尔-阿尔泰语之比较研究》《关于黑龙江之异名研究》《契丹女真西夏文字考》以及用德语写成的《匈奴及东胡诸民族语言考》等。白鸟库吉“东洋史学”研究独到之处是他将语言文字学引入历史研究，在史料考证过程中通过运用语言文字比较研究方法来阐明史事。

白鸟库吉是在同一时期研究中国文化的学者中研究最勤、成果最多、影响最大的学者之一，被称为日本东洋史学界泰斗，有日本近代东洋史学界的“太阳”的尊称。

四、仓石武四郎与汉语研究

仓石武四郎（1897—1975年），1921年毕业于东京大学文学科支那文学专业。同年，到中国江苏、浙江沿海进行考察。于1922年在京都大学学习，师从京都学派狩野直喜、内藤湖南等著名学者。1925—1928年先后在大谷大学和京都大学从事教学，讲授中国文学史等课程，其间担任《支那学》杂志的编辑。1928—1930年，到北京大学、北京师范大学等大学进修，师从钱玄同等学者学习音韵学，其间曾系统地研读了《红楼梦》，为他将来的学术研究打下了扎实的汉语基础。回国后，在京都大学任职兼东方文化学院京都研究所（今人文科学研究所）研究员。1939年，他以《段懋堂的音韵学》获文学博士学位；1940年，又兼东京大学教授。1949—1958年，任东京大学专任教授，讲授中国文学史、汉语文概论等课。其间，还主持成立了“中国语学研究会”、“中国语讲习所”（即现在日中学院）以及与日本广播电视台（NHK）联合开办“汉语讲座”等机构的汉语教育和推广工作。工作之余致力于汉语理论研究和汉语教育研究，编纂多种汉语课本，做出了杰出的贡献。

（一）汉语理论研究成果丰硕

仓石武四郎的汉语理论研究可以分为两个阶段。一是1949年以前，主要是关于汉语音韵学的研究。发表的论著有《说文解字段注考正订补》《段懋堂的双声说》《论六书音韵表》《清朝小学史话》，等等；二是1949年以后，主要是汉语方言和汉语教学的研究。汉语方言方面，如《北京话在中国的地位》《论苏州话音节》《晋南方言资料》《中国的语言问题的本质及其发展》，等等。还编译过黎锦熙《新著国语文法》等语法著作。

（二）汉语教育成就卓著

仓石武四郎是第一个倡导把汉语作为独立的外语学科研究的学者，为此，一是教材编写。在汉语学习过程中，深感日本传统的汉文教育存在着极大的弊端，即重视书面语，轻视口语；重视文言文，轻视白话文；重视阅读，轻视听力。甚至用“训读”方式学汉语、阅读汉籍。仓石武四郎为了改变这种状况，首先在汉语教学中讲授现代汉语，推广汉语音读，且强调汉语听说能力的训练，深受学生欢迎。日本学习汉语的人数逐年增多。其次，他以极大的热情，集中精力编写配套的汉语教材，如二战前即1937—1942年出版的《支那语发音篇》、《支那语语法篇》、《支那语会话篇》、《支那语读本》（2卷）、《支那语翻译篇》（2卷）等系列汉语教材。战后，又根据中国新制定的汉语拼音方案编写教材和词典，如《中国语教本》（4册）、《岩波中国语辞典》（1963）、《汉语的结构》（1964）以及《汉字、日本语、中国语》（1982）等，其中《岩波中国语辞典》是一部拉丁化拼音词典，以北京话为主，所收的完全是口语词汇。二是汉语教育研究的专著。如《支那语教育的理论与实际》（1941）、《汉字的命运》（1952）、《中国语五十年》（1973）、《架起通往中国的桥梁：仓石25年中国语教学总结》（1977）等。其中《支那语教育的理论与实际》是日本汉语教育史上第一部完整、系统总结日本汉语教育经验和问题的专著。

仓石武四郎不仅在汉语理论、汉语教育与研究方面成果卓著，还在中国文学的教学、翻译及研究上也做出了杰出贡献，将中国古代文学《诗经》《宋词》以及现代文学老舍、谢冰心、赵树理等作家的作品一一介绍到日本。1974年，由于在中国语研究、汉语教育等及编辞典方面的功绩，他被授予日本朝日文化奖。

五、六角恒广与汉语教育史研究

六角恒广，日本早稻田大学名誉教授，日本著名汉语教育史专家。他的研究成果，大多是他在搜集大量第一手资料的基础上，再进行整理、撰写出来的，其中代表性的著作，如1968年出版的《中国语关系书书目》（1985年补订再版），该书按年代顺序列出了1867—1945年的1437种汉语教科书、工具书的目录；1990—1998年陆续出版的《中国语教本集成》，共10集40卷，汇集了日本近代200多种汉语教科书、工具书的影印本，可谓规模宏伟；1994年的《中国语教学书志》，通过“书志”的形式，对从1867年至1945年近80年间，在日本出版并影响较大的156种汉语教科书、工具书做了比较详细的题解和介绍。这三套资料书实际上是互为联系、互相补充的整体，厘清了日本近代汉语教育发展的来龙去脉以及研究体系和方法。为日本以及世界汉语学者了解与研究日本近代汉语教育史，提供了非常系统、完整的宝贵资料。

六角恒广还著有《近代日本的中国语教育》（1961）、《中国语的道路》（与横山宏合著，1975）、《中国语教育史研究》（1988）、《中国语教育史论考》（1989）、《中国语学习余闻》（1998）以及《日本近代汉语名师传》等。在梳理日本近代汉语教育发展的来龙去脉的文字中，建立了日本近代汉语教育史的研究方法与体系。

六角恒广的杰出成果，“不仅对日本的汉语教育史研究具有奠基作用，而且也是近代中日文化关系史研究的宝贵文献”。[①]

① 王顺洪：《六角恒广的日本近代汉语教育史研究》，《汉语学习》1999年第4期。

［主要参考文献］

专著：

［1］何寅、许光华：《国外汉学史》，上海外语教育出版社2002年版。

［2］李庆：《日本汉学史》，上海外语教育出版社2002年版。

［3］李无未：《日本汉语教科书汇刊（江户明治编）》（全60册），中华书局2015年版。

［4］［日］六角恒广：《日本中国语教育史研究》，王顺洪译，北京语言学院出版社1992年版。

［5］［日］六角恒广：《日本中国语教育书志》，王顺洪译，北京语言文化大学出版社2000年版。

［6］钱婉约：《从汉学到中国学：近代日本的中国研究》，中华书局2007年版。

［7］叶渭渠：《日本文化史》，北京理工大学出版社2010年版。

［8］张宝三、杨儒宾：《日本汉学研究初探》，华东师范大学出版社2008年版。

论文：

［1］陆晓光：《汉字传入日本与日本文字之起源与形成》，《华东师范大学学报（哲学社会科学版）》2002年第7期。

［2］杨晓初：《日本研究汉语语法的历史》，《云南师范大学学报（对外汉语教学与研究版）》2007年第4期。

［思考与练习］

1. 简述飞鸟、奈良以及平安时代日本对汉文化的接受。

2. 简述日文创造与汉字的关系。

3. 评述日本五山文化与中国禅宗的关系。

4. 简述江户时代日本汉语教育的成就。

5. 简述江户时代日本汉语研究的特点。

6. 简述江户时代日本对中国明清小说的接受。

7. 为什么说明治维新是中国文化在日本的转折点？

8. 简述明治时期日本汉语教育的成就及其特点。

9. 简述明治时期日本汉语研究的成就。

10. 简述白鸟库吉与“东京文献学派”。

11. 简述内藤湖南与“京都实证学派”。

12. 评述仓石武四郎汉语研究的成就。

13. 简述六角恒广汉语教育研究的成就。

第四章 Chapter 4

意大利汉学

第一节 意大利汉学的产生与发展

对于意大利的汉学，威尼斯大学汉学家兰乔蒂是这样评价的："意大利的汉学，在欧洲是最古老、同时也是最年轻的。"[①]"最古老"是从汉学起源来说的。西方最早开始关注中国的，可以追溯到13世纪中叶传教士柏朗嘉宾和他的一份出使报告《柏朗嘉宾蒙古行记》。至于说它又是"最年轻"，是因为在16世纪末利玛窦和卫匡国之后二百多年间其汉学研究基本上停滞不前，直到1870年意大利完全实现了国家统一，汉学才逐步复苏并确立起来。但两次世界大战使之又遭到了前所未有的重创。意大利汉学真正繁荣是在20世纪70年代中意正式建交后。

一、意大利汉学的孕育（13世纪中叶至15世纪）

13世纪中叶起，欧洲一批批传教士和旅行家来到中国。促使这一高潮到来的有两件重要的事情：一是成吉思汗的西征。蒙古建国后，于公元1219年至1260年的四十余年时间，先后进行了三次大规模的西征，建立了一个横跨欧亚大陆的蒙古帝国。西征的结果是中国和西方的交通进入了前所未有的畅通阶段，刺激了罗马教廷派遣传教士来华的浓厚兴趣和急切心情，同时也吸引了大批外国商人、传

① ［意］L.兰乔蒂：《意大利近二十年来对中国研究的贡献》，童斌译，《国外社会科学》1987年第1期。

教士和旅行家到中国来，中国才第一次真正为欧洲所了解。二是罗马教廷发动的十字军东征。十字军东征（The Crusades）是在1096年到1291年发生的八次宗教性军事行动的总称，是西欧封建主、大商人和罗马天主教会以维护基督教为名，对东部地中海沿岸各国进行的持续近200年的侵略性远征，最后均告失败。但从文化交流的角度来看，东征的结果冲破了中世纪西方文化在时间和空间上的禁锢局面，使中国文化与外部的交流更进一步延伸到地中海以西和以北。

“从1250年柏朗嘉宾出使蒙古，到1347年马黎诺里从刺桐登船返回欧洲，一个世纪间到中国的欧洲人，历史记载中有名有姓的，就不下100人”。[①]其中意大利人最多也最著名。传教士中著名的有柏朗嘉宾、孟德高维诺，都是意大利人；旅行家中比较著名的有四大旅行家，意大利占有三名，分别是：马可·波罗、鄂多立克和尼哥罗·康梯，而摩洛哥人伊本·白图塔以其《在美好国家旅游者的欢乐》（又名《亚非游记》）而闻名。

（一）传教士所记载的中国

为了争取蒙古统治者信奉基督教，停止对基督教地区的进攻，基督教传教士陆续东来，企图在蒙古地区传教。

1. 柏朗嘉宾与《蒙古行记》

柏朗嘉宾（Plancarpin，1182—1252年），意大利传教士。1245年奉教皇之命出使蒙古，一方面试图使蒙古统治者皈依天主教，接受洗礼，停止战争；另一方面打探蒙古人的虚实，制定抵御的良策。他于1246年抵达蒙古帝国首都哈拉和林（今蒙古国鄂尔浑河上游东岸），停留4个多月，并有幸参加贵由（1206—1248年）皇帝登基大典。但柏朗嘉宾没有完成此行的传教任务，于1247年秋回到意大利。回国后，用拉丁文写了一份出使报告，又名《柏朗嘉宾蒙古行记》，有175页，不仅详细记录了沿途的所见所闻，还介绍了蒙古的情况。如蒙古地区的地理，蒙古人的生产、生活、习俗和性格以及宗教等，并为欧洲乃至世界塑造了蒙

① 周宁：《西方的中国形象史：问题与领域》，《东南学术》2005年第1期。

古人的形象，尤其重点介绍了蒙古的军事装备、宗教信仰和崇拜活动，这是他此行目的之一。这是欧洲人第一次详细记录了有关13世纪蒙古人的各种信息（报告中提到的“契丹”实际上就是中国。关于中国的名称、地理等详细情况，欧洲直到17世纪才从《利玛窦中国札记》中弄清楚中国的概念）。在介绍蒙古帝国的地理、历史和风俗习惯方面，柏朗嘉宾“有关蒙古人的第一部拉丁文著作于可靠性和明确程度方面在一段相当长的时间内一直是首屈一指和无可媲美的”。[①]

2. 孟德高维诺与书信

孟德高维诺（又译“孟特戈维诺”，Giovannida Montecorvino，1246—1328年），圣方济各会士。1289年，受罗马教廷派遣前往中国传教。从海路经印度，于1291年到达中国剌桐港（今泉州港），1294年抵达元朝京城大都（今北京），受到继位的元成宗铁穆尔的欢迎。孟德高维诺向元朝皇帝提出了传教的请求，并得到了允许。在他的努力下，1299年和1305年分别在大都建成两座教堂，大约有6000人受洗入教。1307年罗马教皇任命他为汗八里总主教，兼管远东教务。1328年，孟德高维诺去世，享年82岁。

孟德高维诺是中国第一个天主教区的创始人，也是西方第一个在中国生活了多年（约34年）的传教士，他学会了蒙语，并且翻译了《新约》等经典。他曾写了三封信，主要叙述自己的行程及在中国传教的情况。这三封信成为了解当时基督教在中国状况的珍贵资料。

此后，罗马教廷于1338年又派传教士马黎诺里（Marignolli，Giovannidei，1290年—?），带10多位会士来华，1342年到达元朝上都，1347年启程返国。1354年，马黎诺里受日耳曼大帝查理四世之命，著《波希米亚史》（3卷）。其中最后1卷记述其出使元朝的见闻，经后人重新整理，书名为《马黎诺里奉使东方录》（或《马黎诺里游记》），该书详细讲述了出使元朝的经历，成为元代中西文化交流史上的珍贵资料。

1368年以后，随着元帝国的崩溃，中国到欧洲的陆路交通变得十分艰难，加

① 耿升、何高济译：《柏朗嘉宾蒙古行纪，鲁布鲁克东行纪》，中华书局2002年版，第13页。

上欧洲基督教又处在大分裂阶段（1378—1417年），之后又发生了黑死病疫情，使欧洲三分之一的人口丧失了生命，西方教会再也无力向中国派传教士。当200年后1583年利玛窦进入中国内地传教时，竟没有发现一点元朝天主教的痕迹。

（二）旅行家所记载的中国

1. 马可·波罗与《马可·波罗游记》

马可·波罗（Marco Polo，1254—1324年），意大利威尼斯人。1271年，马可·波罗随父亲、叔父沿着丝绸之路经中亚，历时近四年，于1275年来到了元朝首都，受到元世祖忽必烈（1215—1294年）的礼遇和重用。在中国各地游历和生活了17年后，于1292年返回祖国。1298年，马可·波罗参加了威尼斯与热那亚的战争，不幸被俘。在狱中他遇到了比萨作家鲁思梯谦，马可·波罗口述了他在中国的所见所闻，鲁思梯谦用法语记录并名为《东方见闻录》（又译《马可·波罗游记》）于1299年出版。在1324年马可·波罗逝世前，《马可·波罗游记》已被翻译成多种欧洲文字，广为流传。现存的《马可·波罗游记》与1357年英国出版的《曼德维尔游记》是14世纪在欧洲影响较大的两部作品，成为新航路开辟之前欧洲人拥有的东方知识的百科全书。而关于《马可·波罗游记》的相关问题还形成了“国际罗可学”。

《马可·波罗游记》共分四卷，每卷分章，共有229章，每章叙述一地的情况或一件史事。第一卷74章，记述了马可·波罗等人自威尼斯出发抵达上都的沿途见闻。第二卷82章，记述了蒙古大汗忽必烈的功业及其都城、宫殿、朝廷、节庆等事；自大都南行至杭州、福州、泉州及东地沿岸等事。第三卷36章，记述日本、越南、印度洋沿岸国家等。第四卷37章，记述成吉思汗后裔诸鞑靼宗王的战争和亚洲北部。这是一部关于亚洲的游记，记录了西亚、中亚、东南亚等地区的许多国家的情况。记述的国家，城市的地名有100多个。也是欧洲人撰写的第一部详尽描绘中国形象的游记，讲述了中国政治、地理、民族、风俗、物产、宗教等各方面的情况，不仅是欧洲在历史上第一次获得的关于中国的详细叙述，也为我们今天了解当时的元朝社会提供了有价值的资料。所以，它的重要性并不在于它是多么精确，而在于它把中国人的形象带到了欧洲。

此外，《马可·波罗游记》还大大丰富了欧洲人的地理知识，西方地理学家还根据书中的描述，绘制了早期的“世界地图”。同时《马可·波罗游记》对15世纪欧洲的航海事业起到了巨大的推动作用，有意或者无意地促进了中西方之间的直接交往。因此，可以说，马可·波罗和他的《马可·波罗游记》给欧洲开辟了一个新时代。

2. 鄂多立克与《鄂多立克东游录》

鄂多立克（Friar Odoric，1265—1331年），天主教圣方济各会修士，他是继马可·波罗之后，来到中国的著名旅行者，其影响也仅次于马可·波罗。1318年开始东游。他从意大利威尼斯出发，经由地中海到达中东。在中东游历了几年后，于1321年自波斯湾乘船到达印度、斯里兰卡、爪哇等地。1322年经广州入中国，游历泉州、福州北上，到达了杭州、南京、扬州等地。沿运河到达大都，在此住了三年，后来他离开大都西行，经由陕西、甘肃到达西藏的拉萨。鄂多立克在西藏第一次见到了具有浓郁藏族特色的丧葬习俗，并在自己的游记里对其作了详细描述。告别西藏之后，经中亚、波斯等地，于1330年回到意大利。回国后，他口述了1318年至1328年间东方旅行中所见所闻及传教经历，由他人记录而成《鄂多立克东游录》。1331年去世。1889年，留学意大利的中国人郭栋臣将鄂多立克《游记》译成中文，名曰《真福和德理传》，之后又有新的中译本出现。

从1247年柏朗嘉宾的《柏朗嘉宾蒙古行记》，到1615年金尼阁在欧洲出版的《利玛窦的中国札记》之前，欧洲的传教士、旅行家以及商人在其报告、游记、日记等著述中记载了大量有关“契丹（Cathay）”的情况，称赞大汗统治下的“契丹”：地大物博、物质丰富、商业发达、宫殿金碧辉煌等。这些著述明显存在着猎奇片面、浮光掠影、夸大虚构的一面，但它们所提供的中国信息、中国知识，不仅使西方人认识和了解中国有了可能，还直接地促进了西方汉学的生成。

二、意大利汉学的生长（16世纪至17世纪）

16世纪正是西方各国向东方扩张的时代。在这种扩张中，1557年葡萄牙商人通过贿赂地方官，以“借地晾晒”等名义强行占领了澳门作为泊船停留地。此后天主教的各个教会也纷纷派遣传教士前来中国，其中“耶稣会”也利用澳门在地理上的战略位置，于1565年设立了澳门学院，并委派意大利传教士范礼安（Alessandro Valignano，1539—1606年）负责管理远东的传教事务。范礼安根据西班牙传教士沙勿略的建议制定了在中国传教的策略，即“适应中国文化”的路线：学习汉语汉字，了解中国的国情以及礼仪习惯等。第一个执行这一路线的是意大利耶稣会士罗明坚。

1578年，罗明坚、利玛窦、巴范济（Francois Pasio，1551—1612年）等多名传教士奉命从葡萄牙的里斯本出发到东方传教。同年他们到达了印度果阿。1579年，罗明坚先期抵达澳门，应范礼安的要求开始学习汉语，了解中国礼节习俗，准备到中国传教。经过大约3年的语言准备，于1582年随葡萄牙商船至广州贸易，企图借机在中国大陆居住，但因当时的明朝不允许外国人进入内地，不久被驱逐。直到1583年，罗明坚和利玛窦、巴范济一起在和知府王泮等中国地方官员的多次交往中，罗明坚凭着能说一口流利的汉语，了解并尊重中国风俗的功夫，获得了中国官员的信任和欣赏，被允许在广州肇庆长期居住，王泮还划拨了一块土地给其建造天主教堂。但此时的罗明坚以为佛教在中国有很高的地位，便和利玛窦打扮成僧人，为此中国官员认为他们是“西来净士”，给教堂起名叫“仙花寺”。终于罗明坚叩开了在中国内陆传教的大门，也开启了西方在中国传教的第三次高潮。

1588年，罗明坚回欧洲，面呈罗马教皇关于中国事务，利玛窦被范礼安任命为耶稣会中国教区的负责人。为了尽快打开中国传教的局面，利玛窦通过各种方式，如当发现儒家学者在中国的地位更高时，立即改“西僧”为“西儒”，脱下“僧服”，穿上士大夫服饰，研习儒家经典，向中国人介绍记忆术、地图、天文等西方技术，费尽心机结交中国官员。1601年，靠中国官员的帮助和呈给万历皇帝的自鸣钟、西洋琴及《山海舆地全图》等西洋物品，利玛窦在北京住了下来。随后获准可以进行传教活动，于1605年在明朝政治中心北京修建了第一座天主教堂——“南堂”。利玛窦虽然没有见到万历皇帝，但实现了在北京建立教堂和传教的愿望，并拉开了中西方直接交流的序幕，开创了西方研究中国文化的先河。

紧接着来到中国的意大利传教士还有卫匡国、龙华民（Niccolo Longobardi，1559—1654年）、熊三拔（Sabbathinde Ursis，1575—1620年）、艾儒略（Jules Aleni，1582—1649年）、毕方济（Francois Sambiasi，1582—1649年）、罗雅谷（Jacques Rho，1593—1638年）、殷铎泽（Perosper Intorcetta，1625—1696年）、叶尊孝（又名“叶宗孝”“叶宗贤”，Brollo Basilio 1648—1704年）等一大批出色的传教士。其中殷铎泽于1687年用拉丁文出版《中国哲学家孔子》在欧洲影响很大；叶尊孝在1694年至1698年间编著了两部中拉词典，推动了欧洲的汉语研究。①

总之，由范礼安根据中国国情设计的“适应”策略，经罗明坚在中国实践这个策略，后利玛窦根据中国具体情况不断调整“适应”策略，传教士们逐渐打开了在中国传教的市场。这些传教士来华的根本目的是传播基督教义，为了便于与中国民众沟通和传教，他们学习汉语、了解中华文化。“而在这个学习的过程中，由单纯的基督教义传播者蜕变为东西方文化沟通使者，在给中国带来了现代西方科学知识的同时，有一些传教士受到中华文化的熏陶，逐渐从客观需要变成主观热爱，进而成为中华文化的虚心接纳者和热心传播者。介绍和研究中国文化、中国政治制度尤其是儒家伦理成为他们为之献身的一种新的宗教热情。”②无形中也为汉学这一学科的建立构建了研究框架。

① 叶尊孝于1680年入华，曾在湖广、陕西、甘肃、山西等地任代牧，直至在山西去世。大约从1692年在南京时起，他就开始编纂汉拉双语词典，于1694年完成了《汉拉词典》的第一部分，其中以汉字部首为顺序的编写方法，收录了7000多个汉字。1699年左右完成了词典的第二部分，以汉字的拉丁文注音为顺序，共收录9000多个汉字。这是欧洲第一部综合性的词典，但因部头太大始终没有出版。该手稿词典传到欧洲后，曾被多人传抄，现存世的就有16部手稿。

② 陈友冰：《意大利汉学的演进历程及特征》，《华文文学》2008年第6期。

三、意大利汉学的凋敝（18世纪）

作为欧洲17世纪中国文化研究的主要力量，意大利耶稣会士在18世纪却出现了一种凋敝的景象。其原因主要是两个方面：一是所谓的“礼仪之争”。1610年利玛窦去世后，由意大利传教士龙华民接任中国耶稣会会长。龙华民反对利玛窦推行的“适应策略”，下令禁止中国教徒祭天祭祖祀孔。加上其他教会的反对，将原来中国耶稣会内部的争论，扩大到全国教民。最后上升为罗马教廷与中国朝廷之争，这就是著名的“礼仪之争”。1723年，雍正（1678—1735年）下令驱逐西方传教士，但在北京的传教士例外。到乾隆（1711—1799年）时期，传教士虽在宫中受到很高礼遇，但仍不能在华展开传教，如耶稣会士宫廷画师马国贤、郎世宁（Giuseppe Castiglione，1688—1766年）等。直到1846年清政府正式废除禁教令；二是意大利自18世纪到19世纪，政局一直处于动荡不安的复杂局势。意大利汉学到18世纪基本上处于停滞状态，其成果寥若晨星。这一时期值得一提的是传教士马国贤和他在意大利本土创办的中国学院。

马国贤（Matteo Ripo，1682—1746年）于1710年抵达澳门，随之到达北京，成为康熙（1654—1722年）的侍从。在华13年，前4年以“宫廷画师”的身份为康熙服务，奉康熙之令将《热河三十六景图》制成铜版画，这也是中国第一套铜版画作品。随即又与其他欧洲传教士共同完成了康熙帝下达的任务“雕刻付印中华帝国大地图——《皇舆全览图》”，这是中国地理史上第一部有经纬线的全国地图。并按康熙的命令将雕刻铜版技术传授给了中国人。此后9年他在清宫中的大部分时间，主要是以翻译等身份为康熙皇帝服务。

由于中国传教环境的恶劣，马国贤于1723年带着5名中国人（1名汉语教师和4名少年）离开中国回到家乡那不勒斯，并征得罗马教廷的同意于1732年在那不勒斯创立了中国学院，这是一所教会寄宿学校，目的是培养中国本土的传教士。招收对象为年轻的中国人，最终把他们培养成合格的职业传教士，派回中国从事传教工作。为此学院开设了拉丁语、意大利语、科学、艺术和神学等方面课程。

因为招收了准备到中国传教的意大利传教士，所以开设了中文和中国文化常识等课程。这里不仅成为当时欧洲第一所专门培养中国人学习神学知识和西方文化的地方，也是欧洲最早的学习汉语和了解中国文化的地方。当1793年英国政府派乔治·马戛尔尼（George Macartney，1737—1806年）率团出使清朝时，就在这所学校里找到了两名中文翻译。

这所学校的创立是马国贤对华传教策略的体现。在中国生活的13年，使他充分认识到只有实现传教士的本土化才可能发展传教事业。据统计，自1732年至1868年“由马国贤创办的中国学院存在的130年间，有姓名可查的中国学生达106人，他们分别来自中国直隶顺天、江苏、四川、湖北、广东、湖南、河南等10余个省份。这些学生学成回国后，仍经常地向马国贤写信汇报在中国的宗教生活和当地的情况”。[①]那不勒斯中国学院不仅学生大都是中国人，而且教授中文的教师也是来自中国，如那不勒斯中国学院首位中国教师就是随同马国贤赴欧的江苏人王雅敬，王佐才和郭栋臣继之。这所学院在意大利汉学研究的低谷时期建立，主观上是为培养中国的神职人员，但客观上为意大利汉学的确立奠定了基础，成为意大利汉语教学和研究历史最悠久的地方。现在的那不勒斯东方大学就是在它的基础上建立的。它为意大利汉学继往开来地发展以及中西文化交流做出了巨大的贡献。

马国贤在他61岁时，还撰写了5卷本回忆录《马国贤的日记》，详细记述了从1705年至1723年他在中国传教的经历、往返中意之间路途中所见所闻，以及回到意大利创办中国学院的初衷与经过。这部回忆录成为当前研究清代中西文化交流乃至清朝历史的重要资料。

四、意大利汉学的确立（19世纪至20世纪中叶）

19世纪后的100多年的时间，汉学研究已在世界上一些主要国家展开，并形

① 沈定平：《传教士马国贤在清宫廷的绘画活动及其与康熙皇帝关系述论》，《清史研究》1998年第1期。

成了一支专业化的队伍，开始了各种专业化的研究，“汉学”作为东方学大框架内的一种人文学科得以确立，以历史、语言、文献研究为核心，寻求价值中立的学术客观性。

在19世纪上半叶，意大利的政局一直处于动荡和变革之中，经济一直落后于欧洲其他国家，入华的传教士也屈指可数，直到1870年完全实现了国家的统一，意大利对东方和中国文化的研究才逐渐展开和确立。但是20世纪上半叶两次世界大战，又给刚刚建立的汉学研究队伍带来了前所未有的破坏。

据考证，意大利的帕维亚大学于1806年就开设了东方语言课程，比法国1814年开设汉学讲座还要早8年，但因汉语教师德籍意大利人哈格（1757—1819年）离开，这里的汉语教学只持续了三年，后就完全处于停滞状态，所以在欧洲和意大利没有产生太大的影响。在长达150年的时间里，意大利真正意义上的对中国文化的研究，是在1870年以后，其本土的汉学研究主要集中在那不勒斯大学、罗马智慧大学和意大利中东远东研究所，而在中国的汉学研究成果突出的是传教士晁德莅。

（一）那不勒斯东方学院

马国贤创办的那不勒斯中国学院从1812年并入那不勒斯政府公共教育体系，相当于一所文科高中，开设的课程有：“语法、人文学科、修辞学、外语……外语中有汉语。”[①]1868被意大利政府接收，改名为“皇家亚洲学院”，向社会招收学生，学习东方语言。除继续培养中国神职人员以外，也为本国和欧洲其他国家希望学习汉语了解中国文化的人提供机会，逐渐从培养神职人员的专门学校变为一所世俗性的学校。

值得一提的是，那不勒斯皇家亚洲学院1871年至1886年的汉语课程由学习优秀而留下来任教的湖北籍传教士王佐才（1842—1921年）承担，负责口语课程。在没有教材的情况下，他编写汉语教材和汉语语法书，如1874年出版口语教材

① 张永奋、白桦：《意大利汉学史》，学苑出版社2016年版，第171页。

《实用日常词汇与简短对话》，手稿汉语语法《中文语法概要》。除了王佐才自编的汉语教材以外，据最近在那不勒斯国家档案馆中发现的1813年中国学院学生特雷斯的汉语学习笔记，还似有名为《那不勒斯中国学院专用中文文法》的讲义。1835年那不勒斯学校出版叶尊孝用拉丁文撰写的中文语法书《初学简径》等学习汉语的资料。这些成果都反映了意大利汉学家以及当时那不勒斯学校较高的汉语教学水平。

1888年这所学院又改名为“那不勒斯东方学院”，办学宗旨是培养东方语言和商贸人才，成为一所真正意义上的综合性大学。1886年教授汉语课程的王佐才因身体等原因无法胜任，由那不勒斯中国学院的同学湖北籍传教士郭栋臣（1846—1923年）继任。郭栋臣根据学校注重培养汉语实用人才的宗旨，编写了5卷本汉语教材《华学进境》，即“官话”“文言”“构成”“轻松学汉语”和“读本”5卷，其中“读本”选自“四书”等中国儒家经典，全用中文，相当于中文阅读教材。还用意大利语、拉丁语翻译了中国古代的启蒙读物《三字经》作为辅助教材。那不勒斯东方大学历史教授樊米凯（Michele Fatica，1937—）曾这样评价：“王佐才和郭栋臣是意大利19世纪后半叶唯一可以炫耀的（来自中国）真正的汉学家，他们不但对母语了解颇深（文言课口语），而且对拉丁文和意大利文也有同样的功底。”[①]19世纪末王佐才和郭栋臣先后回到湖北，这所学校的汉语教学由意大利人担任，其中比较著名的有诺称提尼和威达雷。

（二）罗马智慧大学

1876年，意大利的罗马智慧大学（俗称罗马大学）正式开设了东方学，中国语言文学教学是其中之一。在1876年至二战之前瓦兰泽尼、诺称提尼、焦瓦尼·瓦卡和德礼贤以及中国台湾籍教师杨凤歧先后承担汉语课程教学。

瓦兰泽尼（Carlo Valenziani，1831—1896年），1837年毕业于哲学专业，1850年又获得法律专业学位。他自学了中文和日文。1876年被罗马大学聘为首任远东

① 张永奋、白桦：《意大利汉学史》，学苑出版社2016年版，第175页。

（中国和日本）语言文学教职，1892年成为该课程的教授。他去世前把自己收藏的所有图书捐献给罗马国家图书馆，包括中文、日文等书籍。如字典有叶尊孝的《汉拉字典》、马礼逊的《华英字典》以及顾赛芬的《汉法字典》，语法书有傅尔蒙1742年编写的语法书，马若瑟的《汉语札记》和雷慕沙的《汉文启蒙》等。为意大利的汉语教学和汉学研究提供了丰富的资料。

诺称提尼（Lodovico Nocentini，1849—1910年），曾于1883年被意大利政府派往中国留学，同时在意大利驻上海领事馆做翻译。他在领事馆工作了5年后返回意大利，1890—1899年在那不勒斯东方学院从事远东语言教学，并于1899年被聘为罗马大学第一位汉语教授。

焦瓦尼·瓦卡（Giovanni Vacca，1872—1953年）大学毕业于数学专业，1898年开始跟随佛罗伦萨汉语教授普易尼学习汉语，1907—1908年到中国成都学习汉语。1910年获得佛罗伦萨高等研究学院的中国研究博士学位。1911年被任命为罗马大学远东语言文学教席。1922年回到佛罗伦萨高等研究学院教授东亚历史地理课程，其中包括中国地理历史等内容，第二年又回到了罗马大学教授同样的课程，此间也教授过中国语言文学，直至1947年。

德礼贤（D'Elia，1890—1963年）是意大利最后一位到中国传教的耶稣会士。1904年加入耶稣会，1913—1917年，来到上海的徐家汇公学学习中文，1918年先后到美国、英国和法国进修神学，1920年成为神父。1934年回到意大利，成为教会学校的教师。德礼贤“几乎是两次世界大战之间的20年中意大利最重要的汉学家”。[①]1941年德礼贤曾在罗马大学从事一年的中国语言与文学的教学，影响和培养了当时在罗马大学学习的白佐良和兰乔蒂，使他们走上了学习汉语的道路，成为二战后意大利从事汉学研究的重要学者。所以张西平称“德礼贤在意大利20世纪汉学历史上起着承上启下的作用”。代表性的汉学著作有：1933年法文版《中国天主教传教史》、1938年意文版《利玛窦的坤舆万国全图》、1954年《中国哲学史概要》，其中影响最大的是其编辑出版《利玛窦全集》（1942—1949年）。

① ［意］白佐良：《意大利汉学：1600—1950》，李江涛译，《海外中国学评论（第3辑）》，上海辞书出版社2008年版，第258页。

（三）意大利中东远东研究所

1933年，意大利外交部在罗马设立了“意大利中东远东研究所（ISMEO）”，1995年与“意大利非洲研究所”合并为“意大利非洲与东方学院”。其建立宗旨是促进意大利与中亚、南亚和东亚国家的文化交流，研究这些国家经济等方面的情况，并定期出版相关的期刊和专著。所长、副所长分别由当时的教育部部长詹蒂利和学者图齐担任。研究所设立了语言学校，开设了汉语和日语课程。该研究所重视中国社会文化史的研究，这里也是世界上研究藏学的中心，这与图齐不无关系。

朱塞佩·图齐（又译“杜奇”，Giuseppe Tucci，1894—1984年），意大利著名藏学家。精通梵文、藏文、中文和10多种欧洲语言。1919年毕业于罗马大学文学专业，1925年到印度国家大学和加尔各答大学教授意大利文、中文，研究佛教。1929—1948年曾8次到我国西藏进行考察活动，带回大量藏文资料和文物，中间曾从军参加第二次世界大战。1936年回到意大利，在那不勒斯大学教授“中国语言与文学”，两年后又到罗马大学教授“远东宗教与哲学”，直至1969年。在这期间曾担任“意大利中东远东研究所”副所长、所长。主要研究藏学和佛教经典，著有《西藏宗教史》（又译《西藏宗教之旅》）（1970）、四卷本《印度西藏》（1932—1941）和《中国智慧》（1999）等。担任过多家期刊的主编，如知名的英文汉学期刊《东方与西方》。

1814年法国巴黎皇家学院“汉学讲座”的开设，吸引了欧洲其他国家想学习汉语者的眼光，意大利也不例外，这一时期跟随法国汉学家儒莲学习的有巴德里（Giuseppe Bardelli，1815—1865年）、安得罗齐（Alfonso Andreozz，1821—1894年）和赛维里尼（Antelmo Severini，1828—1909年），他们追随老师的脚步，回国之后有的在高校从事汉语教学和研究，如巴德里和赛维里尼；有的翻译和研究中国的白话文小说，如安得罗齐将《水浒传》翻译成拉丁文，他也是第一个把《水浒传》译成西方语言的学者。

（四）晁德莅与圣依纳爵公学

晁德莅（Angelo Zottoli，1826—1902年），字敬庄，耶稣会士（1814年耶稣会在欧洲重新建立），1848年来华。为了更好地在中国传教，开始刻苦学习汉语，尤为认真地熟读儒家经典。于1850年创办了圣依纳爵公学（Le College St. Ignace，后改称“徐汇公学”），1852—1866年间担任校长，学校办学宗旨之一是培养基督教会在中国的后备人才。该校的学生毕业后，大都被送至震旦学院或欧美的大学去进修、深造，如学生马相伯、马建忠等人。

晁德莅在向中国学生传授西方文学与自然科学的同时，也向新到中国的传教士介绍中国语言文学。为此著有5卷本的《中国文学教程》，中文和拉丁文双语对照，于1879年至1883年在上海出版，后用法文在欧洲出版。这套文学教程是按照5年课程的教材设计的，内容选自中国传统典籍以及各类文学经典。第一卷的序言中道出了晁德莅对整部教程的总体构想：“教程分为五年：第一年入门班学习白话文，侧重的是日常用语，包括日常习语、戏曲中的对白、传奇故事、才子佳人小说、俗语选等，所有这些都保持俗语或口语的风格。第二年初级班，学习《四书》，或者学习童蒙读物后，再学习《大学》《中庸》《论语》和《孟子》。第三年中级班，学习《五经》，包括全篇有注解的《诗经》和《尚书》，部分注解（散落于全书各处）的《易经》和《礼记》，以及孔子《春秋》中很少的内容。第四年高级班，学习修辞风格，内容包括有关小词，（散）文选，《左传》选，各类牍简和各类典故。第五年修辞班，包括散文和诗歌，研读八股、时文、诗歌、赋词、各种铭文与对联。因此全部教材将有五卷，除此之外还有包含辅助整个教程的第六部分《词汇集成》。”[①]这套教程体裁从口语到书面语，由浅入深，科学合理；内容从戏曲、小说到儒家经典，再到各类文选和时下的八股文。内容丰富，知识系统，涵盖了中国文化的精华部分。

晁德莅在华22年，有15年担任校长，主观上为传播天主教，但客观上为旧中

① 司佳：《晁德莅与清代〈圣谕广训〉的拉丁文译本》，《复旦学报（社会科学版）》2016年第2期。

国的新型教育事业做出了自己独到的贡献，特别是他为中国的教育事业培养了大批的人才，为中西文化交流做出了贡献。

从19世纪到20世纪中叶这一阶段，意大利对中国的研究，从研究队伍、研究成果来看落后于此阶段欧洲的法国、德国等一些国家，但那不勒斯大学、罗马大学、意大利中东远东研究所的汉学讲座的设置、图书资料的储备，职业汉学教授的中国文化研究，等等，都表明了真正意义上“汉学”学科在意大利的正式确立。

五、意大利汉学的发展（20世纪中叶至今）

两次世界大战，意大利的汉学遭受到了严重的摧毁，以至于社会上流传着一个关于汉学教授的笑话：有人问“什么是汉学教授?”答案是“一个只有两个学生的教授。其中一个继承他的教授职位，另一个可怜人，他自杀了。”[①]可见意大利汉学家们在二战后的艰难处境。即便如此，意大利汉学还是在这种艰难环境中不断得到发展。

继那不勒斯和罗马大学开设中国语言文学课程之后，威尼斯大学也于1965年正式设立了中国语言与文学讲座。意大利学习汉语的学生人数逐年增多，意大利汉学开始复苏。

1970年中意两国正式建交，1978年中国的改革开放，加上80年代意大利的经济也在快速发展，并进入世界6强。意大利汉学也进入了发展的快车道。

首先，成立研究机构，出版杂志、书籍，举行各种形式的学术会议、纪念会。1979年，意大利成立了汉学协会，其成员主要来自意大利大学里从事汉学教学和研究的教授。罗马大学东方学系于1956年创办的汉学研究中心——“威尼斯和东方研究所”，从1974年到2002年主办过6场有关中国的国际研讨会。1979年12月，意大利汉学家在罗马举行关于“五四”新文化的学术研讨会；1981年9月为纪念鲁迅一百周年诞辰，意大利汉学家专门成立“鲁迅纪念委员会”，组织开展

① 史华罗：《情感重构中国》，http://cul.qq.com/a/20130617/008288.htm，2017年8月16日访问。

了一系列纪念活动，等等。这些研究机构和学术会议有效地推动了意大利的中国研究。

其次，汉语教育快速发展。到20世纪末，中意之间的交往和文化交流出现了前所未有的活跃局面，为汉语教育和中国文化的研究提供了极为有利的环境。意大利高校设置中文专业的增加到15所大学，较之20世纪90年代前的数量陡然增加了5倍以上，学生人数达3000人左右，且呈逐年增加的趋势。那不勒斯大学东方学院、威尼斯大学东亚学系和罗马大学东方研究学院，皆有中文本硕博和进修等培养层次。

这一时期意大利著名的汉学家可谓繁星闪烁。罗马大学东方学系的汉学教授，如研究中国文学的白佐良、现代汉语的马西尼、中国历史的科拉迪尼（Piero Crradini）。威尼斯大学中文系的汉学教授，如研究中国文学的兰乔蒂；于2003年获得“中国语言文化友谊奖”、著有《朱光潜美学思想》等的萨巴蒂尼（Mario Sabattini，1944—　）；著有《古代汉语教程》（1982）的斯卡尔帕尼（又译“斯卡帕利”，Maurizio Scarpari）；著有《现代汉语教程》（1981）的阿比亚蒂（Magda Abbiati）。那不勒斯大学东方大学的汉学教授，如著有《中国新闻业的缘起》的高察（Filipo Clccia，1934—1997年）、研究明清史的史华罗和安东尼诺（Forte Antonino）等。他们为意大利专业汉学的发展和繁荣做出了巨大的贡献。

意大利汉学家们加强合作研究，取得了显著成果，如介绍从新石器到汉代中国艺术与考古学的目录《中国文明七千年》，从汉代到元代的中国文物考古目录《中国与威尼斯》等；辞典有《汉意辞典》《中国现代口语大辞典》等；百科全书有10卷本的《中国历史与文化大百科全书》等。

意大利汉学研究主要刊物有：《那不勒斯东方大学研究所年刊》《东方和西方》《东方研究杂志》《东方学与语言学研究》《中国》《中国世界》以及有关大学或系科的学报。

目前，意大利已经建孔子学院12所、孔子课堂39个，有力地推动了中国文化在意大利的传播。

第二节　意大利的汉学名家

一、“西方汉学先驱”罗明坚

罗明坚（Michele Ruggieri，1543—1607年），字复初。曾获民法与教会法两个法学博士学位，耶稣会士。为了在中国更快地打开传教的局面，可谓筚路蓝缕，不遗余力。

（一）首位学习汉语，撰写汉外词典的西方人

罗明坚于1579年到达澳门，遵循范礼安进入中国的天主教神父“应该学习中国话及中文”[①]的要求，开始学习汉语。罗明坚是一位很有毅力并有极高天赋的传教士，到达澳门后2年4个月，便能认识15000个汉字，可以初步阅读中国的书籍，3年多后，便开始用汉语写作。

1934年，德礼贤在罗马耶稣会士档案馆中发现了一部手稿。据美国华盛顿乔治城大学美籍华裔教授杨福绵考证，结合当时的历史背景，认为该词典大约形成于1583—1588年之间，是罗明坚在广东肇庆时，为了帮助入华传教士学习汉语，

① ［意］利玛窦：《天主教传入中国史》,刘俊余、王玉川译，台湾光启社1986年版，第113页。

与利玛窦一起编写的汉外字典。词典正文189页，另附补遗十余张，共计120余张纸页，双面书写，页面分为三栏，第一栏书写葡语词目，按字头、音序排列；第二栏是拉丁字母注音，未标注调号和区分是否送气；第三栏是中国人书写汉字，多为葡语词的意译。开头的几页，在第三栏的右侧还写有意大利文的对应词，显然是后来添加的。所收葡萄牙语单词和短语约6000多条，故而称为《葡汉词典》（中文名为《平常问答词义》）。该手稿尚未完工，但已颇具规模，辞书应有的格局也基本呈现。方豪称之为“第一部中西文字典”。[①]

这部词典虽然还有诸多不足，如杨福绵指出它在声母和韵母拼写法上尚未定型，甚至有些混乱的地方，经常出现一音多号的现象，另外，罗氏系统没有送气符号和声调符号[②]。但该词典在西方人汉西双语词典编纂史上有以下几点不可取代的学术地位。首先，它是最早的汉语与西方语言对照词典之一。正如杨福绵所说，虽然此时中国虽已有《华夷译语》，但主要是汉语与少数民族及邻国语言的对照词典，真正的汉语欧洲语言对照的双语词典应是从《葡汉词典》开始。其次，它是最早的用罗马字母给汉字注音的系统。从现有的研究资料来看，《葡汉词典》基本已经可以认定为最早使用罗马字母为汉语注音的作品，其中注音方案也可以认定为汉字罗马字母注音方案的起源，以后才有了利玛窦在《程氏墨苑》即《西字奇迹》中提出的“利氏拼音方案”，是后世一切汉语拼音方案的鼻祖。最后，它为研究晚明语言学提供了第一手的材料。杨福绵通过研究认为：“编写这部词典时，罗明坚因为到中国时间不久，初学汉语，记音时，有些汉字拼写法尚不一致，甚至有模棱含混的地方。不过从拼音资料整体来说，已可使我们归纳出一个大致的官话音韵系统。”[③]而且根据这个词典可以判定明朝时的中国官话是以南京话为基础的。

① 朱维铮：《利玛窦中文著译集》，复旦大学出版社2001年版，第247页。
② 杨福绵：《罗明坚、利玛窦〈葡汉辞典〉所记录的明代官话》，《中国语言学报》1995年第5期。
③ 张西平：《西方汉学的奠基人罗明坚》，《历史研究》2001年第3期。

（二）首位明末正式进入中国内地传教的西方人

罗明坚凭借一口流利的汉语、熟谙中国国情，赢得了当地的官员信任和尊重。官员认为罗明坚是一个温文尔雅的君子，“是一有中国文学修养的神父及老师”。[①]1583年被允许在当时两广总督所在地肇庆长期住下来，并在肇庆建起了中国的第一座天主教堂。他是16世纪末西方第一个正式进入中国内地传教的耶稣会士。

为了扩大传教的范围和发展更多的教徒，1585年，罗明坚应两广总督郭应聘之邀往浙江杭州、绍兴一带，游历传道。为了能得到中国人的认同，罗明坚扮成僧人，但收效甚微。他曾用中文诗歌来表达自己的感受，如《寓杭州天竺诗答诸公二首》“僧从西竺来天竺，不惮驱驰三载劳。时把圣贤书读罢，又将圣教度凡曹。”“一叶扁舟泛海涯，三年水路到中华。心如秋水常涵月，身岂菩提那有花。”从诗中我们看到罗明坚为了传教用心良苦。其汉文诗手稿现收在罗马耶稣会档案馆里，共有34首。

（三）首位用中文翻译写作的西方人

罗明坚1582年在广州就用中文译完《祖传天主十诫》一书，这篇百余字的译作于次年在肇庆印行。1584年，罗明坚又出版了首部用中文撰写的著作——《天主圣教实录》（又名《新编西竺国天主实录》），使天主教本土化迈出了关键的一步。这本书首次向中国人介绍了天主教的基本思想。由此创造了许多基督教的中文词汇，其中意译如天主（Deus）、天堂、宠爱、净水、圣母娘娘、赎罪、魔鬼、地狱等，首次音译如热所（耶稣），妈利呀（玛利亚）等，也为后来的规范翻译打下了基础。这些词汇在翻译中文时较为贴近中国人的思想和习惯。所以刻印后受到中国士大夫们的欢迎。罗明坚在一封信中曾说：“现在广州的官吏凡是和我交往的都称我师傅，他们都肯定我写成的《天主圣教实录》。”[②]从中西哲学和宗教交流

① 张西平：《西方汉学的奠基人罗明坚》，《历史研究》2001年第3期。
② 张西平：《西方汉学的奠基人罗明坚》，《历史研究》2001年第3期。

史角度来看，罗明坚的《天主圣教实录》具有重要价值，他也开启了欧洲人以汉文写作之先河。

（四）首位将儒家典籍译成外文的西方人

1588年，罗明坚为请罗马教皇“正式遣使于北京”，返回欧洲。但因教皇四易其人，请求派代表团出使中国的这一愿望一直未能实现，郁郁寡欢的罗明坚于1607年在意大利萨勒尔城去世。在欧期间，为了让更多欧洲人了解中国文化和中国国情，罗明坚把中国典籍《四书》中的《大学》的部分内容译成拉丁文，于1593年在罗马公开发表。

（五）首位绘制中国地图集的西方人

罗明坚在罗马期间还绘制了西方第一种专门的中国地图集，但未能出版。手稿一直收藏在罗马的意大利国家图书馆中，直到1987年才被人发现。据介绍，该地图集共包括28幅地图与37页地理状况描绘。在地图集中罗明坚用文字介绍了中国13个省份的地理位置、教育、宗教等，以及中国从省到府、州、县的详细的行政建构情况。

总之，从罗明坚的编写汉外词典、汉诗写作、中文撰写天主教教义以及翻译儒家经典《大学》中，我们可以看到罗明坚汉语学习的实际状况和成果，以及对中国文化的深入了解。罗明坚也曾自称“我们已被视为中国人了”。

虽然，罗明坚的研究成果没有在欧洲得到传播和产生影响。但是上述五个“第一”足以说明其在汉学领域不可替代的作用和不可撼动的地位。可以说罗明坚是明末第一个正式揭开了中西方文化交流序幕的西方人。有学者称罗明坚为“西方汉学的奠基人”。[1]

① 张西平：《西方汉学的奠基人罗明坚》，《历史研究》2001年第3期。

二、“西方汉学之父”利玛窦

利玛窦（Matteo Ricci，1552—1610年），号西泰，又号清泰、西江。中国士大夫尊称他为“泰西儒士”。1568年，利玛窦被父亲送到罗马学习法律，但他对法律不感兴趣便中断了学习。1571年加入耶稣会，进入耶稣会主办的罗马学院学习哲学和神学，在这期间，他不仅学会了拉丁文、希腊语、葡萄牙语和西班牙语，而且还师从欧洲著名的数学家克拉乌维斯学习数学，又学习了当时先进的科学知识，如天文仪器知识和钟表的制作技术，为以后在中国传教打下了良好的学识和技术基础。1578年3月利玛窦受命从里斯本出发前往东方传教，经过6个月的航行，于9月到达印度果阿，继续学习神学，1581年，被授予神父职位。后应罗明坚的请求，于1582年到达中国澳门，开始学习汉语和中国礼节习俗。1583年利玛窦获准与罗明坚入居广东肇庆。1588年罗明坚回欧洲后，利玛窦被任命为耶稣会中国教区的负责人。为了尽快打开中国传教的局面，利玛窦通过采取“适应策略”，于1589年、1595年和1598年陆续发展了韶州、南昌、南京等传教基地。并于1601年，在北京住了下来，直到1610年病逝。利玛窦在中国生活了28年。万历皇帝认为利玛窦“慕义远来，劝学明理，著述有称，宜加优恤”，赐给他一块墓地，葬于当时北京城西的栅栏墓地。皇帝允许一个外国人在中国领土安葬，这在中国历史上还是第一次。

（一）编撰字典，开汉字西式注音先河

前已述及，利玛窦在肇庆时曾和罗明坚一起合编过一本《葡汉词典》。此外，《利玛窦中国札记》中记载1598年在去北京的路上，利玛窦与郭居静，在华人修士钟鸣仁的帮助下，编过一份“中国词汇”，该“词汇”已经采用西文注音方法为汉字注音，可惜已经失佚。

1605年，利玛窦应明朝制墨专家程大约（1541—1616年?）的请求，赠送了四幅宗教画加解说，并配上西字（即罗马字注音），编入1606年重刊的《程氏墨苑》

卷六下。后天主教会又将前三篇注音文章合成一本只有6页的小册子，以《西字奇迹》为题单独出版。1957年文字改革出版社以《明末罗马字注音文章》为名刊行。利玛窦的注音文章中包括26个声母和44个韵母的汉语拼音方案。这个拼音方案虽有不够完善之处，但为金尼阁以及后来的汉语拼音方案，奠定了基础。

（二）汉语著述，借习汉之形行传教之实

利玛窦的中文著述，主要是围绕宗教、伦理学方面进行的。其中影响较大的有《交友论》（1595）、《西国记法》（1596）、《天主实义》（1603）、《畸人十篇》（1608）、《辨学遗牍》（1609）等。

《交友论》是利玛窦所写的第一部中文著作。这是一部采撷西方哲人亚里士多德、西塞罗等人的论述友谊的格言汇集，即“从我们会院书籍中找出的西洋格言或哲人的名句，加以修饰，适合中国人的心理而编写的”。在序中利玛窦写道：“窦自最西航海入中华，仰大明天子之文德，古先王之遗教，卜室岭表，星霜亦屡易矣，今年春时，度岭浮江，抵于金陵，观上国之光，沾沾自喜，以为庶几不负此游也。远览未周，返棹至豫章，停舟南浦，目西山，玩奇挹秀，计此地为至人渊薮也，低回留之不能去。”足见其中文水平之高。此书一出，即广为流传，在中国文人学士之间引起不小的反响，利玛窦的名声也随之远扬。

利玛窦曾在南昌的一个文人宴会上，表演他的记忆才能。他让文人们在纸上随意写下大量汉字，他看了一遍就能按照他们书写的顺序背下来，然后利玛窦又从后向前倒背了一遍。这种技艺使文人们目瞪口呆，也使利玛窦名声大振，许多人接二连三地请求他传授记忆技巧，为此利玛窦写了《西国记法》一书，向中国人讲解西方的记忆术。利玛窦在1595年给在华传教团耶稣会负责人葡萄牙人孟三德（Duarte de Sande，？—1599年）的信中，讲到自己因此获得了巨大的荣誉。

《天主实义》是利玛窦在罗明坚的《天主圣教实录》的基础上撰写的，是利玛窦宣扬天主教神学的代表作，也是他融合儒家思想和天主教义于一体的重要著作，在明代士大夫中有一定的影响。《天主实义》后来被乾隆皇帝收录在《四库全书》中，并有蒙、满、朝鲜、越南及日文译本。

《畸人十篇》（2卷）是利玛窦的另一部重要的中文宗教著作，采用了与《天主实义》相同的对话形式，即利玛窦同十位中国士大夫的对话集，交谈的时间大约在1589年至1607年之间。1608年刻于北京，李之藻序。1609年重刻于南京及南昌，1629年收入李之藻编的《天学初函》。《辩学遗牍》收录了利玛窦与明末净土关于天主教和佛教的交流信件。此外，他还写过或参与写过《西琴八曲》《斋旨》等著作。

利玛窦正是通过这种学习汉文、用汉文著述的形式，达到其宣扬、传播宗教的目的。

（三）倾力翻译，促进中西文化交流

利玛窦勤于笔耕，在传教、著述的同时，还大量翻译西方自然科学著作和中国古代经典。

利玛窦在徐光启、李之藻等人协助下，先后翻译了《几何原本》《测量法义》《测量异同》《勾股义》《圜容较义》《同文算指》等数学几何书籍。还在中国学者协助下，翻译了诸如《浑盖通宪图说》《乾坤体义》《经天该》等天文学书籍。其中6卷本的《几何原本》（1606）一书最受中国学术界的肯定和赞赏。在书中创造了很多几何术语，沿用至今，如点、边、角、锐角、钝角、直角、推论、直线、曲线、切线、平行线、比例、三角形、四边形、多边形、平面、曲面等。利玛窦认为翻译这本书“乍看起来与传教并没有直接关系，但实际上却是对传教非常有利的工作”。[①]这些书籍的翻译，对明代数学乃至整个自然科学的发展产生了相当大的影响和作用，“新奇的欧洲科学知识震惊了整个中国哲学界”。[②]

1590年，利玛窦将儒家的《四书》翻译成拉丁文，并加少量的注释介绍给西方，这也是《四书》的第一部西文译本。

---

① ［意］利玛窦、［比］金尼阁：《利玛窦中国札记》，何高济等译，中华书局2010年版，第458页。

② ［意］利玛窦、［比］金尼阁：《利玛窦中国札记》，何高济等译，中华书局2010年版，第347页。

（四）未竟遗作，展示西人眼中真中国

1609年，利玛窦在一封致耶稣会的信中写道："去年年底，我不知道自己为何会想到，在最初进入中国的人中，仅剩下我一人了，现在已无人知道这里传教事业最初的情况，因此最好把这些事情按照它们发生的顺序加以整理，尤其是把我亲身经历的事情写下来，因为别人的报告与真实情况有很大出入。"[①]出于这样的目的，利玛窦从1608年开始用意大利语撰写自己在中国的传教经历。1610年利玛窦去世，这部著作还未完成。后经耶稣会士金尼阁整理、修改并翻译为拉丁文，且增加了一些有关传教史和利玛窦本人的内容，于1615年在德国出版，题为《耶稣会士利玛窦神父的基督教远征中国史》（简称《基督教远征中国史》）。书一出版就受到了欧洲各国的关注，被翻译成法、德、意等多种文本，广为流传。由何高济翻译的中译本于1953年出版，名为《利玛窦中国札记》。

《利玛窦中国札记》共分为5卷。第一卷又分11章，分门别类简略地介绍了中国的名称、位置、习惯风俗、机械工艺、法律以及宗教信仰等各个方面的情况；第二卷到第五卷，共69章，利玛窦以自己的视角和亲身经历详细地叙述了耶稣会进入中国的历程。

《利玛窦中国札记》是继门多萨《中华大帝国史》后在欧洲影响较大的一部介绍中国的力作。其价值主要表现在，它不是根据资料或传闻与幻想整理而成，而是以利玛窦的亲身经历与见闻为根据，记录了大量真实可信的历史事件和生活细节；并且建立在利玛窦对中国社会细致入微地观察基础上，用西方人的视角描写了耶稣会如何打开中国这扇紧闭的大门，从广州一步步进入北京的传教历程，间接地反映了明末时中国开始走向衰落的史实。有些内容是第一次介绍到欧洲，如儒家经典——"四书"，特别是孔子的思想；首次甄别西方之前书中关于"契丹"的称呼，即中国，这两个地理术语的关系问题，其学术意义和对中西交往的实际意义可谓重大。

① 张西平、李雪涛：《西方汉学十六讲》，外语教学与研究出版社2011年版，第126页。

利玛窦这部著作“目的是向欧洲人介绍有关中国的情况和在中国的传教事迹，使同会教友及有关人士从中获得教益”。[1]因此，为了激起欧洲对中国的兴趣，从而有更多的传教士来到中国，促进中国传教事业的发展，利玛窦在书中更多介绍是正面的，且不乏理想化的成分。

综上，利玛窦在天主教史、中西交流史以及在汉学研究上都做出了开创性的贡献。首先，他是一个成功的传教士。据统计，在罗明坚、利玛窦刚入华时，中国信奉天主教的教徒仅3人，到利玛窦逝世的1610年，中国天主教徒已经发展为2500人。异质文化的传输，只有与本土文化保持适当的契合度，才能降低文化“排异性”，进而落地生根。利玛窦显然懂得这个道理。他在中国传教的过程中制定了“适应路线”的传教策略，打开了基督教在中国的局面。其“适应路线”主要是穿儒服说汉话的文化适应、联儒教排佛教的宗教适应、攀皇亲附权贵的路径适应、重学术博理解的方法适应。从而成功地打开了中国的传教大门。天主教教皇保罗二世在《利玛窦到北京四百周年国际学术研讨会致词》有这样的评价：“他最大的贡献是使中国人得以认识耶稣基督，让福音喜讯与教会能在中国文化里降生……他如此道地的‘做中国人中间的中国人’，……他把天主教徒与东方学家，意大利人和中国人的身份，令人惊叹地融合在一起。”其次，他对西方汉学的形成起到了重要作用。利玛窦不仅在中国打开了传播基督教的大门，而且在西方了解和研究中国文化方面也开了先河。他不仅学习汉语，了解中国文化，运用自如，而且促进来华的传教士们学习汉语、研究汉语，翻译和研究中国经典。成为“中学西传”的奠基人。再次，利玛窦也是“西学东渐”的先行者。据统计，利玛窦汉文译著共有20种，其中收入《四库全书》和《四库全书目书丛书》的就有13部。正如石田幹之助《欧人之汉学研究》对罗明坚、利玛窦等在汉学史上的贡献的评价：“西人底中国研究，实始于那时；从来欧人于中国所记，如前述，大多不过载录旅中见闻，以及事业成绩报告之类，至于研究中国，还是很隔膜的；略近具体研究，正是这时期的事情；而这便是以新来的传教师们做先锋的。”[2]而《利

① ［意］利玛窦、［比］金尼阁著：《利玛窦中国札记》，何高济等译，中华书局2010年版，第5页。

② ［日］石田幹之助：《欧人之汉学研究》，朱滋萃译，山西人民出版社2015年版，第147页。

在1643年至1645年、1647年至1650年两次出游，到达了当时中国15个省中的7个省，沿途进行各省重要城镇的位置测量，并查阅多种中文资料，特别是中国地方志以及中国古代图谱，绘著成《中国新地图集》（又名《中国新图志》和《中国新图册》），于1653年在维也纳出版。此图集有图17幅，其中全国总图一幅，分省图15幅，另附日本图一幅，还配有文字介绍171页。内容包括地理位置、名称来源、建置沿革、面积大小、名山大川、气候物产、名胜古迹、重要城镇、户口租赋、风俗习惯、掌故逸闻等。书中还对各地的天主教传播情况与教堂详加叙述。图集内容之丰富，条理之清晰，实在令人惊叹。

《中国新地图集》曾被译成9种欧洲文字出版，在欧洲影响甚广，成为当时欧洲各国了解中国地理的必读之书，也是欧洲地理学界关于中国舆地的权威参考书。而且对于中国的地理研究者来说，卫匡国的图集亦是非常重要的域外史料。卫匡国也因此被称为“西方研究中国地理之父”。[①]

（三）著史书，向欧洲介绍历史中国

1654年，卫匡国在荷兰等多国同时出版了用拉丁文撰写的《鞑靼战纪》（又名《论鞑靼之战》）。这部著作是卫匡国根据自己的亲身经历和所见所闻撰写的当时鞑靼人入关并挥师南下推翻明朝的历史，这是世界上第一部记录明清易代的重大转折时期当代史。“所记至详，直言不隐，足补我国正史之阙略”。[②]因此，《鞑靼战纪》“被西欧学者誉为当时的第一部中国现代史和欧洲第一部中国政治史”。[③]这本书为当时的欧洲各国人民认识和了解17世纪的中国做出了重要的贡献。后在欧洲被翻译成多种文字一版再版。

1658年，卫匡国在德国慕尼黑出版了《中国上古史》，又名《中国历史十卷》，卷末附有年表，共362页，记述了中国上自远古，下至公元前一年，即西汉

① 徐明德：《十七世纪伟大的人文科学家卫匡国传——纪念卫匡国诞辰400周年》，《浙江学刊》2014年第6期。

② 方豪：《方豪文录》，北平上智编译馆1948年版，第92页。

③ 徐明德：《十七世纪伟大的人文科学家卫匡国传——纪念卫匡国诞辰400周年》，《浙江学刊》2014年第6期。

哀帝元寿二年的这段历史，是一部断代史。这是西方学者写的第一部向欧洲系统地介绍中国上古史的著作。书中还首次介绍了中国的《易经》及其卦图；谈到了中国的文字，认为中国文字的发明者是伏羲，中国字在利用形态表意方面有象形文字的特点。为了证明他的论点，卫匡国还在书中附上一图，图中一边是山、日、龙、主、鸟、鸡的图形，另一边是根据这些图形衍变出来的对应文字。

另外，1654年，卫匡国还在罗马公开出版了一部关于传教士历史的著述《中国耶稣会教士纪略》和一部自传性的著作《卫匡国行实》。

（四）辩礼仪，向欧洲释明礼教中国

卫匡国的又一重要贡献就是妥善地解决了当时著名的“礼仪之争”。1654年底，卫匡国在罗马参加了关于中国的礼仪之争，多次同多明我会进行辩论，他认为，中国人的祭祀是一种社会性的礼节，而不是宗教迷信；主张应将下层民众的迷信活动和士大夫举行的仪式分开考虑。经过5个多月的辩论，罗马教廷终于采纳了卫匡国的意见，颁布敕令称，中国教徒的“敬天、祭祖、尊孔”等礼仪只要无碍于天主教的传播均可照旧进行。西方传教士进入中国的障碍得以排除，天主教也逐渐中国化。

卫匡国向罗马教皇汇报中国教务以及礼仪等问题后，1657年动身返回中国，同行还有南怀仁等17名耶稣会传教士。1659年抵达杭州，1661年6月因霍乱不幸于当地去世。为了纪念这位传教士，同年杭州人出版他在1647年用中文撰写的“论交友之道”——《逑友篇》两卷。

综上，卫匡国通过撰写汉语文法、编纂中国历史、绘制中国地图，以及维护中国礼仪等推动了中西文化的交流。

四、罗马大学汉学教授白佐良

白佐良（Giuliano Bertuccioli，1923—2001年）在中学阶段，就表现出对语言的兴趣，掌握了希腊文、拉丁文以及法语等欧洲多种语言，还熟读了意大利和外

国多部文学经典。1940年，17岁的他进入“意大利中东远东研究所”学习汉语及中国文化课程，他的中文教师是杨凤歧（1908—1970年）。当时的意大利并没有多少人对该课程感兴趣。1942年进入罗马大学法学院学习法律，其间利用业余时间跟随罗马大学汉学教授瓦卡和德礼贤学习了两年汉语。大学毕业后在那不勒斯大学东方学院教授中文。

1946年，意大利外交部派他到意大利驻中国（南京）大使馆做翻译工作。工作之余，他大量阅读了中国经典诗词和其他文学作品。不久，无论是汉语口语还是书面文字都有了突飞猛进的提高，这为他日后成为欧洲著名的汉学家打下了坚实的基础。1950年8月，由于意大利不承认新中国，他离开南京回国。从1952年至1980年期间被意大利外交部先后委派驻中国香港和日本、韩国、越南、菲律宾等地的外交官，但一直没有停止对中国文化的研究。

1980年，58岁的白佐良离开了外交部，担任罗马大学东方学院中国语言和文学教授，直到1995年。代表著作有《中国文学史》（1959）、《中国诗歌选》（1983）、《中国古文选》（1985）等，其中，在驻香港领事的7年间，白佐良撰写的《中国文学史》是第一部用意大利文撰写的关于中国文学的著作。晚年编辑出版了《卫匡国全集》，与其弟子马西尼合著了《意大利与中国》（中文版，2002）一书，梳理了从古罗马时期到民国初年2500余年间中国和意大利交往的历史，重点分析了两国在对方心目中形象的变迁。

其弟子马西尼（Federico Masini，1960— ）1978年开始在罗马大学学习汉语，曾于1980年到美国加州大学伯克利分校学习汉语半年。1983—1986年先后在北京语言大学和北京大学学习汉语。1986年毕业于罗马大学文学哲学院，撰有论文《现代汉语的谓语结构》。1987—1989年在意大利驻中国大使馆新闻处任随员。1992年以《现代汉语词汇形成——19世纪汉语外来词研究（1840—1898）》一文获得那不勒斯东方学院授予的东方学博士学位。还参与编写了《近现代汉语新词词源词典》一书。1993年起在罗马大学东方学院教授“中国古汉语”课程。2001—2010年期间担任罗马大学东方学院院长。2006年起担任罗马大学孔子学院外方院长，2008年起担任世界汉语教学学会副会长等职务。

五、威尼斯大学汉学教授兰乔蒂

兰乔蒂（Lionello Lancioai，1925—2015年），曾为意大利汉学的带头人。1947年毕业于罗马大学文学专业，在这里结识了汉学家德礼贤，受其影响开始学习汉语。后师从瑞典汉学家高本汉、荷兰汉学家戴闻达等学习中国语言和文化。1960年起担任罗马大学的中国语言文学课程。1965年威尼斯大学开设中国语言文学课程，被聘为首任中文教授，直至1979年。1979年又到那不勒斯东方大学讲授“古汉语”课程，同年创立意大利汉学协会并任秘书长，1996年正式退休。1998年获得“荣誉教授”。从1974年到2002年，兰乔蒂还是“威尼斯和东方”研究所负责人，在图齐创办的《东方与西方》担任联合主编，编辑了数十册《中国》丛书。兰乔蒂著有《中国文学史》（1969），《公元3世纪至10世纪亚洲宗教的传播》（1984）、《意大利汉学：从1945年至今》（1992）等。主持并编写《中国现代口语大辞典》《汉意辞典》等工具书。

更为重要的是，兰乔蒂通过言传身教、学术著作和学术会议带出了一个团队，为20世纪70年代后意大利汉学的发展和繁荣打下了基础、培养了人才。如他的学生卡道纳（Fcadonna）博士研究并翻译的一批敦煌文献，所撰《敦煌文书中的十二篇道家经典》（1984），引起国际敦煌学者的关注。

六、那不勒斯东方大学汉学教授史华罗

那不勒斯东方大学现有20多位汉学家，从事着不同专业研究，主要有中国语言、现代文学、历史、考古学及藏语等专业。东方大学有丰富的藏书，仅亚洲研究系的图书馆就有10万册藏书和18种期刊。史华罗乃其中著名的汉学家之一。

史华罗（Paolo Santangelo，1943— ），曾任意大利那不勒斯东方大学中国历史教授、罗马大学东亚史教授，意大利汉学学会、欧洲汉学学会理事。在罗马大学学习法律期间，同时在“意大利中东远东研究所”学习汉语及中国文化。1966年

获罗马大学硕士学位。1974年受聘在那不勒斯东方大学教授中国历史，同年出访北京、汉城、台北、东京、新加坡等地，加深了对中国和东方文化的感性认识。2007年到罗马大学教授中国历史，直到2012年退休。1992年以来兼任《明清研究》杂志主编，并负责主编《中国历史与文化百科全书》第五卷。现还主持“明清时期中国社会群体想象及情感表达”国际科研项目。

史华罗由研究中国和朝鲜社会史开始，探讨中国近代社会史的相关问题，随后深入到明清时代的中国文化史，以及明清文学作品中所表现出中国人道德、民俗和心理状态，尤其对明清文学中的“情感”词汇进行了密集、深入的研究。代表作有：专著《中国通史》（1994年与萨巴蒂尼合著）、《生态主义与道德主义：明清小说中的自然观》（1994）、《明清文学作品中的情感、心境词语研究》（2000）、《中国与欧洲“爱情”概念化的宗教影响》（2000）、《中国历史中的情感文化》（中文译本，2009）、《中国之爱情：对中华帝国数百年来文学作品中爱情问题的研究》（中文译本，2012）等著作，论文有《部分明清文学作品中表示“勾引”的词汇》（1996）、《17至18世纪意大利人对中国的印象和想象》（与葛兆光合作，2008）等。其中《明清文学作品中的情感、心境词语研究》一书，史华罗用比较的方法，对比中西方不同时期对“情感”观念的看法和态度的差异与类同；该书对西方“情感”内涵的界定和激情在情感中地位进行了阐述。由于“情感”研究已经无法局限在纯文学领域，因而作者从词义学、心理学、社会学、民族学等多角度探讨了“情感”的分类、生理基础、社会意识及其在文化建构中的地位。严格地说来，这部著作的学科归属已远远超出文学史和辞典学领域，而是借助于文学资料调查、词义学分析，探讨文化核心之一“情感”在明清时期的发展变化及其社会意义。而用英文撰写的《中国历史上的情感文化——对明清文献的跨学科文本研究》一书，是史华罗在对明清文学作品中的情感、心境词语研究基础上，对该项目的理论问题、研究方法和研究目的更为详尽和系统的阐述。

【主要参考文献】

专著：

［1］何寅，许光华：《国外汉学史》，上海外语教育出版社2002年版。

［2］［意］白佐良、马西尼：《意大利与中国》，萧晓玲等译，商务印书馆2001年版。

［3］［意］马国贤：《清廷十三年：马国贤在华回忆录》，李天纲译，上海古籍出版社2013年版。

［4］张国刚等：《明清传教士与欧洲汉学》，中国社会科学出版社2001年版。

［5］张西平：《欧洲早期汉学史》，中华书局出版社2008年版。

［6］张西平：《传教士汉学研究》，大象出版社2005年版。

［7］张永奋、白桦：《意大利汉学史》，学苑出版社2016年版。

论文：

［1］陈义海：《基督教在中国的传播与汉语研究的科学化》，《盐城师范学院（人文社会科学版）》2006年第6期。

［2］陈友冰：《意大利汉学的演进历程及特征——以中国文学研究为主要例举》，《华文文学》2008年第6期。

［3］钱林森：《论游记在西方汉学中的地位和作用》，《江苏社会科学》2000年第6期。

【思考与练习】

1. 评述《马可·波罗游记》的历史价值。

2. 为什么说罗明坚是“西方汉学先驱”？

3. 为什么说利玛窦“西方汉学之父”？

4. 评述《利玛窦中国札记》的历史价值。

5. 简述卫匡国在中西文化交流中的贡献。

6. 评述汉学家马西尼在汉语研究方面的成就。

7. 评述汉学家兰乔蒂的汉学成就。

8. 评述汉学家白佐良的汉学成就。

9. 简述汉学家史华罗关于明清文献中情感词的研究。

10. 为什么说“意大利的汉学，在欧洲是最古老、同时也是最年轻的”？

第五章

Chapter 5

葡萄牙和西班牙汉学

第一节　葡萄牙汉学

15世纪末16世纪初，葡萄牙和西班牙成为开辟新航路的急先锋。为了获得更多利益，在罗马教皇主持下，划分了各自的势力范围，以佛得角以西370里格（大约1770公里）作为两国分界线，以东为葡萄牙势力范围，以西即为西班牙所拥有。自此世界上更多的国家陆续成为他们的殖民地。同时，为了能让世界上的人成为自己的子民，罗马教皇也积极进行“圣战”，于1534年授予葡萄牙国王在远东享有“保教权”。规定欧洲其他国家到远东的传教士必须由葡萄牙政府同意，搭乘葡萄牙的商船前往东方，且获得交涉当地传教所发生的一切事务等特权。葡萄牙名正言顺地实施征服东方的政策。《马可·波罗游记》（1298）一书中所描绘的富有中国成为其扩张的首选对象，目标就是在中国建立贸易基地和宗教基地，甚至军事征服中国，因此，葡萄牙成为西方第一个官方派员前往中国的国家。

早在1498年葡萄牙航海家达·伽马（Da Gama，约1460—1524年）到达印度西海岸时，葡萄牙人就第一次直接听到了关于中国的消息。16世纪是葡萄牙从听说、认识中国，到直接前往接触中国的时期。

一、葡萄牙汉学的发端（16世纪）

1508年葡萄牙国王唐·曼努埃尔（D. Manoel，1469—1521年）一世要求舰队司令塞格拉（Diogo Lopesde Sequeira）：“你必须探明有关秦人的情况，他们来自何方、路途有多远？他们何时到满剌加（即今天的马六甲）或他们进行贸易的其他地方？带来些什么货物？……他们是基督徒还是异教徒？他们的国家大吗？国内是否不止一个国王？……还有，倘若他们不是基督徒，那么他们信奉的是什么？崇拜的是什么？他们遵守的是什么样的风俗习惯？他们的国土扩展到什么地方？与哪些国家为邻”[①]当葡萄牙于1510年和1511年分别攻下印度果阿和马六甲后，便大规模系统地搜集有关亚洲的地理和人文资料，更迫不及待地通过各种渠道收集中国的情报，为攻占中国做准备。1513年葡萄牙人乔治·欧维士（Jorge Alva-res）率领船队首次登陆中国珠江口岸，便在当地竖立起一块石碑，以示这块地方已属葡萄牙国王的领地，并想通过官方行为和中国建立贸易关系。于是1517年7月，葡萄牙国王委派在马六甲生活的药剂师托梅·皮列士率领一支使团，从马六甲启程驶向中国广州，这是西方世界第一个官方正式使团。但葡中的第一次正式交往却以失败而告终。而葡萄牙并没有就此停止征服中国的脚步，于1557年通过贿赂地方官，以“借地晾晒”或“贮货”为名，在澳门滞留泊船。葡萄牙的使节、商人、传教士以此作为外交、贸易和传教的基地，千方百计地想进入中国这个神秘的大帝国。

（一）托梅·皮列士与《东方志》

托梅·皮列士（又译“多默·皮雷斯”、“皮莱士”，Tom é Pires，1465—1524年?）曾是葡萄牙王宫里的药剂师。1511年，皮列士跟随葡萄牙海外扩张的船队来到东方，长期在印度、马六甲、苏门答腊和爪哇岛一带活动。因皮列士于1512年至1515年编著的《东方志》（又名《东方记》《东方诸国记》）一书中有中国的记录，使他有幸成为葡萄牙派往中国的第一任使臣，也是第一位进京的西方外交使节。遗憾的是因葡萄牙一贯的海盗行为，虽然克服了重重阻碍于1520年获准进京，但依然没见到中国天子，还于1521年被遣返到广州监禁起来，结局很悲惨，

① 金国平、吴志良：《1511年满剌加沦陷对中华帝国的冲击》，《学术研究》2000年第7期。

据说后来死于广州的狱中。

《东方志》一书是皮列士在马六甲根据各种渠道搜集到的相关中国信息，现原稿已散失。1937年由葡萄牙学者科特桑（A. Cortesao）在法国国立图书馆里发现了这本书的手抄本。书中列有关于中国的专门章节，涉及明朝地理、物产、海关、法律、生活等方面，内容丰富。

皮列士在《东方志》一书中写道："中国物产很多，土地辽阔，人口众多，宝藏丰富，讲究排场，铺张奢华，使人以为那是我们葡萄牙而不是中国……"从字里行间体现出葡萄牙人的一副自高自大、自以为是的态度。尽管带着欧洲人的优越感，但他不得不承认"每个国家都有自己的荣耀的东西看来都很好，中国是一个受人尊敬、美丽和富饶的国家。"[①]书中还描述了中国和周边国家的关系："爪哇、暹罗、帕赛、马六甲的国王，每5年或10年派遣使臣，携带中国颁发的证明文书，去见中国皇帝，并送去他们国家中最好的礼品……如果他们带去成千的礼物，中国皇帝也会加倍还礼。"[②]详细介绍了中国人的外貌和生活方式："中国人是白人，和我们的皮肤颜色一样。中国人都吃猪肉、牛肉和所有其他动物的肉。他们神态自若地喝各种难喝的饮料，称赞我们的葡萄酒，且喝得酩酊大醉。……他们用两根棍子吃饭，左手把陶瓷碗放进嘴边，右手用两根棍子（把食物）吸进去。这是中国的方式。"这是第一个记述了中国人吃饭使用筷子的欧洲人。然而，在书中鄙视中国"他们是软弱的民族，没有什么了不起。在马六甲见到的中国人不很老实——这是指普通百姓"。他甚至狂妄称"（我们的）400吨的船只，其中一艘就能够消灭广州，而这种消灭会给中国带来巨大的损失"。[③]从中看出葡萄牙人当时的狂妄心理，以及军事征服中国的企图。

皮列士编写的《东方志》是16世纪由葡萄牙人撰写的第一部详述东方状况的书籍，反映出葡萄牙人到达东方之初对中国的认识和态度。这本书写作的时候，皮列士毕竟没有到过中国，有的是根据耳闻加以描述，当然不排除亲历者的叙述。所

① ［葡］皮列士：《东方志》，何高济译，江苏教育出版社2005年版，第96页。
② ［葡］皮列士：《东方志》，何高济译，江苏教育出版社2005年版，第97页。
③ ［葡］皮列士：《东方志》，何高济译，江苏教育出版社2005年版，第99页。

以书中内容的真实性还有待甄别，但是为我们今天了解明朝的历史以及周围国家的情况，提供了历史资料，具有一定的史料价值。正如葡萄牙史学家阿曼多·科尔特桑所评价的，这部书对远东的记述“在一、二个世纪中没有人能够超越”。[①]

（二）巴洛斯与《亚洲数十年》

在葡萄牙本土有位亚洲史学家巴洛斯（J de Barros，1496—1570年），曾在海外贸易部门做管理工作，有机会获得大量东方的第一手资料，在没有到过中国，也不通华文的情况下，雇佣一个懂中葡文字的华人为其翻译中文材料，花费了十多年的时间，于1552年至1563年陆续出版了3卷本的《亚洲数十年》。在第三卷中，以大量的篇幅描述中国，包括中国的政治制度、行政区划、婚姻习俗等各方面的情况，如第一次介绍了中国的15行省（即明代的两京13布政司），其中沿海省份为6个；还第一次提到了中国的万里长城：“关于这座长城，以前就有所听闻，起初以为它并不连续，只是建立在中国人与鞑靼人的土地之间的崎岖山峦中。但现在我们已经知道它的连绵不断的全貌，不由得感到极为惊奇。”这里描述了看到绘有长城地图时的震撼。在书中高度赞扬了中国的文化和文明，如印刷术和火药等。在书中，巴洛斯记叙了皮列士使团在中国入狱的前因后果，以及葡萄牙人在中国的最初失败。由于他的著作是欧洲早期关于亚洲及中国资料的汇编，书中收集了大量有关亚洲及中国的第一手材料，使之具有很高的史料价值。

（三）克路士与《中国志》

克路士（又译“克鲁斯”“克鲁兹”，Gaspar da Cruz，？—1570）是葡萄牙多明我会的修士。于1548年来到亚洲，先后在印度、马六甲以及柬埔寨等地传教，1556年来到了广州，在此居住数月，后被驱逐出境。

克路士在1564年返回欧洲的路上，用葡萄牙文撰写了《中国志》一书。1570年，在他去世后两周，《中国志》（又名《中国情况详介专著》）在葡萄牙出版。

① 万明：《西方汉学的萌芽时期——葡萄牙人对中国的记述》，《世界汉学》1998年第1期。

与以前记述东方及中国的欧洲书籍不同，这是欧洲第一部专门介绍中国的著作。这本书对中国及其邻国的地理关系做了较为准确的介绍，并提到了中国机构、科举、法律、宗教、科技、农业、生活、风俗、语言以及饮食等方方面面。

书中更多的是对中国的赞美。如他在书序中说："所有我提到的民族中，中国人比其他国人口多，国土大，政体和政府优越，财富和财物丰足，又因为这些人有很多使人难忘的事物，所以我决定尽我所能对他们的事作一个概述。"[①]在书中关于中国人的风俗礼节："中国人是很讲礼节的百姓。一般的礼节是，左手握紧，包在右手里，在胸前不断上下移动，表示他们彼此都包容在心里。"[②]克路士在与中国人的接触中，不断感受到了他们的勤劳与智慧，而在自己的游记中不止一次提及"这个国家不丢弃任何不管怎样破旧的东西……他们在各种事情上都用巧劲，不用蛮力"。[③]作者称赞当时的中国工艺人："他们的手一般都很灵巧。他们在每项工作中都有很多创造，主要在石工和绘画方面……他们在各行业都心灵手巧，因为他们天赋聪明能干。"[④]书中将16世纪中国的形象塑造成一个在很多方面都优于他们自身文明的乌托邦。与同一历史时期的葡萄牙相比，中国形象呈现出更多物质上的、制度上的富足与优越。

克路士在书中详细介绍和描述了中国的语言和文字特点："中国人的书写没有字母，他们写的都是字，用字组成词，因此他们有大量的字，以一个字表示一件事物，以致只用一个字表示'天'，另一个表示'地'，另一个表示'人'，以此类推。"[⑤]在谈到汉字在亚洲的作用时说，"这就是为什么整个中国有很多方言，用语言彼此不能理解，在谈话中交趾支那人不懂中国人的话，日本人也不懂，但他们都可以通过文字相互理解。举个例说，表示'天'的字，他们写出来都一样，有的发这个音，有的发另一个音，但'天'的含义对他们说是一样的"。[⑥]

① [葡] 伯来拉、克路士：《南明行纪》，何高济译，辽宁教育出版社2010年版，第180页。
② [葡] 伯来拉、克路士：《南明行纪》，何高济译，辽宁教育出版社2010年版，第97—98页。
③ [葡] 伯来拉、克路士：《南明行纪》，何高济译，辽宁教育出版社2010年版，第85页。
④ [葡] 伯来拉、克路士：《南明行纪》，何高济译，辽宁教育出版社2010年版，第102页。
⑤ [葡] 伯来拉、克路士：《南明行纪》，何高济译，辽宁教育出版社2010年版，第180页。
⑥ [葡] 伯来拉、克路士：《南明行纪》，何高济译，辽宁教育出版社2010年版，第180页。

这部著作是克路士结合自己在中国的亲身经历，以及搜集到的有关中国的地方志，特别是参考了葡萄牙商人佩雷拉（又译“盖略特·伯来拉”，Galeote Pereira）的著作《中国见闻录》。佩雷拉曾于1539年和1548年两度来华从事走私贸易，并于1549年因走私在福建被捕，后又越狱逃走。根据自己的经历写出了《中国见闻录》。佩雷拉在回忆录中介绍了中国各省组织，中国科举制度，宗教等，作为阶下囚，特别报道了中国的审判制度和监狱管理。1577年，附于耶稣会士信件附录中的佩雷拉回忆录节略，被威尔士翻译成英文，中国的科举制度就此传播到西方。

上述三部著作是继13世纪末《马可·波罗游记》后，欧洲关于中国的最新纪录。但在当时的欧洲影响都不大，究其原因，可能是该书是用葡文发行的，加之传播条件的限制，何况皮列士的著作只是手稿，影响极有限，所以并没有在葡萄牙以外的国家广为流传。直到1585年西班牙人门多萨的《大中华帝国史》在罗马出版并产生了巨大的影响，而克路士《中国志》中的记述被门多萨多次引用才得以吸引欧洲人的关注。而在欧洲影响较大的当属平托撰写的《远游记》。

（四）平托与《远游记》

全名“费尔南·门德斯·平托”（F.M.Pinto，1509—1583年），《远游记》是平托于1576年根据自己的亲身经历用葡萄牙文写成的，但直到他去世后的31年，即1614年才在里斯本出版。

这是一本自传体的游记，记述作者于1537年登上前往印度的帆船，在东方游历达21年的故事。其间他途经红海地区，到达印度、中国、马六甲、日本等地，几乎走遍了整个东方。为了生存，他当过士兵、商人、传教士，甚至海盗，自称“曾十六次被俘，十三次被卖”，过着一种非常神秘而又险象环生的生活。

全书共有226章，其中作者用89章讲述他在中国的经历，约占全书五分之二的篇幅。书中描述了他在中国的冒险经历：一是作为海盗在中国沿海的遇险过程；二是作为囚犯从南京被押送到北京的经过。在讲述一系列事件的基础上，作者用较为客观的文字描述了当时明朝的地理、政治、司法、经济、风俗等方面的情况，塑造了他看到的16世纪中国的形象。

1558年，平托返回里斯本，著书立说，讲述他在东方的经历。因语言优美生动，内容富于传奇色彩，情节引人入胜，此书出版后立即在欧洲引起很大反响，并被译成多种文字。据不完全统计，自《远游记》问世以来，已有包括中文本的摘译本、全译本达170种之多。

从以上16世纪葡萄牙人对中国的著述可以看出，其研究目的主要是尽可能地为葡萄牙政府搜集和编写中国的各个方面的信息，为传教、贸易甚至军事占领中国服务；从资料来源来看，因明朝海禁，葡萄牙对中国的报道的信息大多是别人的口述，或中国的书籍，作者本人并没有在中国生活过，或没有长期在中国生活过，资料的客观性有待甄别，更多的内容是记录性的，有的还可能带有主观猜测性；从作者汉语能力来看，这些作者大都不会汉语，作品大都用本国语言来写，因而对中国文化的理解和介绍还欠深入。但无论是使节、传教士、商人和历史学家，抑或受过中国牢狱之苦的囚徒，都在记述中表达了他们对中国文化的由衷赞叹。这种仰慕的态度在欧洲产生了巨大的影响：一是引起其他欧洲强国和罗马教皇的注意和兴趣，推动17世纪、18世纪更多的传教士来中国，在传教过程中又促使他们了解中国文化，研究中国文化；二是这种欣赏的态度构成了西方早期汉学的基调，或者可以说这些记述为西方汉学的形成建立了良好的开端。①

二、葡萄牙汉学的积淀（17世纪）

1580年葡萄牙被西班牙兼并，接着从17世纪开始葡萄牙先后又受到荷兰和英国挑战，葡萄牙在印度、东南亚、日本等地的势力范围逐渐被荷兰取代。在本土西班牙的统治下导致了大量葡萄牙人移民到巴西，葡萄牙的经济一落千丈。虽于1640年重新获得独立，但葡萄牙的海上霸权已经彻底衰落，从国家层面来说也无力了解、研究中国。但传教士是统一由罗马教皇和各教会安排，所以并没影响葡

① 万明：《西方汉学的萌芽时期——葡萄牙人对中国的记述》，《世界汉学》1998年第1期。

萄牙传教士到中国传教的欲望。当1583年意大利耶稣会士罗明坚和利玛窦进入中国内地传教这个大幕正式拉开以后，葡萄牙的传教士也纷纷来到了中国。对中国的认识和研究相比较16世纪更全面和深入。

（一）曾德昭与《大中国志》

曾德昭（Alvarez de Semedo，1586—1649年），17岁成为耶稣会的修士。1613年到达中国南京，开始学习汉语，取中文名谢务禄。1616年，经历南京教案[①]，后改名曾德昭潜回中国，先后到杭州、上海、南京、西安等地继续传教，行程遍及中国南北。1636年受命从澳门返回欧洲陈述教务，途中写了《大中国志》。1644年他又以教区副总会长的身份回到中国，在广州传教，直至1649年去世，在中国生活了22年。

《大中国志》是用葡文写的，为手稿本，未刊印。耶稣会士苏查将该书译为西班牙语，并对葡语原本有所修订，于1642年在马德里出版。后又有意文、法文、英文等译本。

《大中国志》分两大部分，第一部，介绍明朝社会的方方面面，分31章叙述。第1—3章中国总体描述，第4—5章中国人描述，第6—11章中国语言、学术和书籍，第12—17章中国风俗，第18—19章中国宗教，第20—21章中国军事，第22—29章中华帝国体系，第30—31章中国的外国宗教，以及葡人在澳门的早期建设，葡人协助明廷抗拒清兵等等。第二部，记录了耶稣会士在华的传教事迹。特别是南京教案，曾德昭是亲历者，所述翔实，是研究这个时期传教史的第一手资料。

曾德昭在第六章“他们的语言文字”中专门论述了中国语言，用了三千多字的篇幅。

第一，关于中国的官话和方言，以及方言的形成：“它有各种不同的形式。因为当今这个帝国由不同的国土构成，在古代它们并不属于当今这位帝王的祖先，

① 南京教案又称“南京教难”。明神宗万历年间，天主教在中国的传教活动十分活跃，建立了教堂。礼部侍郎署南京礼部尚书沈漼向万历皇帝三次上疏，站在儒家立场上，极力批判天主教教义及其信徒，认为其对皇帝和中国文化不尊重，甚至指称传教士与白莲教有染，图谋不轨。1616年8月，传教士王丰肃、谢务禄等被捕，徐光启等人上疏辩护未果。后，王、谢等人被押解澳门，递送出国。他们所建教堂被拆毁。

而是被南方各省和北方几个省的蛮族占据。但中国今天只通用一种语言，即他们称呼的官话（Quonhoa），也即曼达林语。当他们在认真、慎重地把他们的政体介绍到别国时，也把他们的语言传去，所以至今官话已传遍全国，有如拉丁语之传遍欧洲。但一般说来，每省仍保留自己的方言。”[①]

第二，介绍了口语和书面语的区别。“他们书写的方式和他们的谈话极不相同，尽管用的词是一样的，所以当有人执笔书写时，他得动他的脑子；如果认为书写和通常谈话是一个样，那是大笑话。正因为如此，无论在公众或私下场合，他们尖锐有力的说词、演讲、议论和教导，总先用笔作练习。”[②]

第三，文中结合实例“拿”介绍了汉语词汇中的精细表达。“我们说：‘拿一样东西’，要么用整只手，要么用几根特殊的指头，我们不得不重复说‘拿’这个动词。但他们不是这样，每个有动词涵意的词，也表示动作，例如，捏（Nien），用两根手指；抓（Tzo），用所有指头；垂（chua），整个手朝下；托（Toie），整只手连指头都朝上。”[③]

第四，结合实例“在”，探讨了兼类词的问题。“动词[在]如他在房里，他在吃饭，或在睡觉。他们有这类既表示动作，同时也表示怎样动作的词……”[④]

第五，介绍了汉字的历史，以及周围国家也使用汉字的情况。“他们使用的字，看来跟他们民族本身一样古老，因为据他们史书的记载，文字的创造，迄今1640年我写本书时，已有3700年之久。我敢大胆地说，这是中国最了不起的事，因为字数很多，每个字几乎都有一种技巧在内，至少足够他们作生意之用。尽管它们是中国特有的，邻近诸国也使用，但各有自己的读法，如全欧洲所有的数目字和星名都一样，但各国仍有不同的读法。它们很适用于外交、告示和书本。这些字，各省用不同的发音去读它们，但他们各自用文字表示时，就能都相互理解。”[⑤]

---

① ［葡］曾德昭：《大中国志》，何高济译，商务印书馆2012年版，第39页。
② ［葡］曾德昭：《大中国志》，何高济译，商务印书馆2012年版，第39页。
③ ［葡］曾德昭：《大中国志》，何高济译，商务印书馆2012年版，第40页。
④ ［葡］曾德昭：《大中国志》，何高济译，商务印书馆2012年版，第40页。
⑤ ［葡］曾德昭：《大中国志》，何高济译，商务印书馆2012年版，第39页。

曾德昭还在文中结合实例详细探讨了汉字的发明者，造字法以及书写方式等，如“字的创造者，据说是他们最早的一位帝王：伏羲（Fohi）。开始字数极少，很简单，从某种意义说，像他们要表达的事物。如读作Gè（日）的字，意为太阳，写成一个圆圈，中间有一横道。”①

此前还没有任何一个作者尝试过这样大篇幅介绍中国国情以及汉语、汉字，并发表自己的看法。他为欧洲读者提供了大量崭新的中国信息，且对中国的描写基本还是客观的，堪称葡萄牙汉学第一人。与前期来华传教士不同，曾德昭汉语颇佳，曾经撰写过《字考——汉葡及葡汉字汇》，为第一部中葡语言工具书。

（二）安文思与《中国新史》

安文思（Gabrielde Magalh ã es，1609—1677年），字景明，耶稣会传教士。1634年到达印度果阿，在那里教授修辞学。1639年到达澳门，后到杭州，开始学习汉语。1642年到四川成都传教，跟随意大利人利类思（Ludovic Bugli 1606—1682年）继续学习汉语，进步很快。期间完成了一部《江南四川行纪》，记录了他途中所见所闻。1644年9月，张献忠进入成都称大西王，安文思被迫为其服务，张献忠败亡后被虏往北京。后被释放，建立了北京城内第二座天主教堂“东堂”（今王府井大街74号）。1677年，病逝于北京。

在华期间，安文思以善于制造机械而闻名，先后为张献忠和清朝政府制造过许多仪器，康熙帝称赞其“营造器具有孚上意，其后管理所造之物无不竭力。”安文思根据自己在中国的经历和观察，于1668至1670年期间以葡文写成《中国的十二特点》一书，后由比利时传教士柏应理（Philippe Couplet，1623—1693年）于1681年将其手稿带回欧洲，罗马主教阅读后让克洛德·伯努翻译成法语。伯努在翻译过程中进行了修改，于1688年以《中国新史》（又名《中国新志》）为书名在法国巴黎出版，后又两度重印。

全书共分21章。该书记述了外国人对中国的称呼、中国的版图、中国历史、

① ［葡］曾德昭：《西儒》，何高济译，商务印书馆2012年版，第39页。

汉语和汉字、中国文化典籍、中国人的礼节和节日、中国的土木工程和建筑（如大运河等）、中国的工艺制造、中国航运、中国的物产、中国的贵族、中国中央政府等等。其中对北京的介绍最为详细，包括北京的机构、地方制度、北京城、朝廷和皇宫等。这本著作不仅为人们描绘了清代社会生活的各个侧面，还叙述了其在中国传教的历程。为了让读者进一步了解原作者，伯努还附上了由利类思撰写的《安文思传》。

这本著作在第四章专门探讨了“中国的文字和语言”。首先提出中国文字起源很早：“尽管埃及人自夸他们首先使用文字和象形文，但可以肯定的却是中国人在他们之前就有了文字记录。”指出了汉字和西方文字的区别：“所有其他民族都有共同的书写方式，包括大约二十四个字母，发音几乎相同，可是形状不同。但中国人使用的是54409个字，这些字表达他们要说的事，很优美、生动和有效，以致你不会把它们看做是字，而是说话的声音和语言，或者更是表示与他们生活有关的图画和形象。”还结合实例论述了汉字的结构：“中国字或是单形或是复合。单形的字由线、点和钩组成，如心sin、木（um）、土tú、主cha。复合字是由单字组成，如恕xú、柱chú。”

安文思观察到汉语词汇使用中“天”和“皇帝”的关系：“中国人特别是太监在谈到他们的皇帝时，往往采用夸张的词句把他和天、日、月、星等等联系起来。而且，他们不说吹喇叭、击鼓等等，而说打雷，让天施放雷鸣。如要通报皇帝去世，他们用‘宾天’（pimtien）这样的词汇，他，一个新客人，进入天上；或者用‘崩’（pum）这个词，那就是说山崩堕。他们不说宫门，而说‘金门’（kinmuen黄金之门），等等。”①这是西方首次在书中谈到汉语的委婉语。

安文思从神父的大量著述，谈到了学习汉语的感受：“神父们写作了大量关于基督教，及各种科学科目的书籍，除手稿外付印的总数达五百多卷。在中国刊印了一部所有在中国传教的神父传略，所有他们撰写的著述都载入其中。由此我得出结论，如果不是语言极易学习，在如此短的时间内决不能把那么多的书用一种

① ［葡］安文思：《中国新史》，大象出版社年2006年版，第148页。

外国语写成和译就。所以由此可以推论，中文比其他语言更易学习，而且它非常优美，非常丰富，极富表达力。因为它不需要词句去解释和阐明神学、哲学及其他科学的微妙和奥秘。”①这是西方首次谈到汉语很容易学习。

这部著作与此前在西方出版的《利玛窦中国札记》、曾德昭的《大中国志》等传教士著作一起构成了西方17世纪中国知识的最重要来源。计翔翔曾在文中这样评价安文思的《中国新史》：“安文思对中国的研究大大超越了门多萨、利玛窦、金尼阁、曾德昭和卫匡国等人，他的书是当时包含内容最丰富、描述最精确的一部汉学著作，代表了早期汉学第一阶段的最高成就，得到了学者们的重视。”②

17世纪前后是欧洲汉学发展史上一个非常重要的时期，尤其是在耶稣会士进入中国以后，西方对中国了解和研究有了一个新的发展。因此，有人这样评论：“从来欧人关于中国之所记，非旅行之见闻，即事业之报告，距研究之城尚远，稍距研究之体者，始于此时，且依新来教士开其端。故耶稣会士之东渡，于中国宗教史学艺史上，有极大的意义，而论至欧西东方知识之发展，则更属划期之事件云。”③从了解、介绍到研究中国文化，此时的传教士们虽然主要活动仍然是传教，但在传教过程中他们已经获得第二职业，成了中国文化的研究者。

三、葡萄牙汉学的发展（18世纪至今）

进入18世纪，虽然葡萄牙的经济一度中兴，但一系列事件严重打击了葡萄牙的经济，葡萄牙帝国开始走下坡，整个社会停滞不前，逐步落后于欧洲其他国家。政府无力支持对中国的研究，中国文化研究也难以为继，葡萄牙汉学进入一个低谷期。直到中葡建交才得以根本好转。

1979年，中葡建交，又恰逢中国改革开放，促使葡萄牙人重新关注和研究中国。20世纪90年代初，葡萄牙米尼奥大学文学院开设汉语公开课，由侨居葡萄牙

① ［葡］安文思：《中国新史》，大象出版社年2006年版，第52页。

② 计翔翔：《耶稣会士汉学家安文思及其〈中国新志〉》，《国际汉学》2003年第2期。

③ 莫东寅：《汉学发达史》，大象出版社2006年版，第60页。

的华裔学者和中国留学生主持。当时澳门的回归问题引发了国际关系和历史学界对中葡关系回顾与研究的风尚，汉语公开课颇受社会各界关注。学习者以成年人（如记者、学者）为主。1992年第一批葡萄牙学生前往北京语言学院（今北京语言大学）参加暑期班。从那时起，葡萄牙的公立大学逐渐开设了越来越多的汉语课程，一些文化机构如澳门科技文化中心等也办起了以面向社会人士和中小学生为主的汉语课程。2006年和2008年，米尼奥大学和里斯本大学先后成立了孔子学院。中国语言文化在葡萄牙民众中的受欢迎程度日益提高。同时，大学的汉语课程向专业课程方向发展。①

2004年，米尼奥大学文学院率先在葡萄牙大学创办了四年制的汉语本科课程，成为葡萄牙高等教育史上第一所开设汉语本科教育的大学。随后，里斯本大学也开设了亚洲学本科专业课程，蕾利亚理工学院开设了中葡翻译本科课程，阿维罗大学的企业交流本科也开设了汉语课程。2008年，米尼奥大学创建了全葡第一个汉语硕士课程，以中葡跨文化研究和对葡汉语教学为主要方向，并规定把汉语水平考试（HSK）与专业学生升级、毕业评估挂钩。现在，米尼奥大学已经设立了汉学博士点。②

葡萄牙研究中国的学者最为突出的有洛瑞罗、金国平等。

洛瑞罗（Rui Manuel Loureiro，1960— ）是里斯本大学历史学博士。主要研究领域为近代早期的葡萄牙与亚洲关系史。著作如《贵族、传教士和官员——16世纪的葡萄牙与中国》《十六和十七世纪伊比利亚文学视野里的中国景观》等专著和论文。

金国平是葡萄牙中国学院澳门研究中心主任，主要从事中葡关系史及澳门史的研究。著作如《西力东渐：中葡早期接触追昔》《中葡关系史地考证》等。

截至2017年4月，葡萄牙共有孔子学院4所，即里斯本大学孔子学院、米尼奥大学孔子学院、阿威罗大学孔子学院和科英布拉大学孔子学院；孔子课堂1所，即圣托马斯学院孔子课堂。

① 孙琳：《葡萄牙汉语教学二十四载回顾与展望》，《国际汉语教学研究》2014年第4期。

② 孙琳：《葡萄牙汉语教学二十四载回顾与展望》，《国际汉语教学研究》2014年第4期。

第二节 西班牙汉学

1492年，西班牙王国成立。同年，意大利人克里斯托弗·哥伦布（Cristóbal Colón，1450—1506年）在西班牙王室支持下首次扬帆出海寻找新大陆，揭开了西班牙帝国兴盛的序幕。1519年葡萄牙人斐迪南·麦哲伦（F. de Magalhães，1480—1521年）率领西班牙船队离开了欧洲大陆，横跨大西洋浩浩荡荡绕过了南美洲的南端来到了太平洋，于1521年侵占了菲律宾。随后，西班牙把菲律宾的马尼拉作为贸易基地和传教基地，以及搜集东方信息特别是中国情报的中心。而大批的中国商人也把马尼拉作为商品交易的地方。于是一些西班牙的官员、传教士和商人通过居留在马尼拉的中国人开始了解到更多的中国信息，记录下来，写入报告和书信，传回欧洲。至此拉开了认识真实中国的大幕。

一、西班牙汉学的肇始（16世纪）

汉学研究者们认为，1540年是汉学发展史上一个重要时期的开始。这年，西班牙人圣依纳爵·罗耀拉（Ignaciode Loyola，1491—1556年）在法国领导成立了绝对效忠罗马天主教皇的“耶稣会”。由此，开启了学习汉语、研究汉语，直至了解、研究中国文化各个方面的序幕。而西班牙人沙勿略成为耶稣会的首批来到东方的传教士之一。

（一）沙勿略与传教策略

原名“方济各·沙勿略”（Francisco Javier，1506—1552年），西班牙神父。1541年，奉教廷之命前往东方的印度、马六甲及日本等地传教。在日本传教时得知中国“是日本的文化与思想策源地”，所以他决心前往中国传教。沙勿略于1548年根据一个商人提供的情况撰写一份两千多字的关于中国的报告，被收入《印度及日本纪事》一书，概括性地介绍了中国的地理、教育、法律、语言以及婚姻等。关于汉语，他这样写道：“关于阁下询问在中国的土地上，在国王所在地或其他地方，对穿着法衣周游世界传播和教授我们主的信仰的外国学者是否敌视，他说，如果会讲中文，可以毫无顾忌、安安全全地走遍各地……”[①]这是西班牙较早的关于中国的报道，提出了“适应中国文化”的传教策略。1552年，他到达广东上川岛，想等待机会秘密潜入中国内地，不幸的是在等待中染病去世，没能进入中国内地。但他在印度和日本的经历以及他对中国的了解为后来的传教士进入中国提供了经验。

（二）拉达与《拉达行记》

马丁·德·拉达（Martin de Rada，1533—1578年），奥斯定会修道士。1575年6月西班牙政府派他带领有二十余人的使团从马尼拉出发出使福建，请求贸易和传教。虽然拉达的外交使命并未取得成功，但他充分利用在福建滞留两个多月的时间，对中国进行实地考察，并搜集到上百本中国古籍，返回菲岛后，根据自己的亲身经历写了两份报告：《出使福建记》和《记大明的中国事情》，统称为《拉达行记》。这些中文书籍及报告的手稿都被带回西班牙，后成为门多萨《中华大帝国史》中的主要资料来源。

《出使福建记》记述了拉达一行为了完成传教与通商的双重任务而访问福建的始末。报告中详细介绍了从厦门登陆，到泉州、福州等地见地方官的一路见闻，

① ［葡］费尔南·门德斯·平托等，《葡萄牙人在华见闻录》，王锁英译，海南出版社1998年版，第3页。

如城市的规模、人口、宗教、礼仪等。《记大明的中国事情》是一份关于中国国情的较详细的报告，共有36页。部分内容正如拉达所说："我们这里谈的这个国家的事情，部分系我们亲眼所见，部分系来自他们自己的书籍和对国家的论述……"[①]报告共分12章，记述了中国地理，特别介绍了长城，省份的划分，城镇的数目、人口、军事，历史、宗教、建筑、饮食、礼仪等各个方面，是一部百科全书式的介绍。

拉达讲述了中国人的外貌："大明的百姓一般是白的和健壮的，小时很好看，大了就变丑。他们胡须少，眼睛小。他们因一头长发而骄傲。……男人常把一个指头的指甲留得很长，并引以为荣。""女人与外界隔绝而且是贞洁的，我们很少在城市和大镇看见妇女，除非是老妪，只有在村里，那里看来要单纯些，可以看到更多的女人，他们甚至在地里干活。她们从婴儿时起就习惯缠脚，以致破了脚形，让大脚趾后所有的脚趾都往下弯。"[②]

拉达记述了中国的礼仪，写道："他们是使用很多繁文缛节的民族。他们不向任何人脱冠帽，但当他们相遇时，他们不脱帽而把手放在袖里，两手扣紧，上举到与胸齐。若他们想更表示殷勤，不像我们鞠躬，他们是深深弯腰，双手像上述那样缩在袖内，手差不多碰到地面，头弯过了膝盖；然后起身，把手紧贴胸口。弯一次腰还不够，乃至三次四次，或更多次数……""迎送上司时，他们双膝下跪，手缩在袖内，放在胸前，以头叩地，叩三次或更多次数。他们说话时也不起身，跪着听和回答问题。"[③]拉达在福建之行中，为了完成出使任务也亲身体会了跪拜礼，所以在这段文字中对中国的礼节颇有微词。

拉达在报告中简单介绍了对汉字的感受："……他们用小毛刷当笔用。就已知的说他们的文字是最不开化的和最难的，因为那是字体而不是文字。每个词或每件事都有不同字体，一个人哪怕识得一万个字，仍不能什么都读懂。所以谁识得

① ［英］博克舍：《十六世纪中国南部行纪》，何高济译，中华书局2002年版，第185页。

② ［英］博克舍：《十六世纪中国南部行纪》，何高济译，中华书局2002年版，第185页。

③ ［英］博克舍：《十六世纪中国南部行纪》，何高济译，中华书局2002年版，第203页。

最多，谁就是他们当中最聪明的人。”[①]值得注意的是，达拉是最早对汉字进行负面评价的人。

据说，为了实现向中国人传教的愿望，达拉“开始极认真努力地学习其语言，不久，他已学会了这种语言，并写了一部有关汉语的书”。[②]据方豪考证，该书应该是1576年，达拉据泉州土音用西班牙文所著第一部中文字典，题为《华语韵编》，这对研究闽南话的发展是很好的历史资料。可惜该书没有被保存下来。

（三）埃斯卡兰特与《葡萄牙人航行世界东方记》

全名“贝尔纳尔迪诺·德·埃斯卡兰特”（B.de Escalante，1537—1605年），是一位职业军人、教士、历史学家。因工作原因经常途经葡萄牙里斯本。来自中国的奇珍异宝引起他的极大兴趣，并结识不少曾经航行到中国的人。于是根据他们的口头信息，以及当时出版的葡萄牙书籍的书面信息和华人书写的汉字，写成《葡萄牙人航行世界东方记》，时间应在1576年至1577年之间。书中绘制了欧洲第一幅中国地图，从地图上可以看到行省的划分，并详尽描绘了明朝的情况。介绍中国的行省制度、气候、物产、航海、城市、寺庙建筑、宗教等。

该书有一章专门叙述汉字及中国的教育：“中国人是没有一定数目的字母的，因为他们所写的全是象形文字。‘天’读成guantVontai，由一个（字形）表示，即‘穹’（笔者注）。‘国王’读成hotai，由‘皇’（笔者注）字形表示。地、海及其事物与名称亦是如此，使用了五千个以上的方块字，十分方便自如地表达了这些事物。我曾请一位中国人写一些字，就看到他写得十分挥洒自如。（他）对我说，他们使用的数字，理解起来毫无困难，他们任一个数目或加或减，都同我们一样方便。他们写字是自上至下，十分整齐，但左右方向同我们相反。他们印的（书）也是采取这个顺序，他们早在欧洲人之前很多年就使用印刷的书了。”“在多数省份，都各自操不同的方言，互相听不懂，犹如巴斯克人同巴伦西亚人语言不通一样，但大家可以通过文字沟通，因为同一个方块字，对所有人来说都表示同一事

① ［英］博克舍：《十六世纪中国南部行纪》，何高济译，中华书局2002年版，第210页。
② ［西］门多萨，《中华大帝国史》，何高济译，中华书局2013年版，第158页。

物，即使各说各的，大家都理解这是同一件东西。如果大家看到表示‘城市’的‘城’，这个符号，虽然有人读成ioembi（ioemsi城市），有人读成（府）fu，但大家都明白这指的是‘城市’。所有其它名称也都是这样。日本人和Léquios人，以及交趾支那人，也是通过文字同他们沟通的，但他们嘴上讲的却互相听不懂。”①这是西方第一本印有汉字的著作，也是西方人最早认识到汉字。

（四）门多萨与《中华大帝国史》

胡安·冈萨雷斯·德·门多萨（Juan Gonz á lez de Mendoza，1545—1618年），奥斯定会的修士。他曾受命出使中国，未遂。后奉教皇之命，广泛搜集关于中国的资料，历时两年，于1585年用西班牙文出版了《中华大帝国史》。其英文版于1588年出版。到16世纪末，这部著作以7种不同的欧洲文字重印46次。风靡整个欧洲，也许可以说被大多数受过良好教育的欧洲人读过，满足了欧洲人迫切了解中国的愿望，“成为继马可波罗游记之后欧洲人了解中国的重要门径”②。中国学者对该书评价亦颇高。莫东寅认为“此书为欧西东方史上重要文籍之一，实西洋关于中国专籍之嚆矢，包括评述中国礼仪之西书也”③；方豪则认为“即后出利玛窦之著作亦不能及”。④

门多萨为撰写《中华大帝国史》广泛阅读和研究了16世纪有关中国的各类记载，如葡萄牙伯来拉的《中国报道》、克路士的《中国志》、巴洛斯的《亚洲数十年》；西班牙埃斯卡兰特的《葡萄牙人航行世界东方记》；其中最重要的资料来源就是西班牙拉达的《拉达行记》及带回的中文书籍。所以虽然门多萨没有来过中国，但从资料来源看，较为全面和丰富。

《中华大帝国史》有400多页，267千字，分为两个部分，第一部分对中国作了百科全书式的介绍，包括中国的地理位置、历史、文字、教育、军事、矿产资

① 转引金国平、吴志良：《西方汉字印刷之始》，《世界汉学》2005年第1期。
② 张国刚：《从中西初识到礼仪之争》，人民出版社2003年版，第154页。
③ 莫东寅：《汉学发达史》，大象出版社2006年版，第46页。
④ 方豪：《中西交通史》（下册），岳麓书社1987年版，第971页。

源、衣食住行、风俗习惯等，并详细地介绍了中国人的宗教信仰，具有相当高的学术价值。第二部分由三篇旅行记构成，即《福建行记》记述了1575年拉达等的福建之行，《奥法罗中国行记》记述了1578年的奥法罗神父等在广州的7个月的奇异之行，《环行世界记》记述了1581年伊格纳西奥从塞维利亚到中国的环球旅行。

门多萨借用埃斯卡兰特的《葡萄牙人航行世界东方记》的资料，表达了对汉字表意性、数目繁多、书写顺序以及汉语方言的看法，在很大程度上代表了当时西方汉学界的最高水平，亦可看作这一时期西方人对汉语的普遍认识和总结。与其他同时代的同类著作相比较，门多萨的《中华大帝国史》为当时的欧洲人展示了一个比较真实、客观的中国，一个比较全面、丰富的中国形象。也使欧洲人从过去通过充满神秘色彩的传说来“想象”中国，跨入通过中国的现实来认识中国的时代。这部著作现在也成为研究中国明代社会的一份弥足珍贵的域外史料。

（五）高母羡与《明心宝鉴》

高母羡（Juan Cobo，1546—1592）是其中文名字，多明我会的修士，未到过中国，曾在马尼拉向中国居民了解和学习汉文化。于1588年在一位中文老师的协助下，将范立本1393年所编著的《明心宝鉴》译成西班牙文。这是第一本中文西译著作，也是将中文书籍传至西方世界的先例。同时，高母羡还将其他西方著作译为华文，也是将欧洲文化传至远东的第一人，比利玛窦来华还早。

以上西班牙的传教士写作的真正目的不排除为宗教和军事征服中国做准备，但在客观上也传播了中国。可以说，西班牙的早期汉学著作都是有政治、军事和宗教背景的，并不是纯粹的学术研究。

二、西班牙汉学的蓄积（17世纪）

1580年西班牙兼并了葡萄牙，成为欧洲霸主，16世纪可以称之为西班牙的世纪。然而，好景不长，到了17世纪，西班牙从强盛的顶峰开始逐渐衰落下来，取而代之的是荷兰和英国。但以马尼拉为基地的西班牙传教士并没有停止积极到中国传教的脚步，对中国了解和研究的热情依然不减。

罗马天主教分为很多派别，如耶稣会、多明我会、奥斯定会和方济各会等修会，其中耶稣会在中国影响最大。1583年耶稣会士罗明坚和利玛窦被允许进入中国传教以后，其他派别的传教士也积极通过各种办法进入中国。受到葡萄牙保护的耶稣会士，以澳门作为基地，从广州进入中国传教；受到西班牙保护的多明我会，主要以马尼拉为基地，从福建进入中国。这些传教士，一方面为了传教开始学习中国语言和文化，进而开始研究中国语言和文化；另一方面因各教会在中国传教理念的不同及观察中国文化视角的差异，引起各派传教士们的争论，为此他们积极研究中国文化，发表意见。

据统计，明清之际来自西班牙的传教士相对于葡萄牙来说，人数非常少，只有11人，而葡萄牙有153人。在这11人中影响比较大的是下面三位。

（一）庞迪我与《七克大全》

庞迪我（Diegode Pantoja，1571—1618年），字顺阳，西班牙耶稣会传教士。1597年到澳门，1600年初到南京跟随利玛窦一起赴北京，取得了在华传教权。在北京居住期间，曾奉明廷之命修改历法，绘制地图。因于1616年卷入“南京教案”被逐回澳门，不久即病逝。

庞迪我为了支持利玛窦的“适应”传教策略，用中文撰写了一系列宣扬天主教教义的书籍，如《七克大全》、《人类原史》（上、下）和《天主实义续编》等。其中《七克大全》不仅典型地反映了庞迪我的传教理念，还是一部论述道德修养的伦理之著。在书中，庞迪我“尽量模糊基督教教义和儒家学说之间的界线，甚至着意寻找两者之间的契合点”，①如：“己所不欲，勿施于人，即天主所谓爱人如己是也。”②

庞迪我在中西文化交流史上的主要贡献在于：一是代表了一种“和谐”了的西方儒家文化。二是他系把西方科学介绍到中国的主要人物之一，如测量广州和

---

① 张铠：《庞迪我与中国》，大象出版社2009年版，第4页。
② 张铠：《庞迪我与中国》，大象出版社2009年版，第4页。

北京的纬度、继续利玛窦对历法的研究、帮助徐光启等中国学者了解西方医学等。三是汉语语音研究，用拉丁字母为汉字注音研究。这一工程由利玛窦开始做起，不像之前高母羡使用闽方言，利玛窦的系统则是基于北京方言。

（二）闵明我与《中国的历史、政治、道德与宗教》

闵明我（Domingo Fern á ndez Navarrete，1618—1689年）是其中文名字，多明我会会士，在28岁时放弃了大学讲师的职位，自愿前往亚洲传教。于1658年从澳门来到了多明我会的一个传教站——福建福安。因卷入教案被扣押在广州，后成功逃脱，返回了欧洲。1676年在马德里出版《中国的历史、政治、道德与宗教》。

闵明我一直都是坚决反对耶稣会士利玛窦在中国的“适应”传教政策，在《中国的历史、政治、道德与宗教》一书探讨“礼仪之争”时，他不认同中国古代哲人的任何道德伦理，不赞同将基督教混入古老的中国儒家思想；认为中国人“祭祖祀孔”是迷信行为和偶像崇拜，违背天主教义。首次将礼仪问题在中国的分歧与争论公诸世界。他对中国的生动记录再一次激起欧洲人对中国的强烈兴趣。

（三）瓦罗与《华语官话语法》

弗期西斯科·瓦罗（Francisco Varo，1627—1687年），中文名叫“万济国”，是多明我会的修士。1649年抵达福建后，开始他在华38年的传教生涯。1682年在福建瓦罗用西班牙文写成了《华语官话语法》一书，但直到他去世的16年后，1703年由传教士石振铎（又名“石铎碌”“皮诺艾拉”，Pedro dela Pinuela，1650—1704年）在广州用木版刻印。这是世界上第一部正式刊行的汉语语法书，也是西方汉语研究史上一部重要著作。

《华语官话语法》有205页，今存西班牙文原本《华语官话语法》共16章。第一章，总论汉语特点，意在给传教士学习汉语以方法、角度的指导。在教给学生方法的同时，瓦罗也表达了他对汉语的语体、构造要素、复合词、拼音拼写的理解。第二章，论声调；第三至六章，论名词、代词；第七章，论叹词、连词、否定词、疑问词等；第八、九两章，论动词；第十章，论介词、副词；第十一章，论构句方式；第十二、十三两章，分论数词、助词；最后三章，描述各种场合中国人表示礼貌、客套、尊卑的语词和礼仪习俗。

书中主要分析了汉语口语（南京方言为基础的）的一些语法规则，没有涉及文言文。该书虽1790年得到了重印，1835年在意大利的那不勒斯有人将其译为拉丁文出版，但由于原著用西班牙文写成，全书不见一个汉字，中文例句中的汉字全用拼音代替，加之不断又有新的汉语语法著作的出版，终究影响有限。

虽然如此，但是通过该书，今天的我们从中可以看到早期西方人如何认识和分析汉语的结构。据现代学者研究，瓦罗的语法是依照著名的《拉丁语文法入门》（1481年）的模式编写的，即套用拉丁语法的范畴和体系分析汉语口语的规则。书中所用的例词例句，很好地记录了清初以南京话为基础的汉语官话的原貌，具有历史语料的价值。

以上这些西班牙传教士撰写的包罗中国社会万象的文字，不仅记录了他们在那个时代的独特的中国见闻，还以自己的文化视角开始了中西文化最初的碰撞。尽管包含一些负面的东西和观点，但是因为其中记载了大量中国的物质文化及政治、经济、历史、地理、宗教、科举等具体翔实的资料，使之成为西方汉学家了解和研究中国的宝贵文献。所以，那些游记、通讯和报告等，在汉学发展史上起着奠基作用。

三、西班牙汉学的低潮（18世纪至19世纪）

到17世纪后半期，西班牙的海上霸权已经完全衰落，荷兰和英国随之便占领了当时整个亚洲市场。到18世纪初，一方面在中国国土，“礼仪之争”最终使康熙皇帝下决心驱逐天主教传教士，并严禁新的传教士进入中国。之后，禁教成为清王朝的基本国策；另一方面，在西班牙本土，政府也解散了耶稣教会，驱逐耶稣会士。到19世纪初，西班牙卷入拿破仑战争，并以战败告终，之后则陷入长久的内战，直到1839年才平息。30年内战使得西班牙自1500年来称霸世界的势力一落千丈。所有这些历史事件都降低了西班牙了解中国文化的欲望，使西班牙的汉学进入了低潮。

纵然如此，在中国台湾地区有许多西班牙传教士，在传教的同时仍继续研究中国文化，编写中国方言词典，尤其是福建话。除此以外，一些外交官也积极参与中国文化的研究，取得了一定成果。如1847年派驻中国的第一任西班牙使臣Sinalbo Masy Sanz于1857年在巴黎出版的《英国、中国和印度》和1861年在巴黎出版的《中国和基督教势力》2卷本，西班牙驻香港办事处的侯塞撰写的《理解中国官话：为中文译者准备的简单句型分析集》（1861）等。

四、西班牙汉学的复兴（20世纪至今）

20世纪上半叶，西班牙很多学者转而投身于汉语的学习中，撰写了一些汉语研究的著作。如皮诺（F. Piol）的著作《厦门方言语法》，1928年在香港出版。Ramon Colomer（1865—1906年）编写的《汉西声调词典》，Jaime Masip（1865—1906年）编写的《中文文法》。传教士中研究成果突出的是卡梅尔·艾罗杜伊（Carme lo Elorduy，1901—1989年）,其中文名杜善牧，耶稣会士。于1926年来到安徽芜湖，开始了汉语学习和传教生涯。1950年，去了台湾，参与编写了《汉西综合词典》（1978年荣获“西班牙最佳出版奖”）。1959年回到西班牙，开始翻译和研究中国文化，译作有《道德经》《墨子》《易经》《诗经》等，著述有《老庄思想分析》，许多著作现在仍然可以在西班牙找到。多明我会的安东尼奥·杜明基斯（Antonio Dominguez）致力于各种翻译。他留存下来的著作是于1978年出版的《中国文化中的孝道》。

1973年中国与西班牙建交。借此契机，西班牙对中国文化的研究也日趋活跃起来。著名的如黄玛赛（Marcelade Juan，1905—1981年），她是一位中国驻西班牙外交官的女儿，曾随父亲来到北京。她不仅把中国文学介绍到了西班牙，尤其是中国短篇小说、诗集和戏曲，还投身到撰写中国地理、字典等著作之中。她在晚年撰写了《昨日中国与今日中国一瞥》（1977），这是一本自传，分两部分。第一部分，介绍了自己幼时及少年阶段在北京的生活，如溥仪结婚、民国初期袁世凯复辟、军阀互斗等事件和当年北京街坊的民情旧习；第二部分，记录了1975年她对新中国的印象。其中记述了关于中国发生的重要事件的第一手报道，使得此书具有重要的历史价值。

20世纪末期，西班牙的研究较之前的汉学出现了新的变化：一是研究人员主要是来自大学的学者，且拥有庞大的研究团队，如著名的汉学家雷孟笃（Jos é Ram ó n）和白安茂（Manuel Bayo）等；二是研究成果，翻译并出版了大量中国典籍，且更倾向于中国文学，如，Saz—Orozco翻译的《唐朝诗人》（1983），Imelda和其丈夫E P Gat ó n翻译的《西游记》（上下册，分别于1986年和1987年出版），Laureano Ram í rez翻译的《儒林外史》（1991）等作品。此阶段的翻译作品，与前期不同的是，范围不限于四书五经，视野更广阔了；研究中国文化也不限于传教内容，如马德里自治大学东方研究中心主任Taciana Fisac撰写的《中国妇女》（1991），《中国知识分子与权力》（1997），西班牙胡安·卡洛斯国王大学历史学教授劳尔·鲁伊斯的《中国：历史、思想、艺术与文化》（与Luis Palacios合著，2011），在书中向西班牙人宣传中国的文明，展现中国悠久的历史，描述中国语言的复杂性和重要性，从而更好地帮助西方读者把握对“中国”以及“中国人”的定位。

目前，西班牙有7所大学颁发东亚研究学士学位。马德里的胡安·卡洛斯国王大学人文学院已连续6年颁发东亚研究硕士学位，还有很多其他学院提供关于亚洲的课程，尤其是关于中国汉语教学和研究。

西班牙现有孔子学院8所：马德里孔子学院、格拉纳达大学孔子学院、瓦伦西亚大学孔子学院、巴塞罗那孔子学院、加纳利斯拉斯帕尔玛斯大学孔子学院、莱昂大学孔子学院等；孔子课堂9所，如圣母之光小学孔子课堂、欢闹声小学孔子课堂等。

［参考文献］

专著：

［1］［葡］安文思，《中国新史》，大象出版社年2006年版。

［2］［葡］伯来拉，克路士等，《南明行纪》，何高济译，中国工人出版社2000年版。

［3］何寅，许光华：《国外汉学史》，上海外语教育出版社2002年版。

［4］［西］门多萨，《中华大帝国史》，何高济译，中华书局2013年版。

［5］［葡］皮列士，《东方志》，何高济译，江苏教育出版社2005年版。

［6］［澳］《文化杂志》编：《十六和十七世纪伊比利亚文学视野里的中国景观》，大象出版社2003年版。

［7］［葡］曾德昭，《大中国志》，何高济译，商务印书馆2012年版。

［8］张铠：《庞迪我与中国》，大象出版社2009年版。

论文：

［1］万明：《西方汉学的萌芽时期——葡萄牙人对中国的记述》，《世界汉学》1998年第1期。

［2］张西平：《十六和十七世纪伊比利亚文学视野里的中国景观》，《中华读书报》2004年7月21日。

［3］张小溪：《访西班牙历史学教授劳尔·鲁伊斯》，《中国社会科学报》2012年8月6日。

［思考与练习］

1.简述曾德昭在《大中国志》中关于汉语的记录。

2.评述安文思《中国新史》中的汉语观。

3.简述门多萨《中华大帝国史》的价值。

4.评述瓦罗《华语官话语法》的价值。

第六章

Chapter 6

法国汉学

第一节　法国汉学的产生与发展

20世纪法国著名的汉学家保罗·戴密微说："西方的汉学是由法国人创立的"。[①]法国的汉学是由18世纪法国传教士开创的。然而，法国最早认识中国可以追溯到13世纪法国国王路易九世（1214—1270年）派传教士鲁布鲁克出使蒙古所留下来的记录。

一、法国汉学的萌芽（13世纪中叶至17世纪中叶）

1245年，意大利人柏朗嘉宾出使蒙古未能达到制止蒙古大汗继续派兵入侵和让其信基督的目的，于是鲁布鲁克被派前往蒙古。

鲁布鲁克（约1215—1270年）是方济各会的传教士，法国人。1253年5月奉路易九世之命，携带国王信札，前往蒙古。试图在十字军第七次东征之际，联合蒙古，共同打击伊斯兰教徒。1253年12月，鲁布鲁克来到蒙古国京城哈拉和林。1254年7月，携带蒙哥大汗致路易九世的国书西归。回国后于1256年用拉丁文写了一份出使报告给路易九世，即《东方行记》。报告中生动具体地记述了13世纪蒙古人的衣食住行、风俗习惯、宗教等情况，是研究早期蒙古史、中世纪历史地

① （法）保罗·戴密微：《秦时月》，《中国文化研究》1994年第2期。

理及中西交通史的重要原始资料。

鲁布鲁克没有到中国，但他在和林见到了许多中国人，于是书中记载了很多有关中国的信息：一是它从丝的产地，推测到了所谓的“赛里斯”和“契丹”，实属同一国家，从而弄清了常常被混淆的中国地理和名称的对应及其统一称呼的问题；第一个具体说明了被阿拉伯人和西方人称为“Cathay”（契丹）地区。二是第一次介绍了关于中医、中国文字及其书写方式、中国钱币等。三是澄清了西方对于东方宗教情况的谣传或误传①。此书流传甚广，有多种手抄本，为世界蒙古学学者广泛重视，曾经先后被译成法、德、英、俄等多种文字出版。可以说是法国最早的汉学著作。

但从13世纪末到17世纪中叶的300多年间，因多种原因，法国没有进一步去直接了解中国。意大利、葡萄牙、西班牙等欧洲国家对中国的研究有的直接用法文撰写，如1298年鲁思梯谦记录的《马可·波罗游记》最初的版本就是用法文出版的；有的陆续地译成法文，如门多萨的法文版《中华大帝国史》于1588年在巴黎出版，金尼阁编辑《利玛窦中国札记》和基歇尔撰写的《中国图说》法文版分别于1616年和1670年在巴黎出版，等等，这些对中国的介绍或多或少地丰富了法国人的中国信息。但这毕竟是间接的，且零星而不成系统的。

二、法国汉学的奠基（17世纪中叶至18世纪末）

1658年，法国意外地获得了罗马教廷的同意，可以在中国、越南建立主教区，不再需要得到葡萄牙政府的同意。于是，1663年法国国王批准成立了外方传教团研讨会，为法国传教士到世界各地传教提供方便。同时，当时在华的耶稣会士，一面要传播天主教，一面要研究中国文化，深感人手不够，迫切希望更多的传教士来中国。1678年，已在清政府任钦天监的比利时传教士南怀仁（Ferdinand Verbiest，1623—1688年）写信给全欧洲的耶稣会士，呼吁增派传教士来华。这封

① ［法］鲁布鲁克：《鲁布鲁克行记》，内蒙古教育出版社1983年版，第460页。

信引起了欧洲教会人士及法国国王的关注。1684年，比利时籍传教士柏应理（Philippe Couplet，1623—1693年）从中国回欧洲，还带着一位中国籍的天主教徒沈福宗，到巴黎拜谒法王路易十四（Louis—Dieudonne，1638—1715年），当面陈述了派遣传教士去中国的种种好处。恰好路易十四正欲扩大法国在海外的影响，增进与远东的贸易。于是，1685年派遣6名（实际到华的是5名）以“国王数学家”为头衔的耶稣会士前往中国，他们是洪若翰（Jean de Fontaney，1643—1710年）、张诚（J.F.Gerbillon，1654—1707年）、李明（Louis Le Comte，1655—1728年）、白晋（又译“白进”，Joachim Bouvet，1656—1730年）、刘应（Claude de Visdelou，1656—1737年）。他们于1687年到达宁波，1688年到北京觐见了康熙皇帝。康熙把张诚神父和白晋神父留下陪侍，给自己讲授数学、几何等西方的科学知识。其他神父获准前往各省传教。1697年，康熙让白晋回国招募更多的学识渊博的传教士来华，并送给路易十四49卷中文书籍。

1698年，白晋返回中国时，不仅有马若瑟（Joseph de Premare 1666—1736年）、雷孝思（Jean—Baptiste Regis，1663—1738年）、巴多明（Dominique Par-renin，1663—1741年）、冯秉正等10位传教士同行，还促成了法国“安菲德里蒂”号商船开往中国。商船的开通不仅更加方便了中西方的贸易往来，也更快更多地把传教士在中国的研究成果源源不断的传到了欧洲，不仅拉开了法国传教士在中国了解和研究中国文化的序幕，也激发起法国人以致整个欧洲人的18世纪“中国热”。

（一）在华的法国传教士

跟欧洲其他国家来华的传教士系罗马教廷委派不同，法国耶稣会士是法国国王亲自派来的，法国国王给他们非常优厚待遇，不仅提供科学器材和养老金，还被接纳为法国王家科学院成员，他们有很强的为本国利益服务、为法国国王服务的愿望；并且他们是以科学家的身份来中国进行考察。其中洪若翰、白晋、刘应、张诚等四人已经是巴黎皇家科学院的通讯院士。他们入华的任务除传教之外，还受皇家科学院之托，肩负着向科学院提供有关中国的地理、历史、天文学、气象以及工艺技术诸方面信息的使命。所以，法国传教士一到中国就积极主动地投入到中国研究之中，有的实地考察，有的中文西译，有的著书立说，主动积极地把研究成果报告给政府、教会、学术团体和学者。据有关资料统计，法国传教士的中国研究达359项[①]。可谓成绩斐然。

“四书五经”的译著成果颇丰。如1626年金尼阁将“五经”译成拉丁文并出版。1661年至1662年法国出版了拉丁文的《大学》《中庸》《论语》。1687年比利时人柏应理将上述三本译作汇总题为《中国哲学家孔子》一书，出版后风行欧陆，不仅多次重印，还翻译成多种文字出版。法国的传教士还开创了研究《诗经》的先河，如白晋的《诗经研究》（稿本）和马若瑟的《诗经议论》。白晋还撰写了他的研究性著作《易经要旨》（稿本），马若瑟又出版了《经传议论》（1710）。这是法国乃至西方系统地介绍和研究儒家思想的开端。

汉语研究硕果累累。语音研究有金尼阁的《西儒耳目资》（1626）；语法研究有马若瑟的《汉语札记》（又称《中国语言志略》，1728）；中外字典编纂有白晋的《中法字典》（这是第一本中法字典），钱德明（又名王若瑟，Jean Joseph Amiot，1718—1793年）撰写的《满蒙语文典》（1788）、《满法辞典》（1789—1790）、《汉满蒙藏法五国文字字汇》等多语种的工具书，可谓是辞书的“巨著”；韩国英的《象形文字之转为字母文字》《论中国语言文字》等。

文学译作成绩斐然。1731年马若瑟节译《赵氏孤儿》，殷弘绪（又名“昂特尔科尔”，Entrecolles，1662—1741年）翻译《今古奇观》中的3篇小故事：《庄子休鼓盆成大道》《吕大郎还金完骨肉》和《怀私冤狠仆告主》。以上译作分别发表在杜赫德主编的《中华帝国全志》上，这是欧洲第一次阅读到中国小说。这些传教士“试图通过这些文学作品作为‘窗口’来观察和了解中国的传统文化和中国人的道德观念。”[②]

同时，白晋和钱德明还撰写了一些传记作品，介绍中国历史人物等。如白晋的《康熙帝传》、钱德明的《孔子传》《四贤略传》《列代名贤传》等。

① 何寅，许光华《国外汉学史》，上海外语教育出版社2002年版，第72页。

② 钱林森：《中国古典戏剧、小说在法国》，《南通大学学报（社会科学版）》2008年第2期。

中国史地研究影响深远。法国传教士与其他国家的传教士相比，有两个明显的特点：一是搜集资料上，利用中国正史上的说法，如冯秉正（Joseph—Franis—Marie—Anne，1669—1748年）的《中国通史》，宋君荣（Antoine Gaubil，1689—1759年）的《成吉思汗与蒙古史》（1739）、《大唐史纲》，钱德明的《中国历代帝王纪年》《纪年略史》等史学著作。其中影响较大的是冯秉正《中国通史》。1730年，由于冯秉正通晓汉、满语言，又熟悉中国历史、宗教、风俗，尤其善于考据，康熙皇帝命令其将中国正史译为法文。冯秉正以《通鉴纲目》一书为主，再博采其他史书以补充。1737年完成并将书稿寄回法国，但由于多种原因，直到1777年至1783年间才陆续在巴黎出版，名为《中国通史》，共计12卷，书中附地图和说明图。《中国通史》是当时在欧洲最有影响的历史著作，它的主要学术价值是在于史料来源的可靠性和真实性，因此历来得到评论家们很高的评价，被誉为在欧洲刊出的“中国通史”的“楷模”。首次向西方呈现了以中国史料为基础的最全的中国历史，改变了之前耶稣会士根据自己的需要对中国历史进行支离和重组的状况，多少摆脱了欧洲中心主义。为欧洲人全面了解和研究中国历史提供了很大的方便，直到20世纪初仍为西方关于中国历史的各种叙述提供了最重要的基础。因而也奠定了冯秉正作为“法国汉学家奠基者”的历史地位。二是在方法上，更注重史料的调查和实地考察，如由巴多明和雷孝思主持，白晋、冯秉正等8位传教士参与，历时10年，于1716年完成对清朝地理测量工作并绘成地图的《皇舆全览图》。当时还寄了一份到法国，发表在《中华帝国全志》上，作为书中的插图。1737年，法国著名的地图学家和地理学家唐维尔（J. B. B. Danvilie，1697—1782年）根据这些地图编绘成《中国新图集》在巴黎出版两次，在荷兰海牙出版一次。这部地图集自问世以来，一直被西方作为有关中国地理的标准资料来源，直至19世纪，它才被其他更为精确的地图所取代。李约瑟在其《中国科学技术史·地学卷》中高度评价它“不但是亚洲当时所有地图中最好的一幅，而且比当时所有欧洲地图都更好、更精确”。[①]

① ［英］李约瑟：《中国科学技术史（第五卷第1分册）》，科学出版社1976年版，第235页。

法国传教士这一时期的研究成果有一鲜明的特点就是出现世俗化，即他们不仅研究中国语言、地理、历史以及正统文学等，还翻译和研究俗文学、医学、植物和农业等，甚至中国的瓷器、刺绣等生活用品也成为研究的对象。如宋君荣的《中国天文史略》，钱德明的《孙子兵法》《中国古代宗教舞蹈》《中国音乐古今记》等，韩国英（Pierre—Martial Cibot，1727—1780年）的《中国陶瓷》《野蚕说与养蚕说》《说若干种中国植物》《记痘症》等著作，乃至把中国宋代法医学家宋慈（1186—1249年）的《洗冤录》也译成法文。足见他们对中国介绍之广泛。

（二）在欧本土的汉学成就

18世纪传教士有关中国的这些著作大大激发了欧洲本土对中国的兴趣，当时的法国先后出现了一些机构，专门收集、整理、出版在华耶稣会士的通信和著作。其中有三部耶稣会士的著作，因其规模巨大、影响广泛，日本学者后藤末雄称其是“欧洲18世纪有关中国的三大名著”。

1.《耶稣会士中国书简集》

这是一部欧洲旅居中国的耶稣会士的书信和报告集，作者绝大多数是法国的会士，是原始的资料汇编。负责收集、编辑并出版这些书信和报告集的是巴黎耶稣会总书记哥比安（Charles Le Gobien，1653—1708年），哥比安去世之后，由耶稣会士杜赫德（du Halde，1674—1743年）继任主编。从1702年出版第一卷，到1776年第34卷出版，前后近一个世纪，如果算上1780年到1843年的各种改编本，它在西方的影响长达一个多世纪，这是其他传教士的著作所无法比拟的。其内容大多是耶稣会士在中国的所见所闻或亲身经历的事情，具备某种“现场报道”的性质，内容详细、生动，因而引起了欧洲人的极大兴趣。如果不是教皇1773年解散了耶稣会，该书信集还会继续编下去。

《耶稣会士中国书简集》所报道的中国见闻，无论从其广度上还是深度上，是其他传教士关于中国的单本著作所不及的，它给法国的知识界、文化界以及大众展示了一个色彩斑斓的东方帝国的全景图像，给法国人描述了基督教在中国跌宕起伏的百年历程。但其内容庞杂，有些内容有夸张、猎奇的成分，还不能算是学术性的著作。

2.《中华帝国全志》

该书的全称是《关于中华帝国及鞑靼地区的地理、历史、年代、政治及物产等的记述》，编者是杜赫德。他在巴黎耶稣会总部工作中，不仅负责收集整理各国耶稣会士们寄来的书信、报告，而且还长期和许多会士保持信函往来。因为这一特殊的身份，所以即使其没有到过中国，也可以有机会获得来自中国的大量的信息。他对100多年来入华耶稣会士的各种信函、报告和著作，进行深入研究，科学分类、精心编排，整理成书，于1735年用法文在巴黎出版。该书一问世便轰动欧洲，次年在海牙出第二版。不久，英、德、俄等译本也相继问世。

全书分4卷，第一卷记载中国各省的地理，并有夏至清23个朝代的历史大事记；第二卷记述政治、经济，并论述中国的经书、教育和科举制度；第三卷记述宗教、道德、医药、博物等；第四卷是对中国满、蒙等少数民族的研究。这是一部关于中国的百科全书。在西方影响巨大，是欧洲启蒙思想家伏尔泰、孟德斯鸠等了解中国的主要资料来源。

3.《中华杂纂》

全称为《北京传教士关于中国历史、科学、艺术、风俗、习惯等方面的论文集》，又称《北京丛刊》。该书的主要编著者是长年居住在北京的耶稣会传教士钱德明，1750年到达中国，奉乾隆诏进京。是入华耶稣会士中最后一位大汉学家，1779年任法国在华传教区会长，1793年在北京去世。在京生活43个春秋，始终受到乾隆的优待。他以惊人的毅力学习汉语和满语，学识广博，一生中陆续发表了不少有关中国的专著。其中《满文文典》《孔子传》《中国音乐古今记》《中国兵法考》后来都被收入《中华杂纂》。

《中华杂纂》汇集了住在北京的耶稣会会士的各种汉学论著及信件。负责出版该书是路易大帝学院图书馆馆长勃罗提业（又译“勃兰梯尔”，Gabriel Brotier，1723—1789年），以及东方学家德经（Joseph Guignes，1721—1810年）和萨西（又译“塞西”，Sylvstre de sacy，1758—1838年）。于1776在巴黎出版第一册，至1814年止，历时38年，共刊出16册。从总体上来说，《中华杂纂》收集了各家各派对中国的论述和观点，所收论文内容之丰富和观点之鲜明，堪称以学术性论文为主的大型“论文丛刊”。更主要的是这套论文丛刊比较全面地汇集了传教士在乾隆时代的汉学论著，从中国的人文社会科学，如社会制度、语言文学、历史典章，到自然科学，如天文星象、矿物医药、植物动物等方面，对推动欧洲的汉学研究起了重要的作用。

以上三大名著从在法国的影响来看，杜赫德的《中华帝国全志》影响尤为广大，而从学术价值来看，《通信集》只是原始资料的汇编，《中华帝国全志》则主要是作者的在科学分类的基础上百科全书式的介绍，只有《中华杂纂》才是真正的论文集。因此《中华杂纂》的出版，在汉学发展史上有其重要的地位，它的呈现标志着“几世纪前顺利地由利玛窦开创的一种事业的完成”，说明耶稣会士的中国研究已经达到了一个“顶峰”。[①]

此时，一位中国传教士——黄嘉略（“嘉略”是他的教名，本名“黄日升”，1679—1716年）对法国18世纪的“中国热”也起了一定的推动作用。黄嘉略福建莆田人，出生于天主教家庭，7岁时父亲就去世了，母亲把他托付给法国传教士李斐理（1644—1720年）收养，开始接受基督教的教育，学习拉丁文和中国儒家经典等知识。1702年跟随主教梁弘仁（又名“梁宏仁”，Artus de Lionne）来到了欧洲罗马，汇报中国“礼仪之争”，梁弘仁是巴黎外方传教会成员，强烈反对中国天主教徒拜孔与祭祖。黄嘉略在罗马待了三年，其间受到教皇的接见，并留下一部用中文写的《罗马日记》，这是早期中国人用自己的眼睛观察罗马教廷的实录，本身具有历史价值。1706年黄嘉略和梁弘仁一起来到法国巴黎。受到法国王家学术总监比尼昂（Jean—Paul Bignon，1670—1743年）的欢迎，留在了巴黎。在比尼昂的推荐下，黄嘉略为路易十四翻译中文信函，整理王家图书馆中的中文书籍，以及编写汉语语法著作等工作。由于薪金不高，黄嘉略生活一直比较贫困，加上1715年，他的法国妻子生下一个女婴后就病逝了。在生活贫困和妻子去世的双重打击下，黄嘉略于1716年也不幸病逝，年仅37岁。

① 忻剑飞：《世界的中国观——近二千年来世界对中国的认识史纲》，上海学林出版社2013年版，第128页。

黄嘉略是第一位来到法国同法国学者直接接触并进行学术文化交流的中国人，他在法国生活的10年里，主要贡献有：一是汉语研究。为了帮助法国人学习汉语，1711年，比尼昂安排黄嘉略编写汉语语法和汉语字典，并派两位法国学者弗雷莱（又译“弗雷烈”，Nicolas Fr é ret，1685—1749年）和傅尔蒙（Etienne Fourmont，1683—1745年）协助。《汉语语法》于1716年完成，这是一部以汉语语法为主要内容兼介绍中国知识的综合性著作，但没有出版。而《汉语字典》在编写过程中黄嘉略就去世了。这两部著作的手稿如今都收藏在巴黎国立图书馆东方部。而弗雷莱和傅尔蒙通过与黄嘉略接触，获得了许多有关中国的知识。傅尔蒙于1738年、1742年在巴黎相继出版了《中文沉思录》和《中国官话》两部汉语著作。二是小说翻译。黄嘉略翻译了明代小说《玉娇梨》中的3章，但未完成。这是介绍到法国的第一部中国小说。三是向法国学者介绍中国文化。黄嘉略除了与弗雷莱和傅尔蒙交往介绍汉语知识外，还在遗留下来的日记中记录他与孟德斯鸠的交往情况，并向孟德斯鸠介绍了中国的历史和社会等。据考证，孟德斯鸠创作的《波斯人信札》一书中，把黄嘉略作为书中主人翁郁斯贝克的原型加以塑造。虽然黄嘉略所撰写的著作和翻译的小说没有出版，但其辛勤劳动的成果，成为中法两国人民文化交流的宝贵遗产。

19世纪法国法兰西学院汉学家雷慕沙曾这样说过：“欧洲人殆在16世纪末与17世纪上半叶中，始对于中国风俗文学史有正确认识，要为当时葡萄牙、西班牙、意大利等国传教士安文思、曾德昭、殷铎泽、卫匡国诸人之功。法国传教士始与诸人竞，不久遂以所撰关于中国之著述凌驾诸人之上。”[①]特别从杜赫德、弗雷莱和傅尔蒙等学者研究的成果看，法国汉学不再是传教士专利，本土学者的研究也越来越深入，为1814年在法兰西学院开设第一个汉学讲座奠定了扎实的学术基础。

① 转引自朱谦之：《中国哲学对于欧洲的影响》，上海人民出版社2005年版，第72—73页。

三、法国汉学的确立（19世纪）

因为中西方的“礼仪之争”，耶稣会于1764年在法国遭禁，1773年被罗马教皇取缔，并导致清政府发布了禁教令。到了1793年，随着最后一位耶稣会士钱德明在北京逝世，耶稣会士在中国的活动便戛然中止了，中法两国的往来几乎中断。然而，这并没有影响法国汉学家对中国文化的热情，他们在无法到中国进行直接考察的情况下，把更多的精力投向上个世纪传教士寄回来的中国文献的翻译和研究上，如傅尔蒙的学生小德经（L.J.de Guignes，1759—1845年）曾于1783至1801年在法国驻中国广州领事馆工作，学习汉语，研究中国文化。1801年返回法国。1808年，拿破仑任命其为主编，编写汉法词典。小德经在意大利传教士叶尊孝用拉丁文释义的《汉字西译》抄本的基础上，略加补充，并加上法文注释，于1813年出版《汉法拉丁字典》(或译《汉字西译》，共收字约14000个，超过了叶尊孝的《汉拉字典》的规模。这部书稿装帧精美，开本很大，书中还印有汉字，这是法国本土出版的第一本汉法词典。接着1814年第一个汉学讲座在法兰西学院设立。

1844年，中法签订了《黄埔条约》，清政府被迫废除了禁教令，法国取得了在中国自由传教的特权。借此契机，法国汉学家通过前期资料研究和实地考察相结合的方法，把法国的汉学研究推向一个新的高潮。

（一）法兰西学院的“汉学讲座”和汉学教席

19世纪初，在皇家学院的阿拉伯语教授萨西的积极倡导和努力下，1814年11月29日，路易十八（Louis Stanislas Xavier，1755—1824年）批准在法兰西学院开设世界上第一个“汉学讲座”——“汉语与鞑靼-满语言文学”。后来这一讲座所用的名称一直延续到1918年。也是在萨西的极力推荐下，12月11日法国法兰西学院正式任命由年仅26岁的雷慕沙担任“汉学讲座”的教席，雷慕沙可以称得上是西方第一位专业汉学家。“汉学讲座”和“汉学教席”的设置标志着西方“专业汉学”的诞生。

1815年1月16日，雷慕沙经过充分准备后开始了第一次上课，题目是《关于在欧洲学习汉语的起源、发展和作用》。在演讲中，雷慕沙为了重新唤起法国人学习和研究汉语的兴趣，阐述了学习汉语的目的，介绍了欧洲人学习和研究汉语的起源和历史，分析了关于汉语学习的难易问题。雷慕沙定期去法兰西学院做讲座，一星期授课三次。雷慕沙去世后，先后由汉学家儒莲、德理文（H.de Saint-Denis，1823—1892年，曾译介《唐诗》《离骚》和《今古奇观》）、沙畹和马伯乐等继任。至今法兰西学院的汉学讲座已开设200多年了，共有9位教授担任教席，该讲座的名称虽有过数次变迁，但从来未曾间断过。

法兰西学院“汉学讲座”的设立，标志着汉学作为一门学科正式成为西方高等教育体系中的一员，汉学由此摆脱了“业余汉学”的框架，进入“专业汉学”阶段，“sinologie”这个法文单词也随之诞生。戴密微评价道“随着法兰西学院开设汉学讲座，汉学研究则具有了一种完全不同的面貌。这个日子不仅对于法国汉学界，而且对于整个欧洲汉学界，都具有决定性的意义。”①随之，汉学讲座在英、德、俄、美等西方国家的大学中相继开设，在人才培养上更具专业化，在汉学研究上更具学术化。

（二）巴黎东方语言文化学院的“汉学讲座”和汉学教席

在法兰西学院的影响下，1843年巴黎东方语言文化学院也启动了汉语教学。同法兰西学院学术性、丰富性的教学相比，该校汉语教学的宗旨是为了满足中法贸易和外交往来的需要所创办的，以教授白话为主，汉语教学注重口语训练，这是西方第一个以“口语”教学为主的学校。足见其教学的特点——“实用性”。除开设汉语课程外，还陆续开设了中国历史、地理、哲学、美学等课程。这里同样是法国乃至整个欧洲重要的汉学教学和研究机构，成为培养汉学家的摇篮。欧洲和法国许多著名的汉学家，都曾在这里接受过初级的汉语教育。

① 转引自张桂琴、刘碧霞：《追寻文化的魅力——法国汉学发展史研究》，《河北大学学报（哲学社会科学版）》2008年第5期。

担任巴黎东方语言文化学院的首位汉学教授是安托尼·巴赞（Antoine Bazi，1799—1863年）。受其老师儒莲的影响，巴赞在担任汉学教授之前，就已经于1838年以摘译、选译、评介等形式翻译并出版了《中国戏剧选》，汇集了《㑳梅香》《合汗衫》《货郎旦》《窦娥冤》四部元杂剧译文和一个长篇导言。在导言中，巴赞着重向法国读者介绍中国戏剧的历史、演变和特点，强调了中国戏剧角色歌唱的重要意义。他说，元曲中的歌唱角色，构成了中国戏剧有别于其他剧种的主要特点。1841年他还翻译并出版了元末明初戏剧《琵琶记》。他在《琵琶记》法译前言中称，他之所以要把这个中国戏介绍到法国，不仅因为它“可使人了解从公元14世纪至15世纪这一百年间中国戏剧艺术的进展”，更在于“它展示了15世纪初中国民情风俗的原貌”，能使读者从中“察觉中国文明的前进步伐”。[①]为此，巴赞对元代戏剧进行了专门的研究，撰写了《元朝一世纪》。1853年，巴赞还翻译了小说《金瓶梅》第一回《武松与金莲的故事》，以及《水浒传》《好逑传》的部分译文。可见，他承袭的是18世纪传教士马若瑟以及19世纪专业汉学家雷慕沙和儒莲从中国文学方面了解中国文明的传统。为了讲授汉语语法，在查阅中国学者和欧洲其他汉学家关于汉语语法等相关的论述的基础上，1856年，巴赞出版了《官话语法》一书。这部语法书包括前言、词类和句法三个主要部分。前言部分详细介绍了汉语的发音、官话与方言、汉字、书面语的主要特点等内容，词类采用了传统的八分法；句法部分分析也较为详细；最后还有两个小节介绍了汉语语体。这部语法著作因自身篇幅不大，与同时期其他汉语语法著作相比没有突出的特点，因而影响力也较小。

此后担任巴黎东方语言文化学院汉学教授的大都有在中国从事外交工作的经历，如撰写《汉语口语和书面语言的渐进与系统教科书》的法籍波兰人哥士耆（Alexandre Kleczhowski，1871—1886年），因汉学成果卓著而于1883年获得“儒莲奖”的冉默德（Marie Jametel，1856—1889年），德韦理亚（Gabriel Devéria，1844—1899年）以及微席叶（Arnold Vissi è re，1858—1930年）等，其中微席叶曾

① 钱林森：《中国古典戏剧、小说在法国》，《南通大学学报（社会科学版）》2008年第2期。

在北京工作了30年，能讲一口流利的汉语。他的主要贡献在于：一是汉语课本的编写，著有《汉语初级课本》（又叫《汉语（北京官话）入门》），得到了很高的评价，曾被多次修订，成为法国和西方国家的许多汉学家常读的书。二是宗教研究，如关于中国的伊斯兰教的书《伊斯兰教研究》。此外还有中国算数，如《关于算盘的起源和它衍生筹算的研究》等。

19世纪前期，法国的汉学家无论是否踏上中国领土，能否说汉语，他们精确运用汉语的程度，认真严肃的研究态度，以及他们在中国语言、文学、宗教等翻译和研究方面所得的成绩，都超过前期的研究。

（三）在中国的汉学家

自1844年中法签订《黄埔条约》之后，越来越多的法国人可以自由地出入中国，并在中国生活，有外交官、传教士和商人等。这一时期在中国的汉学家主要来自外交官和传教士，著名的外交官有戴伯理上尉和于雅尔领事，他们在这方面所取得的成绩，跟职业汉学家一样，有其独特的地位。还有四位法国传教士汉学家：顾赛芬、费赖之、研究中国宗教特别是道教成果颇丰而于1906年获得“儒莲奖”的戴遂良（L é on Wieger，1856—1933年）、撰写集20世纪前中西景教碑研究之大成三卷本《西安府景教碑考》的夏鸣雷（Henri Havrit，1848—1901年）。除了费赖之，其他三位传教士来中国后大都在河北献县生活。其中顾赛芬与费赖之的成果影响较大。

顾赛芬（Seraphin Couvreur，1835—1919年），耶稣会成员，1870年来中国，在北京学习汉语，后到河北献县传教和研究中国文化，直至去世。其成果主要两个方面：一是撰写字典。主要有，1877年的《汉拉字典》（1892修改）、1884年的《法汉辞典：汉语最常用的惯用语》、1886年的《北方官话-法英汉会话指南》及1890年的《汉语古文词典》（原名《汉法字典》）等。其中《汉语古文词典》经过两次修改后，于1911年顾赛芬用自己所创的拉丁化拼音系统进行注音。戴密微曾评价说：“他的《汉语古文词典》始终是我们所拥有的一部最优秀的西文汉语古文词汇工具书。”[①] 顾赛芬的研究成果很多都曾多次再版，为传教士和汉学界学习汉语和了解中国文化提供了很好的工具书和参考文献，产生了深远的影响。二是翻译中国“四书五经”。顾赛芬在没有中国人帮助的情况下，于1895年独自翻译并出版了“四书”，即《论语》《大学》《中庸》和《孟子》；接着于1896年至1916年期间翻译并出版了“五经”，即《诗经》（1896）、《书经》（1897）、2卷本的《礼记》（1899）、3卷本的《春秋》和《左传》（1914）、《仪礼》（1916）等，大都以拉丁文、法文双语翻译。顾赛芬严格忠于当时中国官方推崇的朱熹学派的注释，不做进一步的阐释，采用的是逐字逐句地直译汉语原文，很少带有个人的见解，为后人研究提供了比较客观的依据。与德国卫礼贤、英国理雅各并称“近代汉籍欧译三大家”。“四书五经”的翻译是近代欧洲汉学界的重要成果。1917年，顾赛芬还在河间府出版了《古今中国地理》一书。因顾赛芬汉学成果显著，于1886年、1891年、1895年三次获得“儒莲奖”。

费赖之（Louis Pfister，1833—1891年），字福民，耶稣会士。于1869年来华，后受命整理上海徐家汇藏书楼图书。1897年出版了《1552—1773年在华耶稣会士传略及书目》，书中共收录了16—18世纪耶稣会传教士467人，书目800种。资料丰富，内容广泛，涉及明、清两代政治、文化、社会习俗、中外关系等诸多问题，被公认为一部学术价值极高的鸿篇巨制。此外，他还写有《江南教会纪实》（1869）。1872年，他曾开始编著《江南教会通史》，但在1891年的芜湖反教会斗争中，因所收集的材料全部被烧毁，没能成功。

这一时期法国汉学的建树，大大超过以往，不仅研究的视野有很大的拓宽，而且在研究的方法和观念上也更具客观性和科学性。研究内容上，汉学家们不仅在中国历史、哲学、文学、语言等学科上取得了前所未有的成绩，同时还涉及诸如目录学、中国少数民族、中国科技工艺等以往未曾涉及的内容，巴赞编写的元人文集目录和《中国藩部民族志》、雷慕沙受命建立的中国图书目录、冉默德的《北京的搪瓷工匠》和儒莲的《中国陶瓷历史及其制作方法》等，就是一些明显的

① 转引自刘国敏：《顾赛芬〈诗经〉译本研究》，《国际汉学》2015年第3期。

例子。此外，从19世纪后期开始，耶稣教士在中国创办博物馆的过程中，注意对中国动物、植物、地理和矿产等自然生态的调查、资料搜集和研究等，也使法国的汉学研究别开生面。研究方法上，这一时期的法国汉学有两个明显特点：一是注意跨国和跨文化的比较研究，如雷慕沙的《法显撰〈佛国记〉》；二是教学和研究相结合。这时期许多汉学家都从事汉语教学或者编写相关教材，其中国文化研究，更多的是教学和科研相结合，增加了学术气息。如雷慕沙的《汉语语法基础》、《中国短篇小说》（3卷）等，都是在这种情况下编写的。

（四）研究机构和刊物的创办

1822年，“亚洲学会”在巴黎成立，这是西方成立最早的亚洲研究学术团体。同时又创刊发行了《亚洲学报》。学会主席是萨西，学会由雷慕沙和德国克拉普洛特以及亚美尼亚语专家安东尼·圣马丁（A. S. Martin，1791—1832年）等三人负责。迄今《亚洲学报》仍然是欧洲汉学家们发表其研究成果的重要刊物。

法国汉学家亨利·考狄（又译“高第”，Henri Cordier，1849—1925年）于1890年与荷兰莱顿大学汉学教授施古德共同创办并合编《通报》也是当时十分有影响的刊物，后发展为第一份国际性的汉学杂志，它的出现更加促进了汉学的国际性交流。1904年至1918年期间，考狄与沙畹共同担任期刊主编。

总之，整个19世纪法国无论从研究人员的增加、研究机构的建立，还是从研究成果的质量来看，这一时期的汉学已成为一门举世公认的专门学科，逐渐形成了一支专业化的队伍，开始了各种专业化的研究。“汉学”作为东方学大框架内的一种人文学科得以确立，以历史、语言、文献研究为核心，寻求价值中立的学术客观性。

四、法国汉学的嬗变（20世纪上半叶）

20世纪上半叶，法国经历了法兰西第三共和国（1870—1940年）和两次世界大战，比较稳定的政治统治、社会经济发展遭到了战争的严重摧残。汉学学科，也经历了一个由迅猛发展、繁荣昌盛而跌入磨难重重、挫折丛生的时期。其繁荣景象主要出现在20世纪上半叶的前期，汉学家沙畹及其“四大弟子”中的伯希和、马伯乐、葛兰言功不可没。

一是汉学机构趋向完备。除了19世纪成立的法兰西学院、巴黎东方语言学院以外，这一时期影响比较大的汉学机构还有：1898年在越南河内成立的“法国印度支那古迹调查会”于1900年改名“法兰西远东学院”（又译“法国远东学院”），该机构主要研究中国和印度的考古学及文献学。著名的汉学家伯希和、马伯乐、戴密微、石泰安（Rolf Alfred Stein，1911—1999年）、谢和耐等均曾前后担任该院的研究员。直到1956年，其本部迁往巴黎，并在印度、东南亚、中国台北和日本京都等地设有分部，或有特派驻地研究员。该学院出版《法兰西远东学院学刊》《考古论丛》等多种专业学术期刊，中国宗教研究是该院的主要研究方向。1920年3月，由中法两国政府赞助成立了“法国汉学（中国学）研究所”（以中国每年支付的庚子赔款为基金），其目的是为了发展中法关系。该所的第一任所长是著名汉学家葛兰言，直至其1940年去世。后由汉学家伯希和接任。主要任务是开办专门汉学教学、临时讲座以及出版汉学著作。法国新一代的汉学家大多在此受过培训。自1934年以来，该所在其《中国学研究所文库》中，出版了大批法文汉学著作，迄今已出版30多卷，这一时期主要有沙畹、白乐日（又译“百乐日”，Etienne Balazs，1905—1963年）等汉学家。1941年10月，由著名汉学家伯希和提议在北京成立了“中法汉学研究所”（隶属巴黎大学），以期“为谋沟通中法两国文化”。

二是汉学家视野更开阔。本期的汉学家们一方面继承了19世纪前期“学院式”研究模式，同时又有进行实地考察所得来的第一手丰富资料。如沙畹在华北等地的考察，马伯乐在浙江等地的考察，伯希和对甘肃敦煌文物的盗取等等。所以能做出比以往任何时期更大的成绩，汉学出现了繁荣的景象。

三是研究领域有进一步拓展。不仅秉承19世纪的法国汉学传统，如中国语言、历史、宗教等领域都有较广泛的涉猎，而且开创了20世纪法国汉学的新局面，如新创的民俗学、考古学、碑铭学、敦煌学、西域学等，为后来的法国汉学研究以及世界汉学研究奠定了基础。考狄出版多卷本《中国书目》，其规模也是前所未有的。法国汉学逐步迈向“中国学”。

四是研究方式开始趋向多样化。实地考察，文献考证，借鉴其他学科的理论与方法等多种研究方式，如葛兰言将社会学研究带进汉学研究，马伯乐运用历史比较语言学研究汉语古音系统等。

法国自19世纪以来，汉学研究一直居于欧洲汉语言文化研究的中心地位，巴黎被誉为“无可争议的西方汉学之都”。①

五、法国中国学的发展（20世纪中叶至今）

法国汉学在第二次世界大战中遭受了严重的摧残。首先，三位有影响的法国汉学大师先后去世：社会学家葛兰言因法西斯德国入侵于1940年愤然辞世，历史学家马伯乐则在纳粹德国集中营因身心受到严重摧残于1945年病逝，敦煌学家伯希和也随之于1945年病故。处于发展中的法国汉学遭受了巨大损失。其次，第二次世界大战以及中国的抗日战争等导致了中欧沟通和人员往来受到阻碍，也在一定程度上影响了汉学的发展。不过，随着1958年法兰西第五共和国成立，特别是1964年中法建交（法国是最早与新中国建交的西方国家之一），法国汉学很快从低谷中走出。这首先得归功于沙畹“四大弟子”之一的保罗·戴密微。

二战一结束，戴密微就于1946年至1964年期间主持法兰西学院的中国学讲座，领导法兰西学院中国学研究的战后恢复和重建工作。石泰安、谢和耐、魏丕信（Pierre—Etienne Will，1944— ）等有国际影响的中国学家在战后成为该院的重要成员，在宗教学、敦煌学、经济史、思想史、社会史、中外关系史等多个中国学研究领域开展工作。

这一时期，法国有20多个涉及中国学不同领域的研究机构，如法国社会科学高等学院、国立科研中心东亚研究所、巴黎亚细亚学会、法国国立亚洲艺术博物

① 转引自张桂琴、刘碧霞：《追寻文化的魅力》，《河北大学学报（哲学社会科学版）》2008年第5期。

馆等。其中著名的有：二战以后，1920年成立的“法国汉学（中国学）研究所”在巴黎大学的资助下恢复运行。负责该所工作的先后由戴何都（Robert des Rotours，1891—1980年）、韩百诗（Louis Hambis，1906—1978年）、吴德明（Yves Hervouet，1921—）、侯思孟（Donold Holzman，1926— ）、施舟人（Kristofer Schipper，1934— ）、戴仁（Jean-Pierre Drege，1934— ）和魏丕信等著名的中国学家。1941年成立的“中法汉学研究所”在二战后成为培养中法学者的重要机构。如中国语言学研究的学者有高名凯（1911—1965年）、王静如（1903—1990年）、王力（1900—1986年）等。法国学者有从事道学研究的康德谋（Max Kaltenmark）、汉语研究的李嘉乐（Alexis Rygaloff，1922— ）、中国文学研究的于儒伯（Robert Ruhlman）、道教和西藏文化史研究的石泰安、西域史和蒙古史研究的韩百诗等。1966年，中国台北和法国巴黎共同成立了法国“利氏学社”，即利玛窦研究所，并互设分社。其中台北利氏学社主要从事语言文字、辞典编纂、中国文学、中国史学、中国哲学和中国宗教等方面的研究工作。巴黎分社主要研究中国医学哲学。利氏学社出版有40多种附有大量注释的中文经典。2001年两个分社共同组织出版的《利氏汉法大辞典》，收有13500个汉文单字，330000个词组，涵盖约两百个专门学科，称得上是一部中华文化的百科全书，已成为法国中国学家和中文系学生的必备工具书。

与汉语研究有关的机构有：东亚语言研究中心、巴黎第五大学语言学系、巴黎第七大学语言学研究系和口头语言文化研究组织。其中影响较大的是成立于1960年“汉语语言学中心”，1971年改名为“东亚语言研究中心”。从1977年开始出版刊物《东亚语言学集刊》（半年刊）。首任所长由伯希和的高足李嘉乐担任。李嘉乐著有《汉语语言学》《汉语基础语法》等著作，后致力于汉语音韵学的研究。继任者贝罗贝（Alain Peyraube，1944— ）1973年至1975年曾在北京语言学院和北京大学学习中文。1998—1999年被选为中国语言学国际联合会主席，著有《现代汉语的方位结构》《汉语历时句法——公元前14世纪至18世纪给予式的演变》。特别是后者，开创了“汉语历时句法研究”之先河。艾乐桐（V. Alleton）则先后在索邦大学和巴黎七大教授汉语语法课，曾出版现代汉语语法与文字的通俗小册子《汉字》和《汉语语法》。从此，汉语语言学的研究在法国真正确立了自己的地位。

目前，法国的汉语语言学教学主要有下面几所大学承担：巴黎第三大学的国立东方语言文化学院，巴黎第七、第八大学的中文系，里昂大学、波尔多大学、普罗旺斯大学皆有中文系。其中巴黎第三大学的国立东方语言文化学院，是法国最权威的汉语教学中心。

关于法国的汉语教学，不能不提到首任法国国民教育部汉语总督学，在法国汉语教学与汉学研究领域享有盛誉的白乐桑（Joël Bellassen，1950— ），曾于1973年首批法国公派来华留学。1975年开始从事汉语教学，1987年担任法国汉语教师协会首任会长，现为名誉会长。1991年至2000年巴黎第七大学中文系副教授、教授以及巴黎东方语言学院教授、汉语博士生导师。先后主编《汉语语法使用说明》《汉字的表意王国》《说字解词词典》等专著十余部，主编的《汉语语言文字启蒙》1989年出版以后，成为法国各校最受欢迎的教材。

白乐桑曾谈到法国的汉语教育状况："2005 年我们有 1.25 万名学生学习汉语，2009年增加近2.6 万人，2010年近3 万人。这使得法国成为欧洲学习汉语学生人数最多的国家，我们不能再说这是赶时髦了。"他说，"学习汉语的学生中，40% 是从初中开始，60%从高一开始。"[①]现有的法国小学也开设了中文课程。截至2017年4月，法国已经有孔子学院17所、孔子课堂3个。

综上，研究内容上，法国汉学不断地开垦出新的研究领域，例如在蒙元学、藏学、敦煌学、西域学、人类学等领域，都有不俗的业绩。法国学者对自身的汉学研究也极为关注，如戴密微不仅撰写了《法国汉学研究史》，而且还撰写了法国汉学人物传记，如《马伯乐小传》，对法国汉学的研究历史进行了梳理和分析。

① 法新社：《法国汉语教学今秋爆棚》，《孔子学院》2010年第5期。

第二节 法国的汉学名家

一、传教士金尼阁与《西儒耳目资》

金尼阁（Nicolas Trigault，1577—1628年），字四表。1594年加入耶稣会。1610年到达澳门，第二年初经由肇庆抵达南京，开始学习中文和传教生涯。其间到过当时所有的传教中心，如杭州、北京、南雄等地，去过中国的6个省份。1613至1617年，受中国耶稣会负责人龙华民的指派回欧洲向罗马教皇陈述教务。1618年返回中国，继续传教，研究中国文化，直到1628年在杭州病逝。

（一）现身说法，宣传中国文明

1615年至1617年在欧洲期间，积极介绍、宣传中国文化。一是出版利玛窦的《基督教远征中国史》。1613年，在回欧的路上，把利玛窦的手稿整理并译成拉丁文，于1615年以《基督教远征中国史》为名在德意志出版。立刻引起了欧洲人的争相阅读，因为正如金尼阁在此书的封面上介绍："书中初次精确地、忠实地描述了中国的朝廷、风俗、法律、制度以及新的教务问题。"而且对于金尼阁本人来说，通过整理此书，使他不仅熟谙了利玛窦的传教策略，成为其忠实的拥护者和支持者，而且加深了对中国社会习俗和以儒家思想为主导的文化背景的了解；二是巡回演说。在欧期间，金尼阁常常身着儒服出现于公众场合，介绍中国文化，所到之处激起了欧洲人到中国传教的热潮。当1618年返回中国时，同来的就有汤若望等22位传教士。

（二）募集图书，西书东传

在欧期间，通过购买、赠书和征募等方式，最后加以精心选择，1618年，带回募集的图书多达757部、629册，在北京等地建立首个教会图书馆。这些书的内容涉及神学、哲学、数学、几何、物理、医学等欧洲文艺复兴运动以后的最新成就。有学者称这一举动“比之玄奘求经西竺，盖不多让”。[①]

（三）中西互译，促进中西文化交流

金尼阁不仅把大批西书运到中国，还将西方经典作品译成中文，向中国人介绍西方文化。如节译《伊索寓言》（时名《况义》）为中文，于1625年在西安刊印。这是明代最早传入中国的西方文学作品。同时又把中国儒家经典译成西文，向西方人介绍中国文化，如1626年，将“五经”，即《诗经》《礼记》《书经》《春秋》和《易经》译成拉丁文，书名称“中国第一部神圣之书”，在杭州出版，其中《诗经》《周易》是西方最早的译本。金尼阁互译中西经典，虽然主观意图是为了传教事业，但客观上促进了中西文化交流。

（四）潜心研究，形成西式注音字汇

1626年，金尼阁在中国学者王徵（1571—1644年）的协助下，在西安出版了3卷本的中文著作《西儒耳目资》。他在其开头部分解释书名时写道：传教士到了中国，“初闻新言，耳鼓则不聪，观新字，目镜则不明，……欲救聋瞽，舍此药法，其道无由，故表之曰耳目资也。”可见，此书编写的目的是帮助西来传教士可以较方便快速地学习中文，从而更好地传教。

① 向达：《明清之际中国美术所受西洋之影响》，《新美术》1987年第4期。

据他自述，这部书沿袭利玛窦所创体制，即用利玛窦二十五字母，互相结合，上加五个字调记号，来拼切一切汉字的读音。注音所用的方案是在利玛窦方案的基础上修改的，人称“利—金方案”。全书分为3部分：第一部分《译引首谱》，从理论上阐述文字学及此书编写原则。第二部分《列音正谱》，按照音韵排列汉字，知汉字之音而不知其形，查之即知，此为“耳资”。第三部分《列边正谱》，按照汉字偏旁笔画排列汉字，知其形而不知其音，查之即知，此为“目资”。由此可见，二、三部分的功能，在于因声可以求字形，因形可以求读音。

《西儒耳目资》是一本用拉丁字母给汉字注音的字汇，成为中国语音史上的一部里程碑式的著作：第一，它克服了汉字靠直音和反切合音的缺点，采用音素拼音注读，使得汉字注音更加准确和方便。第二，它为汉语音韵学研究开辟了一条音素化、科学化的崭新的途径，在汉语语音史上占有相当重要的地位。第三，它成为研究明末实际语音的最好材料。也是今天的汉语拼音方案的源头。

综上，金尼阁是继利玛窦之后又一位在中西文化交流史上做出杰出贡献的西方传教士。他是第一位在欧洲巡回演说，“现身说法”介绍中国文明的西方人，并通过出版《利玛窦中国札记》在西方赢得了“第一个把中国人是谁以及他们怎样生活揭示给欧洲的博学的历史学家”的称号；第一位在中国传教重返欧洲，又率领一批传教士再来中国的西方人；第一位在西方广泛募集图书运到中国的西方人；第一位将“五经”全译并最早刊印的西方人；第一位把西方文学作品译成中文的西方传教士；第一位系统地研究用拉丁字母给汉字注音的西方人。

二、传教士马若瑟与《汉语札记》

马若瑟（Joseph de Premare，1666—1736年），耶稣会传教士。1698年随同白晋、巴多明一起来华。其中1714年至1716年在北京帮助白晋工作，其他时间都在江西传教。后迫于雍正禁教令退居广州，于1733年迁居澳门。1736年在澳门去世。

（一）《汉语札记》，呈现汉语语法原味

马若瑟在华37年，传教之余，更多的时间是研究中国语言文学。语言上突出的成就是1728年在广州完成的《汉语札记》（又称《中国语言志略》），并把手稿寄到法国请东方学家傅尔蒙校阅。但傅尔蒙把手稿放到了巴黎图书馆，没有出版。直到一个世纪后的1831年由英国人马礼逊得到了一位英国贵族的资助，将这本书在马六甲英华书院用拉丁文出版。后于1847年，由一位美国的传教士译成了英文在广州出版。这本书虽然是马若瑟去世近百年后才正式出版，但在欧洲汉学形成发展中，是最有影响的文献之一。

《汉语札记》分为四个部分：第一部分，导言。介绍一些重要的中国典籍及其阅读方法、汉字语音、各种汉语字典以及一份汉字字表。导言最后附录“汉语诸音总索引”，列出汉语的1445种音节，每一音节列出一个汉字，及其解释。第二部分，以口语语法为主，介绍了中文口语的基本特点和语法特征。第三部分，介绍了中文的书面语言，说明了古汉语的语法和句法，古汉语虚词及书面语的修辞方法和例句。第四部分，遗失。

《汉语札记》在汉语语法研究史上具有重要意义。第一，它是第一部从汉语的角度来研究汉语语法的著作。虽然1703年西班牙人瓦罗出版了《汉语官话语法》，但它是用西方的语法系统来研究汉语语法的。而马若瑟的这本语法书，是根据汉语的语法特点来研究的，所以这是一本真正意义上的汉语语法书。法国汉学家戴密微把这本书称为“19世纪前欧洲最完美的汉语语法书”。[①]第二，它是第一部把汉语分成白话和文言两部分来研究的著作。书中引用了大量的中国文献。白话部分的语料大多取自元杂剧和《水浒传》《好逑传》《玉娇梨》等小说；而文言部分的语言材料则主要取自先秦典籍、理学名著等。所以这本书不仅仅是一本语法书，也是一本介绍中国文学作品的书。第三，它是第一次用实证的方式来介绍汉语语法的著作。它通过大量的语料来分析论证汉语语法的特征。他强调“学汉语

① ［法］戴路德.戴仁主编：《法国当代中国学》，耿升译，中国社会科学出版社2009年版，第15页。

最好通过例子，因此不要奇怪我给你们举的那么多实例。我这么做是因为通过例子比通过规则能更快地通晓中文”。这为后来学者研究汉语语法提供了启示，也为后世的汉语语法研究奠定了基础。

近代以来的汉语研究在三个地域展开，一是在欧洲本土，二是在港澳、南洋一带，三是在中国本土。马若瑟的《汉语札记》对这三个地域的中文语法研究都产生过一定的影响。

当然，《汉语札记》作为语法著作，还有一些缺陷，如系统不够完备，没有句法部分，也没有总结出汉语语法结构规律等。但《汉语札记》列出了大量的例句远远超越了一本语法书的范畴，它充分体现了马若瑟在中国语言文学方面的渊博知识和深厚功力。

（二）《赵氏孤儿》，中国悲剧激荡欧洲

1731年，马若瑟在广州对元戏剧家纪君祥（又名“纪天祥”）的《赵氏孤儿》进行了翻译和改写，只是翻译了故事的梗概，省去了唱词和念白，题名为《赵氏孤儿：中国的悲剧》，并寄给法国东方学学者傅尔蒙。发表在1735年杜赫德主编的《中华帝国全志》第四卷。立刻引起了法国及欧洲人的关注，并译为多种文字，特别是得到法国启蒙思想家文学家伏尔泰的高度评价：“《赵氏孤儿》是一篇宝贵的大作，它使人了解中国精神，有甚于人们对这个大帝国所曾作和将作的一切陈述。”[①]而且伏尔泰以此剧为蓝本，创作了名为《中国孤儿》的剧本，于1755年搬上舞台，引起了整个欧洲的轰动。

马若瑟还曾选译《诗经》中8首诗歌寄回法国，1736年发表在《中华帝国全志》第二卷，成为首个在欧洲产生影响的《诗经》作品。法国汉学家雷慕沙就说马若瑟是来华传教士中“于中国文学造诣最深者”。

马若瑟不仅翻译中国文学作品，还在中国收集了很多图书并寄回巴黎，其中有明代元人百种曲（又名元曲选），在近一个世纪之后雷慕沙、儒莲以及巴赞就是

① 转引自张西平：《清代来华传教士马若瑟研究》，《清史研究》2009年第2期。

从这本集子中选出一些剧目进行翻译的。由此，中国的文学作品在欧洲得到持续的关注、翻译，这与马若瑟不无关系。

三、“专业汉学的开山宗师”雷慕沙

雷慕沙（又译“雷缪萨”，Abel Rémusat，1788—1832年），童年曾在一次玩耍时不慎从高台跌落，导致他一只眼睛失明。法国大革命（1789—1794年）时期学校停课关闭，由父亲教他读书学习，掌握了拉丁文和希腊文。1806年，雷慕沙在参观巴黎森林修道院特尔桑教士（又译“泰桑”，Abbé de Tersan，1736—1819年）的藏品时，被一部中国植物书上的汉字吸引，于是产生了兴趣。当时的法国既没有汉语学校和老师，又无法查阅皇家图书馆所藏的中文图书。在此情况下，雷慕沙依靠傅尔蒙的著作《中国官话》自学掌握了汉语和满语。并从1806年开始收集汉语词汇，于1808年完成了《汉文字典》的编写工作。该字典275页，收入最常用的1500个汉字并标注了拼音、声调、法语释义，还附有两个汉字略语表、参考书目。1811年他23岁时，发表了一篇中文名为《汉文简要》的文章，由此一发不可收。1812年发表《汉、满铭文解读》、《论汉语单音节的一般性质》（12页），1813年撰写了20多页的关于《中医的舌诊》的博士论文，获得医学博士学位。所以当1814年法兰西学院设置“汉学讲座”时，雷慕沙凭借自己的汉学研究成果理所当然地被聘请为汉文教授。

1832年，雷慕沙死于霍乱，年仅44岁。雷慕沙是个非常勤奋而又博学多才的汉学家，在其短短的学术生涯中共发表30余篇（部）文章、著作，他的研究领域涉及古代中国的哲学理论、宗教等多方面，尤其在汉语和中国佛学方面所取得的成绩，在汉学发展史上产生了重大影响，引起后人极大的重视。他在汉学上的开拓精神使他不愧于“专业汉学的开山宗师”的称号。

（一）潜心教学，致力于中国语言研究

为了更好地从事汉语满语教学，在没有现成汉语教材、汉语语法书和汉语词

典以及教学经验的情况下，雷慕沙在课堂上常常借助于满文译文对语法和原文进行解释。他一边教学一边研究，撰写一系列著作，如，《汉语词典规划》（1814年，88页）、《汉语鞑靼-满语言与文学讲座纲要》（1815年，32页）、《鞑靼诸语研究——论满人、蒙古人、维吾尔人、藏人口语和书面语的差异》（1820）、《汉文启蒙》（或《汉语语法基础》，法文题名《汉文文法：古文与官话纲要》，1822年）、《中文的起源和构成》（1827）等。其中最重要的《汉文启蒙》共214页，包括：前言、绪论、汉语语法、附录、列表、目录、勘误表。其参照马若瑟的《汉语札记》，也将汉语分为白话文与文言文来讨论，而且在汉语研究过程中提出了汉语句法的问题，并总结出一些句法规律。这有别于当时欧洲关于汉语语法只注重词法而忽视句法的现象。西人认为雷慕沙的《汉文启蒙》虽“无首创之功”，但因马若瑟一书一直没有出版，所以该著作实际上成了西方第一部汉语语法书，一经出版便成为当时欧洲汉语学习者的必备手册。因此有机会于1857年得到再版，1987年又出了第三版，可见其学术价值。

为了教学，1826年，雷慕沙将中国清代才子佳人小说《玉娇梨》翻译成法文后在巴黎出版，为了便于法国人理解，这本小说的法文书名为《两位表姐妹》。还编辑出版了3卷本《中国短篇小说》。

（二）佛道西译，开启关注中国宗教的历史

18世纪之前，传教士们受传教策略“合儒排佛”的束缚，对于中国的道教和佛教因轻视而未有涉足。而雷慕沙所处的时代已经没有任何限制，于是他在道教佛教的翻译和研究上投入了大量精力。如1816年翻译出版的《太上感应篇》（16页）是雷慕沙出版的首部译作，也是西方第一部道教译著。雷慕沙最重要的佛教译著是将东晋高僧法显的《佛国记》翻译成法文，但这部著作是他去世后的1936年以《〈法显传〉译注》题名出版，是欧洲佛教研究的奠基作之一。雷慕沙跟儒莲一起，都被认为首先推动了19世纪和20世纪初法国汉文佛典的翻译和研究工作。

雷慕沙在教学之余，还翻译并出版了《四书》（1817）中的《中庸》（160页）

法文译本，同时负责“亚洲学会”和《亚洲学报》的工作。

雷慕沙作为法兰西学院首任汉语教授，从1815年开始在那里授课，一直到1832年去世。“汉学研究虽仅仅持续了17年，但在他的开拓下法国甚至欧洲的专业汉学不断成长壮大，并逐渐影响到德国、俄国和其他欧洲国家以及日本和后来的美国。”①

四、“19世纪中叶欧洲汉学家无可争辩的大师”儒莲

儒莲（又译“茹理安”“朱利安”，Stanislas Julien，1797—1873年），法国籍犹太汉学家，是雷慕沙的得意门生。儒莲年轻时学过希腊文、阿拉伯文、梵文等语言，受过非常扎实的教育，后来又追随雷慕沙学习中文和满文。1821年任法兰西学院希腊语助教，1827年任法兰西研究院图书馆副馆长。1832年，儒莲接替雷慕沙主持法兰西学院汉学讲座，此后主宰欧洲汉学近四十年。其汉学的主要贡献是汉语教学，中国文学、哲学、宗教等研究。

（一）编写汉语教材，翻译中国文学作品

在法兰西学院的汉语教学中，儒莲放弃了用系统的方法来讲授汉语语法的做法，更喜欢通过诠释文献来归纳汉语语法结构准则。他在教学研究的成果上，著有《以汉字位置为基础的汉语句法结构新编》（简称《新编汉语句法结构》，1869—1870年）一书。同时，他还喜欢用中国传统的方法，将《三字经》《千字文》这样歌诀式的启蒙读物，作为文言基础教材，让学生学习汉语。

儒莲对中国文学的研究主要集中在对中国俗文学的翻译和研究方面。小说如1834年的《白蛇精记》、1860年的《平山冷燕》、1864年的《玉娇梨》等。儒莲在《平山冷燕》的序言中认为，作为一个真正的汉学家，“仅仅研究中国人在社会关系中的表现是不够的”，还必须“熟悉他们的文学作品”，特别是风俗小说。他

① 董海樱：《雷缪萨与法国汉学》，《法国研究》2009年第3期。

说："若要彻底了解我们今后将与之共同生活和互相往来的民族的风俗习惯和性格特征，研究这些作品是十分有益的"。

儒莲还翻译了三部元戏剧。1832年翻译了《灰阑记》，并在《灰阑记》序言中谈道："元代的每个剧本都由层次分明的两部分组成，道白为散文体或不规则的韵文体，颇似我国歌剧中的小咏叹调。剧中最扣人心弦的段落均以风格高雅的诗体写就，欧人不易理解。这些诗段往往占全剧的一半甚至四分之三的篇幅，马若瑟和达维（M.Davis）却未将这些诗歌全文译出，实属遗憾。"表明这位汉学家对中国元杂剧的艺术价值较前辈译家有较深入的认识，他尝试着将原剧诗文毫无遗漏地全译出来，成为西方引进中国戏剧完整译本的第一人。1834年全文重译并出版了《赵氏孤儿》，1872年又译出了《西厢记》（在他逝世后的1880年出版）。这些译本引起西方人的兴趣至今不衰。

（二）译介儒释道，全面推介中国文化

儒莲对中国的哲学和宗教也有浓厚的兴趣。1824年将《孟子》翻译成拉丁文，1835年翻译并出版了《太上感应篇》，1842年出版了全译法文本《道德经》，1853年译注了《大慈恩寺三藏法师传》，1857—1858年翻译玄奘的《大唐西域记》，后两部书被列入《汉文书籍目录译文丛书》，以小开本、低价格的形式出版，很多旅客在乘坐火车时喜欢购读这种书籍，因此被戏称为"铁路图书馆成员"。汉学书籍不仅成为普及的盈利的出版物，也使儒莲的声名远远超出了学术界，同时也扩大了中国文化的影响力。

儒莲还翻译了有关中国农业、瓷器、造纸术等方面的书籍，如1856年出版了《中国瓷器的制造及其历史》，翻译了沈括《梦溪笔谈》中毕昇发明活字印刷术的一段史料。

（三）辛勤耕耘，引领法国汉学发展。

在法国的汉学发展史上，儒莲是个极有影响并起过重要作用的汉学家。他是法兰西学院教授，同时又是巴黎东方语言文化学院教授和国家图书馆副馆长。由

于他的努力，不仅使法国汉学得到巨大的发展，同时使得法国汉学在欧洲的领先地位“日益明显”，此外，他还培养了一批出色的汉学家，如巴赞、德理文、毕欧等，个个都留下了许多重要的汉学著作。被尊为“19世纪中叶欧洲汉学家无可争辩的大师”①。法兰西学院为了纪念这位汉学家，于1872年以他的名字设立了“儒莲奖”，奖励那些在中国文化研究上做出贡献的学者，1875年起每年颁发一次。“儒莲奖”被称之为汉学界的诺贝尔奖。

五、“20世纪初承前启后的汉学家”沙畹

本名“爱德华·夏瓦纳”（Edouard Chavannes，1865—1918年），“沙畹”是其中文名。早年住在瑞士洛桑，1885年至1888年在法国巴黎高等师范学院学习，主修康德哲学。曾分别师从巴黎东方语言学院冉默德和法兰西学院的德理文学习汉语和中国文化。高师毕业后顺利取得大学哲学教师资格。后因高师院长佩柔（Georges Perrot，1832—1914年）的指点，决定转向史学，并接受考狄的建议转向中国历史的研究。

1889年沙畹被派往法国驻北京公使馆工作。在工作之余，边学习汉语，边着手翻译司马迁的《史记》。1893年沙畹奉命回到巴黎，主持法兰西学院“汉语与鞑靼-满语言文学讲座”。同时，还在巴黎东方语言文化学院等学校授课。1895年任法国亚洲学会秘书长并参加国际性汉学期刊《通报》的编辑工作，1904年至1918年期间与考狄共同担任《通报》的主编。1907年到1908年用近一年的时间来中国考察，搜集了大量的中国文化的文献和资料。

沙畹汉学研究很广泛，涉及中国文化许多方面，诸如中国历史、碑文石刻、图画、唐代中国与中亚的交往、中国的宗教及外来宗教等等。他是第一位应用欧洲的考证方法研究中国文献的学者。

① 朱越利：《海外道教学研究任重道远——〈理论·视角·方法〉前言》，《宗教学研究》2012年第1期。

（一）选译《史记》，为汉学盖世名作

1889年，24岁的沙畹来华任使馆翻译。来华后，在一位中国学者——当时清朝驻法使馆参赞唐夏礼的帮助下着手翻译《史记》，1890年，在《北京东方学会》杂志发表了《封禅书》的法文译注，世界为之瞩目。继之用了近10年的时间译《史记》成法文并加以注释，1895—1905年，沙畹陆续发表了《史记》前47卷的译作，名为《司马迁的传体史》（共分5卷）。详尽的注释，严谨的考据，使他的译文至今仍是一致公认的优秀范本，莫东寅《汉学发达史》称之"为汉学界盖世名作。译文既正确详尽，且有丰富之底注，创见既多，考证及比较法亦复精细"。[①]司马迁《史记》是对中国上古历史和文化源头的记述，《史记》的翻译及出版促进了西方人对中国上古史的客观认识和了解。

（二）翻译高僧传，编译佛教寓言

沙畹继承了雷慕沙、儒莲翻译和研究佛教经典的传统。1893年，他应印度学家列维（Sylvain Lévi，1863—1935年）的邀请，合作撰写了关于佛教思想的文章《十方阿罗汉法难记》，尝试对一系列信仰的起源和演变做出解释。1894年，又翻译了义净法师的《大唐西域求法高僧传》。义净是玄奘之后又一位西行求法的高僧，这是西方人翻译中国僧人西行取经求法的三本中的最后一本（前两本是雷慕沙翻译的《法显传》和儒莲翻译的《大唐西域记》）。义净法师记述了从671年到695年间到印度和南海（今东南亚）等地求法游历的所见所闻，其中介绍了初唐时60位到印度取经中国僧人的事迹，兼述所游历国家的经济、风俗及旅行路线，还附义净本人的自传。为研究7世纪南洋诸国状况和国际交通的重要资料。沙畹还收集、翻译、编选了《选自中国〈大藏经〉的五百寓言故事》（3卷，1910—1911年），通过讲述大量的佛教故事，介绍中国的宗教信仰。

① 莫东寅：《汉学发达史》，大象出版社2006年版，第71页。

（三）考古拓碑，撰写考古图谱

沙畹在翻译《史记》的同时，对山东地区汉代石刻画像进行了考察，于1893年写成了他的第一本专著《两汉时期的中国石刻》，开始涉足中国石刻的研究，当时关于中国石刻的价值还未真正受到西方汉学家们的重视。后沙畹又购得近乎整套西安碑林拓本。

1907年至1908年间沙畹专程到中国进行第二次实地考察，先从满洲里到鸭绿江，然后是河北、山东、河南、陕西和山西，重点考察了龙门以及云岗两处石窟、曲阜、泰山等名胜古迹，每到一处拍照片、拓碑文石刻等，收集相关的资料。于1915年根据从中国带回的数千张照片和拓片撰写了《华北考古图谱》，包括精心挑选的近千帧照片图录两册，云冈和龙门石窟、巩县石窟寺的佛教雕塑研究一册，山东省汉代石刻研究一册。沙畹还翻译了这次考察过程中拓下的几近全部碑刻文。沙畹通过这次对中国华北的考察，在考古和碑铭方面取得了重大收获。现这些资料都保存在法国吉美博物馆、国家图书馆等机构，成为研究中国碑铭、壁画等非常重要的材料。

（四）实地考察，专论宗教崇拜

沙畹第二次来中国实地考察又登上了泰山，详细考察了泰山的文物古迹。于1910年发表了关于东方之巅祭祀的专题论文《泰山：中国的一种宗教崇拜专论》，第一次向西方系统地介绍了泰山的宗教和历史文化，搜集大量有关泰山的珍贵资料。该书附著名的论文《古代中国的社神》，分析了道教礼仪的重要性。

（五）培养人才，开拓汉学新领域

沙畹在任法兰西学院第四位汉学教授期间，不仅为本国培养了一大批著名的汉学家，如伯希和、马伯乐、葛兰言和戴密微，还为欧洲其他国家，如荷兰、瑞士、德国乃至俄国培养了大批汉学人才，如俄国的阿里谢耶夫等。这些汉学家在法学成回国后分赴各地，普及了汉学。

1918年沙畹逝世。沙畹是学术界公认的19世纪末20世纪初世界上最有成就的汉学大师。同时他也是世界上最早整理研究敦煌与新疆文物的学者之一，被视为法国敦煌学研究的先驱者，继他之后成为法国中国学与敦煌学大师的则是其门生伯希和与马伯乐。

六、伯希和与敦煌学的创立

伯希和（Paul Pelliot，1878—1945年），出生于巴黎一个商人家庭。中学毕业后考入巴黎大学英语专业，后入巴黎东方语言文化学院攻读汉语专业，毕业后师从汉学大师沙畹等学习中国学与亚洲文化，会13种外语。

伯希和1899年被选为印度支那古迹调查会（1900年改名河内法兰西远东学院）的寄宿生。1900至1903年间，伯希和三次受该校派遣前往中国考察，收集、购买中国文物、图书等，并开始汉籍目录版本的编制和研究。1901年被法兰西远东学院聘为教授，时年仅22岁。1902至1904年在法国驻华使馆任职。1904年离越南回国。同年在巴黎发表《交广印度两道考》。1906至1908年到中亚考察，在中国搜得大量的文物。1911年法兰西学院聘请伯希和主讲中亚历史考古学讲座。第一次世界大战期间，伯希和曾参加战役，后被派到驻北京法国使馆工作。1921年他当选为法国金石文艺院院士，1923年任《通报》主编，1935年出任法国亚洲协会主席，1939年被中国中央研究院聘请为通讯院士。还先后被聘任为圣彼得堡科学院和其他多个国家科学院的院士、名誉院士或通讯院士等。1940年至1945年，伯希和出任巴黎大学汉学研究所所长。

（一）亦盗亦学，开启敦煌显学

1900年前后英国、俄罗斯等国家的“考察家”“探险家”都已经对中国的西北展开了探险与盗窃文物的活动，于是法国也不甘落后。1905年伯希和被任命为法国中亚考察队队长，于1906年至1908年间对中国甘肃、新疆等地区进行考古探险，搜集文物。1908年来到了敦煌莫高窟，以流畅的中文获得看守莫高窟王道士的信任，进入了藏经洞。伯希和对所有洞窟进行了编号、测量、拍照（共计376张），抄录洞窟中的各种文字题记。伯希和花了3周的时间快速细致地把藏经洞中所有的遗留书简通检一遍，凭着丰富的考古知识和深厚的汉学功底，精心挑选了6000余件珍贵的敦煌写本及其经卷、文书、佛画等文物，最后以低廉的价格从王道士手中“买”走，现藏法国国家图书馆博物馆。他自己说：“洞中卷本未经余目而弃置者，余敢决其无有。”[①]他拿去的卷子在敦煌卷子里几乎都是最有价值的。

1908年伯希和开始对获取的大批敦煌汉文写本进行目录编制和研究。并在《法兰西远东学院学报》发表《敦煌藏经洞访问记》，引起了世界轰动。1909年，伯希和携带所得敦煌文献中的部分精品来到北京，出示给王国维、罗振玉等学者们，立即引起了中国学界以及世界的震惊，引发了中国、日本、俄国以及世界其他国家对敦煌文献的搜集和研究热潮，“敦煌学”由此发端，也奠定了伯希和在世界汉学中的地位。1911年法兰西学院专门为伯希和设置“中亚历史和考古”讲座，这个讲座持续到伯希和1945年去世。所用教材是从新疆、敦煌等收集的文献。

1920—1924年伯希和对所拍的敦煌壁画照片进行了整理，并在巴黎出版6卷本的《敦煌石窟图录》。从他去世的1945年到2008年的60多年间，其学生和其他学者整理出版了伯希和遗作12卷，如《伯希和探险队考古资料丛刊》《国立图书馆藏伯希和探险队所获文献资料丛刊》《伯希和敦煌石窟笔记》《伯希和西域探险日记，1906—1908年》。但仍有许多未发表。这些文献成为研究中国西域古文明的钥匙，是世界文明史上最宝贵的遗产之一。

伯希和西域探险，掠夺中国大批的珍贵文物，也导致了更多的列强对敦煌文献的掠夺，我们应该予以严厉地谴责，但他也是一位学者，通过对敦煌写本等文献的研究，在法国开创了一门新的学科——敦煌学，客观上推动了中国学者对敦煌文献的重视和研究。由此，伯希和与王国维、陈寅恪同为敦煌学的创始人。现“敦煌学”也成为一门世界显学。

① 转引自马世长：《关于敦煌藏经洞的几个问题》，《文物》1978年第12期。

（二）亦敌亦友，结交中国学人

伯希和“不仅通习极多东方古语今语而又皆精”①，更为难能可贵的是其对中国文献的掌握，不仅在欧美汉学界首屈一指甚至超过许多中国学者，受到了中国学者的尊重。更重要的是，他是西方第一位重视中国学者研究成果并且多次来中国与主流学者（如王国维、罗振玉、陈垣等著名学者）交流学术问题的学者。他充分肯定清初以来的中国学者的学术发展与成就。不仅推动西方汉学界加深了解认识中国学术文化及学者，也对中国本土的学术发展产生了重大而深远的影响。有人论及“百年来影响我国的六十洋客”。其中伯希和列于第二位（第一位是英国的理雅各）②。而与之交往的中国学者既对其掠夺敦煌文物表示愤慨，也与他有着深厚的学术情谊。如1922年，身兼京师图书馆馆长的陈垣，就将其编成的馆藏敦煌写经目录定名为《敦煌劫余录》，以表达对掠夺者的愤恨，而其1927年7月12日致伯希和的信函中又可见二人交流的频密、情谊之真切。③

综上，伯希和的汉学研究之路以及汉学成就，正如他曾在治“中国学”方面提出的：“一是目录学与藏书；二是实物的收集；三是与中国的学者接近”。④有人评价说：“伯希和不但是法国的第一流汉学家，而且也是所有西方的中国学专家的祖师爷。”“没有他，汉学将像是一个失去父母的孤儿一样。”⑤也正因为伯希和在汉学的研究所做的贡献，才使20世纪的法国汉学一直走在世界前沿。

七、马伯乐与“古代中国”

马伯乐（又译“马斯伯乐”，Henry Maspero，1883—1945年），曾学习法律，于1907年获得学士学位，同时在巴黎东方语言学校研习中文及东方语言，师承汉

① 转引自桑兵：《伯希和与近代中国学术界》，《历史研究》1997年第5期。
② 桑兵：《伯希和与近代中国学术界》，《历史研究》1997年第5期。
③ 陈智超：《陈垣致伯希和的一通未刊书信》，《中国社会科学报》2011年第1期。
④ 桑兵：《伯希和与近代中国学术界》，《历史研究》1997年第5期。
⑤ 耿昇：《法兰西学院汉学讲座200周年与伯希和的贡献》，《社会科学战线》2015年第1期。

学名家沙畹。1908—1914年任法兰西远东学院（河内）实习研究员，开始了对当地文化的研究，著有《安南音韵研究》和《占城王国考》。其间两次到中国实地考察。1915—1919年入伍，担任翻译士官，之后返回越南。1920年，回到法国继其师沙畹任法兰西学院“中国语言文学”讲座教授（该讲座前身为自1814年开设的“汉语与鞑靼-满语言文学讲座”）。1926年兼任巴黎大学高等中国研究所教授。1928—1929年赴日工作。1935年当选法兰西金石文艺院院士，后当选为院长。1944年因其子从事反德活动被捕。

（一）研磨口语，构拟汉语古音

1912年，马伯乐发表了《安南音韵研究》，通过越语中汉语借词的语音来考证古汉语语音的变迁，建立了汉语与东南亚各国语言语音比较的基础。1914年发表了《唐代汉语口语》，试图拟定唐代汉字古音。1920年用法文撰写并出版了《唐代长安方言考》。该书由“文献”“辅音系统”“元音系统”三部分组成，探讨了公元7世纪至10世纪的中国北方汉语尤其是长安方言的演化。第一部分，介绍了研究唐代长安方音的文献材料。即陆法言的《切韵》、日本、越南译汉音、唐代梵汉咒语对音、敦煌藏汉对译写卷等文献。第二部分，“辅音系统”，从“声母”和“韵尾”两个方面探讨。关于唐代长安方言“声母”的发展演变分成7世纪和8—10世纪两期开展讨论，从而提出了他在汉语音韵研究史上著名的古浊音字送气和不送气问题的论断。第三部分，“元音系统”，通过文献材料的论证，构拟了唐代长安方言7世纪和9世纪韵母的拟音总表。为高本汉构拟中国中古音提供了借鉴。

（二）全面涉猎，纵论古代中国

《古代中国》是马伯乐1927年出版的一部中国远古历史著作，1955年再版，并附补编和汉字。书中记述了中国自公元前12世纪至公元前221年秦统一前的早期中国历史，探讨了中国古代社会制度、政治制度、宗教信仰和神话，以及文学和哲学学派发展的各个方面，提出了自己独到的见解。围绕该书，马伯乐不仅事前进行了充分的准备和积累，而且事后继续展开相关专题的研究。在他去世后由他的弟子戴密微整理，以《关于中国宗教和历史的遗稿》（3卷）为名出版。马伯乐介绍了在中国流行的儒释道3种主要宗教彼此之间的关系，指出3种宗教各自用来满足中国社会的不同需要。还对中国的道教进行了专门研究，马伯乐称道教是“世界上最奇妙的宗教之一”。其中第二卷以《道教》为题，收集整理了马伯乐生前的演讲稿以及一些未曾发表的手稿。戴密微在序中道，“亨利·马伯乐是第一个企图对这一时期的道教历史和道教文献作学术探讨的人，几乎至今仍然是唯一通晓这门学问的人”。1971年，第二卷又以《道教和中国宗教》为名单独重新出版。《不列颠百科全书》称该书为“关于道教的最优秀的先驱者的著作”。马伯乐对中国上古文化和上古宗教的研究有独到的贡献，享有“开中国宗教研究先河”之美誉。伯希和则称之为“古代中国史的奇才”。

1944年，马伯乐在德国纳粹集中营病故。中国语言学家高名凯曾师从马伯乐攻读语言学。在马伯乐去世时，高名凯发短文纪念其导师，“学问渊博，于中国古史、语言、宗教、天文、哲学、术数无不精通，所著《古代中国》曾获儒莲奖，《唐代长安方言考》实出高本汉《中国音韵学研究》之右”。[1]

八、葛兰言与中国古代文化研究

葛兰言（又译“格拉耐”“格拉勒”，Marcel Granet，1884—1940年），1904至1908年在法国高等师范学院主修历史学，曾听过著名的社会学教授涂尔干（又译“迪尔凯姆”，Emile Durkheim，1858—1917年）讲授社会学，并深受其影响。1909年，他师从汉学大师沙畹学习汉语，并开始关注中国的家庭和法律及其结合在一起的祭礼。1911—1913年，葛兰言来到北京，实地考察中国人的现实生活，1912年著有《中国古代的婚姻习俗》。1913年，回国主持巴黎高等研究院“远东宗教”讲座。1918—1919年再次到中国实地考察，于1919年出版了《古代中国的祭日和歌谣》一书，这是一部探讨了中国上古时代原始宗教思想的专著。1920年，葛兰

① 转引自葛兆光：《域外中国学资源的中断与接续——谈马伯乐论著中译本》，《文汇报》2007年11月11日。

言以《中国古代的节庆与歌谣》（即《古代中国的祭日和歌谣》）和《中国古代社会的媵制》两篇论文获得巴黎大学文学院博士学位，同年被聘为巴黎大学文学院讲师，主讲“中国文化”课，同时担任“法国中国学研究所”首任所长。1925年，担任巴黎东方语言学院“远东史地”讲座教授。直至1940年逝世。

作为社会学者，用社会学分析方法解读中国社会是其研究的显著特征。葛兰言的弟子中国著名社会学家、民族学家以及民俗学家杨堃（1901—1998年）曾评价其师道：“葛兰言教授是法国现代社会学派内一位大师，西洋中国学派内一个新的学派之开创者。”[①]

（一）从《诗经》看古代中国的社会结构与文化

《中国古代的节庆与歌谣》，除引言和结论外，分为两部分：第一部分《诗经》中的情歌，包括“田园的主题”“村落的恋爱”“山川的歌谣”等；第二部分古代的节日，着重探讨了《诗经·国风》中的诗篇与中国古代节庆、劳动、歌舞、爱情相生相成的关系，并从上古节庆与仪式习俗认识中国远古社会的仪式及信仰的演变过程。最后，葛兰言得出结论认为，在中国人的思想里，世界是由阴阳主宰的，阴阳合一，促成世界的和谐状态，这种结合是按照两性结合的模式来构想的；空间不是一个简单的延展体，而是一个有机整体，由不同种类即男和女或者阴和阳延展构成的，它们是正好相对的，是面对面的延展体的集合；时间并不是一个匀质的延续体，而是由两类对立（阴或阳，男或女）的时期的重复轮替构成的，这些时期在时限上是等长的；既然时间和空间都遵从阴阳的范畴，它们也就形成了一个同质的整体。[②]同时，葛兰言在书中谈到了自己的研究方法：一是对所搜集到的事实材料通过研判来确定其性质；二是在此基础上当“已确定的事

① 转引自覃慧宁：《葛兰言〈古代中国的节庆与歌谣〉的学术意义》，《西北民族研究》2006年第4期。

② 葛兰言：《古代中国的节庆与歌谣》，赵丙祥、张宏明译，广西师范大学出版社2005年版，第99—201页。

实能构成一个能够被诠释的整体之后，我才努力作出这种诠释。”[①]

（二）借“圣地”论古代中国宗教

对古代中国宗教的关注，一直是葛兰言重要研究方向。在上述的《中国古代的节庆与歌谣》的第二部分就已经专门论述了所谓“圣地”（Lieux Saints）。即，季节节庆仪式中的山川等。并通过城乡节庆仪式的描写，揭示了古代中国人对于井然有序的仪式的偏好。葛兰言在《中国人的宗教》（1922）中认为，宗教所包含的仪式与信仰这两个方面，中国人更重视的是仪式及其效用。如果以信仰为宗教的评判标准，中国不存在任何宗教，因为中国人从不相信这种精神上的羁绊。“如果宗教被定义为个人对教条几乎明确的信奉，以及信徒对神职人员或多或少的尊重，那么说中国人践行两三种宗教信仰或者说他们践行一种宗教，这样的说法同样是错误的。确实，作为几乎明确的信仰，中国只存在祖先信仰，如果说有人可以被冠以祭司这个头衔的话，那也只是个普通俗人一族之长。”[②]中国人的宗教生活“既不受教条支配也不被神职人员统管。宗教生活由大量的小的活动组成——它们是宗教活动，因为它们具有强制性但是很难明确的知道每个人将功效归因于这些活动的程度，而且又在一大堆模糊的信仰当中它们是宗教信仰，因为它们是集体性的但也很难讲清在每个人身上激发的是哪一种信念。”[③]

此外，葛兰言还著有《中国古代舞蹈与传说》（1926）、《中国文明》（1929）和《中国古代之婚姻范畴与亲族关系》（1939）等。

① 葛兰言：《古代中国的节庆与歌谣》，赵丙祥、张宏明译，广西师范大学出版社2005年版，第3页。

② Marcel Ciranet, The Religion of the Chinese People, p.146. 转引自吴银玲：《葛兰言〈中国人的宗教〉研究》，2011年第58—59页。

③ Marcel Ciranet, The Religion of the Chinese People, p.146. 转引自吴银玲：《葛兰言〈中国人的宗教〉研究》，2011年第59页。

九、戴密微与中国佛教研究

戴密微（Paul Demi é ville，1894—1979年），1915年进入巴黎东方语言文化学院师从沙畹和列维学习汉语和梵文，为其后来进行佛教研究打下了基础。他也是马伯乐的学生和朋友。1920—1924年在河内法兰西远东学院工作，其间赴中国考察。1924—1926年担任厦门大学佛教和梵文等教学工作。1926—1930年赴日本横滨，主持法日会馆。从1931年开始，戴密微先后执掌教席于巴黎东方现代语言学院、巴黎大学等院校。1946—1964年，继马伯乐任法兰西学院“中国语言文学”教授，并继伯希和出任《通报》主编，直到1975年。

戴密微在佛教、道教、敦煌学、语言学、中国古典文学等方面都有杰出成就。著述极为丰富，专著、论文及书评约300余种。

（一）致力佛学，撰写名篇

戴密微的中国宗教研究以佛教见长。如1924年，以《〈那先比丘经〉汉译本研究》（又名《弥烂陀王问经》）一文获得博士学位。1929年出版了《〈大乘起信论〉真伪考》。1929至1930年在日期间，他根据汉、日文资料主持并编写了大型佛教百科全书《法宝义林》（3册）。1952年，他根据敦煌写本中有关吐蕃禅宗文书，并在中国学者王重民（1903—1975年）的帮助下撰写并出版了《拉萨宗教会议——八世纪印度佛教徒与中国佛教徒对寂静主义的争论》（后改名《吐蕃僧诤记》，2卷）一书，该书涉及唐史、吐蕃史、唐蕃关系史、西域史、禅宗入藏史等诸多领域。全书包括两章，第一章是有关吐蕃僧诤会的汉文史料译注，包括两组问答及摩诃衍的第一、第二、第三道表疏。第二章是史料疏义，包括王锡呈奏赞普的第一、第二道表章、敦煌汉僧为瓜州节度使和其他吐蕃人的祈祷、吐蕃统治敦煌时代一位汉族节度使的档案文书、为肃州刺史刘臣璧答南蕃书，窦昊、在吐蕃统治期间的汉文诗词等内容。该书资料丰富，注释详尽，见解独到，成为敦煌学、佛学和藏学的代表著作。1972年，他又译注了《临济录》，这是唐末（9世纪）禅宗名师的文集。法兰西学院高等研究院第四系曾于1945年根据他的倡议设立了“佛教文献语言学研究所”，直至1950年停办。他对《庄子》中的《逍遥游》《齐物论》和《秋水》等篇，曾做过学术价值很高的论述。

（二）研译古诗，拓展敦煌学

戴密微在中国古诗翻译和研究方面成果斐然。1962年在巴黎出版了其主持翻译的《中国古典诗选》，“是至今为止法国国内出版的内容最全面的译介中国古典诗歌的著作”[1]，尤其是其中所翻译的李白、杜甫、白居易等40多位唐朝诗人的106首诗词，更引起了极大的反响，有力地推动了法国汉学界唐诗的翻译和研究，使法国20世纪的《唐诗》翻译和研究出现一个新高潮，推动了法国中国文学研究的发展。尔后，戴密微从研究敦煌经卷始，继之及于禅宗、禅意诗、文人诗。如1970年发表《敦煌学近作》，介绍了日、苏和欧美各国的敦煌学新著；1971年他与饶宗颐合作发表《敦煌曲》和《敦煌白画》。1973年以后，戴密微在法国科学研究中心和法兰西学院高等研究院的支持下，建立并主持“敦煌资料研究组”的工作，直至去世。

1982年法兰西学院发表其遗作《王梵志诗附太公家教》、1992年又发表其《敦煌变文与胡族习俗》以及《王梵志诗研究》，开创了敦煌俗文学研究。近年来中国大陆、台湾等地的王梵志研究皆受到了他的影响。

他还发表了许多有关法国汉学史方面的文章，总结法国汉学发展的经验和成果。如《法国汉学研究史简述》（1966等）。正如日本汉学家福井康顺所指出的，由于学识、智慧和非凡的工作能力，戴密微所涉及的汉学研究已不是某几个领域，而是“整个中国的研究”。

① 王南颖：《二十世纪以来中国古典诗歌的法语译介探微》，《时代文学（下半月）》 2015年第5期。

十、谢和耐与中国历史的研究

谢和耐（Jacques Gernet，1921— ），生于当时的法国殖民地阿尔及利亚首都阿尔及尔。曾经参加二战，退役后先后在法国巴黎国立东方现代语言学院、巴黎高等研究实践学院学习，1949—1950年赴越南河内的法兰西远东学院工作学习，并于其后成为著名汉学家戴密微的学生，其间多次赴中国及日本考察。

谢和耐既继承了戴密微中国佛教、敦煌学、社会文化史等领域的研究，同时也开拓了法国汉学界的一代新风。关于汉学方面的论文80多篇，专著有《中国社会史》（1972）和《中国和基督教》（1982）两部著作，曾获国际汉学界好评。其成果主要集中在以下三个方面。

（一）用社会学的观点，研究敦煌文书

谢和耐的博士论文《中国5—10世纪的寺院经济》于1956年由法国远东学院在西贡（今胡志明市）出版，至今仍是法国研究敦煌经济文书唯一的一部重要著作。书中以社会学的观点，根据汉籍、印度佛经、敦煌和其他西域文书，分析了从南北朝到五代期间的中国寺院经济。美国著名的汉学家芮沃寿（Arthur Frederick Wright，1913—1976年）于1957年在《亚洲研究杂志》中发表书评，称此书为"用现代科学标准来编写中国史迈出了重要的一步"。日本学者也十分重视，多次发表书评。法国学者也将此书与戴密微的《吐蕃僧诤记》并列为两大敦煌学名著。谢和耐关于敦煌学的论文还有《从9至10世纪的敦煌文契看中国的销售制度》和《敦煌写本中的租骆驼旅行契》两文，耿升已经把它们译为汉文，收在《法国学者敦煌学论文选萃》一书中。

（二）以世界的视野，撰写中国历史

1972年，谢和耐出版了关于中国通史的教材，名为《中国社会史》。全面地描述了中国整个历史的发展过程，并注意从世界相互影响这一角度进行论述，他反

驳了中国文化是孤立、封闭的论点。此书最大特点是注重中国技术史和中外文化交流史的介绍。谢和耐认为技术与社会发展是不可分割的，对于改变历史起着决定性影响。立即在汉学界引起了极大反响。日本的《史学杂志》曾称赞此书为“一部巨著，是东西方语言中的第一部通史，是一种坚实的、光辉灿烂的、完美的综合。”

（三）多角度考察，分析中西文化撞击

1982年正值利玛窦入华传教400周年之际，谢和耐出版了《中国和基督教》，引起了学界的高度重视。此书以“中西文化的首次撞击”为副标题，从宗教和政治、伦理、“天”与“上帝”等方面详细介绍分析了16—18世纪入华耶稣会士在中国传教所引起的中国文化与西方文化的交流、撞击的过程。

作为当代法国最具权威的汉学家，谢和耐曾长期主持整个法国汉学界的工作，在其五十余年的治学生涯中，获得多种荣誉称号和奖章，如法国金石和美文学科学院的普通院士、东洋文库外籍院士；翟理斯奖、儒莲奖；荣誉骑士勋章；一级教育勋章等等。他的学生和事业的继承人魏丕信现任法兰西学院教授和《通报》的编辑——成为新学派的代表人物。

【参考文献】

专著：

［1］［法］戴路德、戴仁主编：《法国当代中国学》，耿升译，中国社会科学出版社2009年版。

［2］葛兰言：《古代中国的节庆与歌谣》，赵丙祥、张宏明译，广西师范大学出版社2005年版。

［3］［英］李约瑟：《中国科技史（第五卷第1分册）》，科学出版社1976年版。

［4］［法］鲁布鲁克：《鲁布鲁克行记》，内蒙古教育出版社1983年版。

［5］莫东寅：《汉学发达史》，大象出版社2006年版。

［6］忻剑飞：《世界的中国观——近二千年来世界对中国的认识史纲》，上海学林出版社2013年版。

论文：

［1］［法］保罗·戴密微：《秦时月》，《中国文化研究》1994年第2期。

［2］陈智超：《陈垣致伯希和的一通未刊书信》，《中国社会科学报》2011年第1期。

［3］董海樱：《雷缪萨与法国汉学》，《法国研究》2009年第3期。

［4］耿昇：《法兰西学院汉学讲座200周年与伯希和的贡献》，《社会科学战线》2015年第1期。

［5］钱林森：《中国古典戏剧、小说在法国》，《南通大学学报（社会科学版）》2008年第2期。

［6］王南颖：《二十世纪以来中国古典诗歌的法语译介探微》，《时代文学（下半月）》2015年第5期。

［7］向达：《明清之际中国美术所受西洋之影响》，《新美术》1987年第4期。

［8］朱越利：《海外道教学研究任重道远——〈理论·视角·方法〉前言》，《宗教学研究》2012年第1期。

［思考与练习］

1.18世纪法国传教士汉学研究成果主要有哪些？

2.分析18世纪法国传教士汉学研究成果卓著的原因。

3.评述金尼阁的《西儒耳目资》的历史价值。

4.评述马若瑟的《汉语札记》的历史意义。

5.评述“欧洲18世纪有关中国的三大名著”的影响。

6.评述1814年法兰西学院开设“汉学讲座”的意义。

7.简述19世纪法国汉学著名的代表人物及其汉学成就。

8.为什么说雷慕沙是“专业汉学的开山宗师”？

9.评述儒莲在中国通俗文学研究上的贡献。

10. 评述马伯乐在汉语语言方面的研究成果。

11. 为什么说沙畹是“19世纪末20世纪初世界上最有成就的汉学大师”？

12. 如何看伯希和与敦煌文献、敦煌学的关系？

13. 戴密微的汉学成就及其在法国战后汉学发展史的贡献是什么？

第七章 Chapter 7

德国汉学

第一节　德国汉学的产生与发展

德国人对中国的了解，可追溯到1477年《马可·波罗游记》德译本的出版。后来葡萄牙、西班牙、法国、比利时等国传教士关于中国的报道陆续传入德国，如1589年门多萨的《中华大帝国史》德译本的出版，使德国人对中国的认识不断丰富起来。但德国人真正开始近距离考察中国是从17世纪开始的。

一、德国汉学的萌芽（17世纪至18世纪）

在欧洲汉学的历史上，18世纪的欧洲研究中国文化的重镇属于法国，但在17世纪居于欧洲汉学领先地位的是德国，当时的法国和英国等国家都尚未有专门介绍中国的著作。此时，一是在华的德国传教士撰写日记或翻译儒家经典等，二是德国本土的一些著名学者通过各种渠道搜集中国信息。

（一）在华传教士的文化交流

17—18世纪，来到中国的德国传教士为数不多。比较有名的，如邓玉函（Johann Schreck，1576—1630年）、汤若望、穆天尺（J. Mullener，1673—1742年）和魏继晋等，他们给中国带来了西方科学知识的同时，也向欧洲传播了东方文明。

1. 汤若望与“西学东传”

汤若望（Johann Adam Schallvon Bell，1592—1666年），字道未。耶稣会士，精通数学和天文学。1619年，邓玉函和汤若望跟随金尼阁抵达澳门，在圣·保禄学院里开始学习汉语和中国文化。1623年他们一起进入北京，汤若望曾被派到西安和南京传教。1630年邓玉函去世，汤若望回到北京。由于协助徐光启编修《崇祯历书》（137卷），撰写关于制造望远镜的著作《远镜说》（根据此书1634年我国自制出第一架望远镜——窥筒），制造天文仪器，以及大炮等武器，获得崇祯、顺治、康熙等明清三朝皇帝的重视。1644年，顺治任命他为钦天监监正，这是中国历史上的第一个洋监正，开创了清朝任用耶稣会传教士掌管钦天监的将近二百年之久的传统。曾受诬入狱，获释后不久于1666年病逝，安葬于北京利玛窦墓的左侧。

汤若望居住中国40余年，用拉丁文撰写了3卷本《汤若望回忆录》，记述有关中国传教的故事，其中详细记载了明清两朝宫廷生活，对了解和研究明末清初的政治状况和社会生活具有参考价值。汤若望是中西文化交流史、中国基督教史和中国科技史上都有重要影响的人物。

2. 魏继晋与首部《德汉词汇》

汉语名“魏福良”（本名“巴尔”，Florian Bahr，1706—1771年），字继晋，号善修。1726年入耶稣会，1739年来华传教。清政府虽因和罗马教廷有“礼仪之争”，导致了从雍正到乾隆逐步全面禁教，但住在京城的传教士未受影响。魏继晋凭借其音乐才华，被乾隆聘为宫廷音乐教师。魏继晋一生热衷于传教，1768年升任东亚教区大主教。1771年卒于北京。

1748年，乾隆皇帝“为昭同文盛治”，敕令在华传教士编撰五部汉外对译辞书，即汉与德、葡、法、意和拉丁语等双语词典，涉及六种语言，魏继晋负责汉德词典中的德文部分。从1748年开始编纂，约于1750年完成5卷本的《德汉词汇表》，名为《额呼马尼雅话》（即德语），共收录了2071个词，但没有出版。1936年德国汉学家福克斯（又名福克司、福华德，Walter Fuchs，1902—1979年）在故宫博物院寿安宫发现了这部手稿，于1937年将其整理出版，名为《首部德华词汇》。这是历史上第一部德汉词典，魏继晋可以称得上是德汉词典编纂的开山鼻祖。

此外，1758年，魏继晋将其在德国《新世界通讯》杂志发表的文章集辑，名曰《中国最新奇事》出版。

（二）本土学者的对华研究

17世纪德国本土学者也非常关注中国文化，代表人物是：基歇尔、巴耶尔、米勒（又名缪勒，A.M ü ller，1630—1694年）、门采尔（C. Mentzel，1622—1701年）和莱布尼茨（G.W. Leibniz，1646—1716年）等。正是这些学者通过与入华传教士通信、结识由华返欧的传教士、搜集阅读传教士的各种有关中国的著作等各种渠道了解中国，开启了德国本土的汉学研究。

1. 基歇尔与《中国图说》

基歇尔（又译“基尔彻”，A. Kircher，1602—1680年），曾在德国维尔茨堡任数学和哲学教授，之后到罗马公学教授数学和荷兰语，曾是卫匡国的数学老师。基歇尔一生著述颇丰，仅用拉丁文出版的著作就有40多部。1667年，根据意大利传教士卫匡国、葡萄牙传教士曾德昭、比利时传教士卜弥格（Michel Boym，1612—1659年）、奥地利传教士白乃心（Jean Grueber，1623—1680年）等的介绍和他们的著作，用拉丁文撰写并出版了《中国图说》一书。

这部书共分六个部分，第一部分共6章，介绍在西安出土的大秦景教碑，并对碑文中的1561个汉字从字音、字义、解读等三个方面全面进行了解读。这是在17世纪欧洲出版物中第一次公布这么多的汉字。第二部分共10章，汇总了历史上欧洲旅行家、传教士等前往中国旅行的路线以及所见所闻，特别展示了中国及亚洲各地的宗教信仰和风土人情。第三部分共7章，介绍中国及亚洲各地的宗教信仰。第四部分共11章，详细地介绍中国的地理、自然环境和中国人生活风俗等。第五部分共2章，介绍中国的庙宇、桥梁、城墙等建筑物。第六部分共5章，介绍中国的文字的各种类型，使欧洲人首次对中文文字的发音和含义有了一个初步的认识。

因这本书图文并茂，出版后在欧洲引起了较大反响，不仅被当时的欧洲学者关注，也为一般读者所喜爱，被称为“当时之中国百科全书”，引起了欧洲对中国问题的兴趣，从某种程度上说，成为18世纪欧洲“中国热”的前奏曲。法国传教士艾田浦（Etiemble）曾评价说“尽管编纂者是一个从未去过亚洲的神父，但此书的影响，比金尼阁的《游记》影响还要大。”①

2. 巴耶尔与《汉语博览》

巴耶尔（又译“巴伊尔”，G. S. Bayer，1694—1738年）是早期德国学者中研究中国语言成就最高的一位。22岁开始学习汉语，曾于1716年抄写了一份藏于柏林皇家图书馆的卫匡国的《中国文法》。1718年，出版了《中国日食》一书。这是德国汉学界最早研究中国古代天文学的著作。1726年，巴耶尔应俄国彼得堡科学院的邀请，担任希腊和罗马古代史院士。1730年，巴耶尔依据柏林皇家图书馆收藏的传教士所撰写的词表和手稿及信件等相关资料，编写并在圣彼得堡出版了欧洲第一部关于汉语的专著《汉语博览》。1735年巴耶尔转为东方古籍史院士。

《汉语博览》包括一个序言和2卷。在序言中他用了近5万字讲述欧洲汉学的产生，重点介绍了德国汉学的历史。第一卷有两部分：一是研究汉语语法，这部分内容主要是在卫匡国的汉语语法和柏应理的汉语语法的基础上加以研究；二是介绍福建漳州方言的语法。第二卷包括两个字典和三篇文章。三篇文章是殷铎泽翻译的《孔子传》、柏应理《中国哲学家孔子》以及孔子《小儿论》，巴耶尔给这些文章配上了汉字。

这一时期传播中国文化的还有自称发现了“中文秘诀”的米勒；60岁才开始学习汉语并著有《拉汉字汇》（1685）的门采尔，以及受米勒和门采尔影响的著名的思想家莱布尼茨。莱布尼茨详细地阅读了传教士的报告，将其中一部分编辑成《中国近事》一书，在书中他认为欧亚大陆两端的欧洲文明和中国文明是人类最高的两大文明。

这一时期，德国对中国文化的介绍是在中国和德国同时开始的。德国学者从

① 艾田浦：《欧洲之中国（上册）》，河南人民出版社1992年版，第269页。

传教士那里了解了一些中国的情况，但传教士更多的是基于传教目的来介绍和研究中国文化的，对儒家文化介绍的较多且美化中国，对中国的反映既不全面，又理想化，所以还算不上严格意义的汉学研究。

二、德国汉学的奠基（19世纪）

德意志民族自文艺复兴以来一直处在政治动荡、民族分裂的状况中。在这种政局下，德国人学习汉语、了解和研究中国文化，有的只好留学法国或俄国，有的学者对中国文化有兴趣，只有通过自学满文、蒙文，然后由满文学习汉文。直到1871年德国统一，政局稳定下来，中德两国官方开始了正式交往。随着中德关系和贸易往来的需要，特别是德国为了其殖民扩张的需要，急需更多的汉语口语人才，19世纪末德国政府在柏林大学、莱比锡大学和慕尼黑大学开设了“中文”课程，隶属东方学和普通语言学。

（一）中国文化的业余爱好者

克拉普洛特（又译“柯恒儒”，Julius Klaproth，1783—1835年），14岁开始自学中文，曾在恰克图学习蒙文和满文。后来由于在德国大学没有找到职位，1804年应邀前往俄国彼得堡科学院任职，1805—1806年担任俄国赴华使团翻译，因出使有功而被晋升为俄国枢密官和科学院院士。1807年他编制并出版了俄国皇家图书馆收藏的满文书籍和稿本的目录。1815年克拉普洛特移居巴黎从事汉学研究。1822年同雷慕沙共同创办了“亚洲学会”以及刊物《亚洲学报》。波恩大学于1816年欲设立汉学讲座，聘请克拉普洛特为教授，但其一直没有就职。

克拉普洛特的研究领域主要是道教和汉语。1822年克氏在巴黎出版了柏林皇家图书馆所藏的汉语、满族语图书目录《汉满手稿目录》，1828年用法文翻译出版了《太上感应篇》、1833年又以法文发表了论文《关于中国道士的宗教》，成为德国汉学家中研究道教的第一人。1832年克拉普洛特撰写《亚洲的各种语言》一书，提出汉语、藏语和缅甸语同属于“藏缅语系”的观点。克拉普洛特还有一本

《汉拉词汇》手稿（48页），共收录了705个汉字。每一个汉字或词的上面都注有相应的拉丁文意义，并在汉字的右侧都注有该汉字的拉丁字母读音。因克拉普洛特先是在俄国彼得堡，后又到法国巴黎从事汉学研究，所以他的研究成果对德国汉学的建立和发展并没有直接的推动作用，但对欧洲汉学的建立和发展有一定的推动作用。

诺伊曼（又译“诺曼”“诺依曼”，Neumann，1793—1870年），曾是一位亚美尼亚文学学者，后到巴黎师从雷慕沙攻读中文。1829年到中国进行考察。1831年返德时带回6000部关于中国语言、历史、哲学、宗教等各类经典性的著作，现藏于柏林图书馆和慕尼黑国家图书馆。回德后，诺伊曼担任了慕尼黑大学的东方学教授，专业是人类学、亚美尼亚文和中文。诺伊曼虽在汉学方面建树不太突出，但他所收集的中文书籍为德国汉学的确立和发展奠定了坚实的文献基础。

（二）东方学下的“中国语言文学”

硕特（又译“绍特”，Wilhelm Schott，1807—1889年）曾学习神学，因偶然机会认识了两位中国人，于是对汉语产生了浓厚的兴趣。1826年把《论语》第一次翻译成德文，同年用拉丁文撰写《论中国语言的特点》一文取得博士学位，且获得教授资格。随后硕特对东亚和中亚地区的语言和文化产生兴趣，于是到柏林大学学习突厥文、波斯文、蒙文、日文和满文等语言，并第一个试图把这几种语言都作为乌拉尔-阿尔泰语族进行研究。1833年，硕特被聘为柏林大学阿尔泰语、满文教授。1883年，柏林大学开设从属于东方学和普通语言学的“中国语言文学”讲座，聘请硕特为编外教授。拉开了德国专业汉学的序幕。

硕特的主要研究领域是中国语言和文学，如1826年《论中国语言的特点》、1854年的《中国文学述稿》、1836年的《试论鞑靼各族的语言》、1857年的教材《汉语教程》。他以这些成果被誉为“德国学术性汉学的奠基人”。

贾柏莲（又译“嘎伯冷兹”，Gabelentz，1840—1893年），其父汉斯·嘎伯冷兹（1807—1873年）是德国满文研究的奠基人，曾首次把《金瓶梅》从满文翻译成德文。贾柏莲18岁就开始自学中文。1876年他以研究周敦颐的《太极图说》获得博士学位。1878年被任命为莱比锡大学普通语言学和东方学的编外教授，主要讲授“古代汉语和古文字”，其中著名的学生有汉学家顾路柏和荷兰高延。1889年，赴柏林大学讲授普通语言学，但1893年不幸去世，以致这个职位一直空着，直到20年后1912年成立的“汉学讲座”。

贾柏莲的代表作是1881年出版的《中国文言语法》(全称《中文文言文法，或曰不包括通俗风格和当今口语的中文文法》)。这部著作不仅是德国也是欧洲第一次用普通语言学的方法研究古汉语语法的尝试，是德国汉学界研究中文语法特别是古汉语语法的一部力作。

顾路柏（也称“顾威廉”“格罗贝”，Wilhelm Grube，1855—1908年），早年曾师从贾柏莲。顾路柏精通汉语、蒙语、满语。1871年俾斯麦统一德国，积极拓展在东亚的贸易和殖民地利益。为适应新形势，1887年柏林大学设立了东方语言系，下设汉语科，顾路柏被聘为编外教授，讲授汉语、蒙语和满语。教学对象是外交官、军人、商人和传教士等准备到东方来的人员。主要是汉语培训和了解中国常识，以实用为目的。

1896年，顾路柏发表《女真的语言和文字》，开创了德国女真文字的研究。1897—1899年间曾游历中国，实地考察了厦门、北京等地的民俗，于1901年出版《北京民俗》一书。这本书直到今天依然是了解和研究北京民俗史的重要参考文献。最具代表性的著作是1902年出版的《中国文学史》，该书梳理了孔孟庄，楚辞及汉唐宋、元明清等中国各历史阶段的各种文学形式，在书中引用了中国文学经典原文的译文，四大名著也以概括的形式收录于此书。所以，这本文学史有利于西方了解中国文学的原貌，在德国汉学研究历史上已成为经典著作。

此阶段，还有在慕尼黑执教中文的著名学者库尔茨三（Heinrich Kurz，1805—1873年），曾于1827年到法国师从雷慕沙学习汉语。1830年翻译的《太上感应篇》，长期以来是唯一的德文译本。他还节译过《今古奇观》等作品。另一位帕拉特（Johann Hei—nrich Plath，1802—1874年）是哥廷根大学东方学教授，曾讲授关于中国文化与历史的课程。撰写《满族部落史》一书以及关于中国古代文明和儒家经典的论文集《关于孔子及其弟子的生平与学说》。

1846年，德国还成立了专门性的学术团体“德国东方学会”，次年出版会刊《德国东方学会杂志》，为关注中国提供了契机。

综上，这一时期，德国的中国语言教学和汉学研究虽然是从属于东方学，但通过硕特、贾柏莲和顾路柏等学者的努力，他们不仅在中国宗教、历史、语言及文学等领域发表了开创性的著述，而且还在汉语人才培养方面做出了卓越贡献，尤其是顾路柏培养出了福兰阁、劳费尔、孔好古和海尼士等一批大师级的汉学人才，为20世纪德国汉学学科的确立奠定了基础。

19世纪德国的中华文化研究，除了以上在德国本土的著名学者之外，还有在中国的传教士、外交官等，突出的传教士如，撰写《中华帝国历史》（1848）的郭实腊（又译“郭士立”，K. F. Gutzlaff，1803—1851年），著有《自西徂东》（1884）的花之安（Ernst Faber，1839—1899年）等；外交官如，创立了至今西方还在使用的“满文拉丁字母转写方案”的穆麟德（P.G.Möllendorff，1847—1901年）等。这些传教士和外交官长期生活在中国，对中国的文化有切实的体会，研究成果更具有真实性。他们的研究也推动了德国本土对中国文化的研究，但因为他们的身份以及来华的任务，他们的著述中对中国的形象普遍有贬低的现象。

三、德国汉学的确立（20世纪上半叶）

进入20世纪以后，不论是在规模上还是在水平上，德国汉学开始从“业余”进入了一个新的“专业”阶段。1909年汉学第一次作为一门正式学科在德国汉堡殖民学院（今汉堡大学）诞生，设立汉学讲座，聘请著名汉学家福兰阁为首任教授。柏林大学也紧随其后于1912年正式开设了汉学讲座，聘请荷兰汉学家高延为首任教授，并逐步发展为德国汉学教学与研究的中心。此后，1922年莱比锡大学设立了汉学讲座，首任汉学教授是孔好古；1924年法兰克福大学也建立了“中国研究所”，第一任所长是卫礼贤。20世纪上半叶德国形成了四大汉学中心。研究汉学的刊物也随之纷纷创办，如《中国档案》《东亚杂志》《中国学报》等。

除了上述在德国四所院校任职的著名的汉学家卫礼贤、福兰阁、佛尔克和孔好古等，还有两位著名的业余汉学家，一位是出生奥地利的中国古典诗歌翻译家冯·查赫（Erwin Ritter von Zach，1872—1942年），翻译了李白、杜甫、白居易以及李商隐等诗人的作品，以及《昭明文选》的大部和左思《三都赋》等；一位是从1919年至1960年的41年中，共翻译出版了我国古典及现代小说40多部的翻译家库恩（Franz W. Kuhn，1884—1961年），其译作如《好逑传》《红楼梦》《水浒》和《三国演义》等古代小说，还翻译了茅盾的名著《子夜》等现代小说。因此，我们从汉学讲座的开设数量、汉学家的研究成果以及影响等来看，可以说，德国汉学在这时已经赶上或超过了一些其他欧洲国家。

但1933年希特勒上台，接着第二次世界大战，导致德国的政治、经济、社会和文化个方面都遭到惨重的损失，德国汉学界也在劫难逃。首先是法西斯驱逐了一大批很有成就的汉学家，使他们不得不离开德国，移居美国、英国、法国和中国。移居美国的，如加利佛尼亚教授阜克、哥伦比亚教授夏德、芝加哥菲尔德自然博物馆馆长劳费尔等学者；移居英国的，如撰写《月氏考》并于1938年担任剑桥大学汉学教授的古斯塔夫·哈隆（Gustav Haloun，1898—1951年）、1936年担任伦敦亚非洲学院汉学教授的西蒙（Walter Simon，1893—1981年）、德国汉学杂志《亚洲学刊》的编辑申得乐（Bruno Schindler，1882—1964年）等学者；移居法国的，如研究中国隋唐史的白乐日（Etienne Balazs，1905—1963年）等学者。而当时作为中国政治、文化的中心北平也成了汉学家的重要选择，如卫德明、傅吾康、福克斯等一批汉学家，在历经中国抗日战争、国共内战后，先后离开中国，大都去了美国从事汉学研究。傅吾康曾撰写《为中国着迷》一书，记述了当时在北平生活的德国汉学家们的交往情况。据统计，此阶段有43名汉学家陆续离开德国，“造成后继无人的局面”[①]。接着，汉学家佛尔克、福兰阁分别于1944年、1946年相继去世。再次，常年累积的大量汉学图书资料毁于战火或流失在外。对于刚刚建立起来的德国汉学造成了无可挽回的损失。

不过，失散到别的国家的德国学者，结合着本来的汉学研究兴趣，在新的研

① 魏思齐：《德国汉学研究的历史与现状》，《世界汉学》2006年第1期。

究领域取得了丰硕的成果，为所在国的汉学教育和汉学研究做出了巨大的贡献。

四、德国汉学的发展（20世纪中叶至今）

第二次世界大战，德国因是主战场，遭到的破坏是毁灭性的。战败后的德国成了一片废墟，汉学领域也仿佛一片“瓦砾场”。1948年东西德分治和对立，导致硕果仅存的汉学人才、中文文献等划分为两大阵营，直接影响了德国汉学研究复苏的步伐。

直至20世纪50年代后，德国汉学才逐渐呈现出复苏的迹象，一些大学纷纷恢复开设汉学课程，如柏林洪堡大学、波恩大学、哥廷根大学、汉堡大学、莱比锡大学、慕尼黑大学等12所大学开设中文课程。停办多年的汉学刊物也随之恢复出版。到五六十年代形成了西德以傅吾康为首的北部汉学重镇汉堡（侧重研究中国明清史及近现代史）和以福赫伯为首的南部汉学中心慕尼黑（侧重研究中国宋元史及蒙古史）；东德以艾克斯为首的莱比锡（侧重研究中国上古文化）等研究中国文化的中心，进入了德国汉学三足鼎立的时期。六七十年代的西德爆发了学生运动，引起了汉学研究内容的转型，从传统的语文学和历史学，转为重视当下的中国发展，德国的“汉学”走向了“中国学”。

（一）汉堡学派

汉堡大学是德国最早设置汉学专业的大学，当时的汉堡大学殖民学院于1909年在德国创建第一个东亚语言与历史系，1914年改名为中国语言与文化系，也是战后唯一保留下来的汉堡大学汉学系。这里被称为德国的汉学摇篮。其中中国语言文化系图书馆是德国规模最大、历史最久的中文专业图书馆，藏品6.5万件。先后在该系担任汉学教席的有著名汉学家福兰阁、佛尔克、颜复礼（Fritz Jager，1886—1957年）以及福兰阁的儿子傅吾康等。1954年傅吾康、福克司（Walter Fuchs，1902—1979年）等学者创办汉学刊物《远东学报》，出版汉堡汉学丛书（学术论文集）。

傅吾康的教学主要讲授先秦历史文选、现代学术论文选读等内容。由于傅吾康的研究领域为明代以来的中国历史以及东南亚华人历史，因此汉堡学派的研究方向主要定位在中国明清史以及近代史方面。1972年以来，汉堡大学共培养汉学硕士235人，1978年以来培养汉学博士40多人，现有在读学生300多人。[①]其中葛林懋（Tilemann Grimm，1922—）、马海茨克（Rudiger Machetzki）、什塔格尔（Brunhild Steiger）等成为享誉世界的著名汉学家，他们继承和发扬了汉堡的研究传统，在德国汉学研究上逐渐形成了汉堡学派。

（二）慕尼黑学派

慕尼黑大学在德国是一所较早接触和介绍中国文化的大学。1831年诺伊曼把在中国搜集的6000册图书中的2500册给慕尼黑大学的图书馆。随即诺伊曼担任了慕尼黑大学的亚美尼亚文教授兼中文教学，所以真正在德国大学第一个设立中文课程的是慕尼黑大学。但是，慕尼黑大学设置汉学专业相对较晚，直到1946年才设立，首任汉学教授是德国著名学者海尼士。之后，福赫伯和鲍吾刚先后接任。慕尼黑大学在海尼士的影响下侧重研究中国中古史，即宋元史，重点是蒙古史。

“慕尼黑学派”奠基人海尼士（Haenisch，1880—1966年），1899年进入柏林大学师从顾路柏学习汉学，精通汉、满、蒙、藏语。他曾到中国武汉新军学堂任德文教员，长达7年，其间大量阅读中国文献和从事汉学研究。回国后，历任柏林大学、莱比锡大学和慕尼黑大学汉学教授。当时学习汉语的学生并不多，海尼士给他们开设的课程，“首先两个学期的语言入门课，再阅读简易读物，中国文学作品选读、中国历史文选：《史记》《通鉴纲目》《战国策》，蒙古佛教及资料选读，讲满文和蒙文”。[②]为德国培养了一批汉学研究功底深厚的博士。

海尼士论文和著作约140多种，研究领域主要有：一是汉语教材编写，海尼士在汉语教学中重视书面语教学，主张学习古代汉语。他的名言是：“汉学就是古文字学”，认为“汉学的秘密就是要经常地大量地阅读”，“汉语口语不具有学术性，

① 张德鑫：《润物细无声——论对外汉语教学与汉学》，《语言文字应用》2001年第1期。
② 张国刚：《战后的残局和汉学的重建》，《文史知识》1993年第9期。

人们并不视之为一个学科专业。”为此，他特意撰写了4册《古典中国文言课程》，在德国汉学界引起很大反响。但也遭到了一些主张重视口语教学，传授现代汉语的汉学家批评。二是宋元史，重点是蒙古历史和语言。如《元朝秘史》（又译《蒙古秘史》）、《元朝秘史的研究》、《蒙文〈元朝秘史〉——根据中文恢复〈元朝秘史〉的蒙古原文》以及《元朝秘史辞典》等，奠定了慕尼黑大学的研究领域和研究方向。在他的影响下，他的学生德国瓦尔特·海西希（Walther Heissig，1913—2005年）、德博（Günther Debon，1921—）、鲍吾刚等，继承和发展了他的研究传统，成为德国20世纪六七十年代的领军人物，形成了“慕尼黑学派”。

（三）莱比锡学派

莱比锡大学于1878年开设了东亚语言课程，当时担任教授的贾柏莲就从普通语言学角度考察古汉语。1897年孔好古接任，继承了其研究传统。莱比锡大学的汉学讲座直到1922年才设置，孔好古成为首任汉学教授。孔好古研究重点是先秦语言，后扩展到中国历史和宗教文化等方面。研究方法上用历史比较法，将中国文化研究置于世界文化和历史研究背景之中，培养了何可思（又译“艾克斯”“何可斯”“叶乃度”，Edward Erkes，1891—1958年）、魏勒（Friedrich Welter，1889—1980年）、申得乐、古斯塔夫·哈隆等一批汉学家。与其弟子共同造就了莱比锡大学汉学专业的研究特色，形成了“莱比锡学派”。

孔好古去世后，莱比锡大学的掌门人由其高足和女婿何可思担任。何可思继承并发展了“莱比锡学派”的教学和研究传统，开设了古汉语入门、中国古文字学、中国经典、中国古代宗教、中国历史等以上古文化为教学内容的一些课程。

何可思本人在汉学研究方面，继承了其师的治学传统，主要研究先秦语言和文学，语言学著作如《中国古文字字典》，对中国古文字的音、形、义的演变做了全面系统的归纳和分析；文学方面有关于《诗经》和《楚辞》的研究。1950年以后，受当时社会研究风气的影响，何可思开始用马克思主义的理论研究中国历史。代表作有《远古至现代中国社会的发展》（1953）、《从中国历史的童年到外国资本的入侵》（1956）等。福赫伯评价说：这些著作“是在马克思学说的架构下写作的”。如果说汉堡学派、慕尼黑学派还秉持着汉学的传统，此时的莱比锡学派则显示出鲜明的中国学特征。

东德汉学研究除了莱比锡大学以外，还有柏林洪堡大学等。在20世纪50年代因东德和新中国同属社会主义阵营，关系密切，两国学术交往较为频繁，中国学者应聘去东德传播中国文化，东德学生来到北京学习中国文化，如费路（Roland Felber，1935—2001年）、梅薏华（又译“梅爱华”，Eva Müller，1933—）、贾腾（Klaus Kaden）、蒂洛（Thomas Thilo）、穆海南（Reiner Mue Rer）和尹虹（Irm-traud Fessen—Henjes）等。其中费路在北京大学学习达7年之久，后来成为东德著名中国学家。

20世纪60年代中苏交恶，中德（东德）关系也随着进入了低谷，从而也影响了东德的汉学研究。有的汉学家被迫放弃原来的研究方向，从研究古代中国改为研究日本或印度。如战前即成名的魏勒（F. Weller）专攻印度学，韦德玛耶（A. Wedemeyer）专攻日本学。此后东德的汉学研究基本上名存实亡。直到20世纪80年代，中苏、中德关系逐渐解冻，汉学才开始逐渐复苏。但东德汉学完全恢复是到两德统一后。

1972年中国与西德建交，几年后中国实行“改革开放”，一些年轻的西德大学生获得了到中国学习的机会。两德统一后，德国的社会和经济等进入了新的发展阶段，而中国经济自“改革开放”以来，也进入了持续健康发展的阶段，国际地位不断提高。随着中德在政治、经贸等全方位的合作，德国的中国学研究也得到了快速的发展。这一时期涌现出如波恩大学汉学系主任顾彬、科隆大学汉学系主任吉姆（Gimm Martin，1930—），波鸿大学汉语系主任马汉茂（Helinut Martin，1940—2000年）、继任主任瓦格纳（R G Wagner，1941—）等一大批中国学家。

在20世纪60年代，德国各大学的汉学研究从学生的培养和研究的方向来看，仍倾向于传统的语文学和历史学。到20世纪末，德国的研究呈现了传统文化和当代中国问题研究并重的情势，关注中国当代社会、经济以及教育等问题，开始成为德国学者研究的重要领域。德国汉学实现了向中国学的转变。进入21世纪以来，德国中国学更加关注当下的中国，如中国的政治改革、经济改革及对中国社会的影响，改革开放前后中国社会问题的比较研究，国有重大工程建设（如三峡水利工程）与移民问题、反腐败问题、中共新闻事业、中国对外关系、对中国历史与当代一些社会现象的比较研究等。注重用社会科学的方法来研究中国。如科隆大学“现代中国研究所”的汉学家何意志（Robert Heuser）是研究中国法律制度的专家；康斯坦茨大学汉学家奥斯特哈默尔（J ü rgen Osterhammel）是近现代史研究所的教授等。一些基金会也加大对研究中国的支持力度，如墨卡托基金会于2013年宣布，将在未来5年内斥资1840万欧元，在柏林建立欧洲最大的中国问题研究中心，打造一所研究中国的“新智库”。目的是更好地与中国打交道。

为了整合欧洲各个国家的汉学资源，为中国学研究者提供方便，1998年由海德堡大学汉学家瓦格纳（Rudolf G Wagner）教授牵头，建立了“欧洲中国研究数字资源中心”；创建欧洲中国研究虚拟图书馆联合目录，其中包括法国、英国、德国、荷兰、奥地利、瑞士、比利时以及瑞典等国家图书馆中的中国学馆藏。

德国中国学界不仅加强和欧洲其他国家的合作，也大力吸引中国学者的加入。在中国改革开放以来，越来越多的中国学者加入了德国中国学家的队伍，获得了一席之地。如高云飞、张鹏、方维规、孙英等。较早一批的华裔学者郭恒钰、国际化人士夏瑞春以及更早的余钟烈和聂有奚等都对中国学有一定的贡献。

在研究方法上注重跨学科、跨领域、跨文化。法国年鉴学派著名历史学家费弗尔（Lucien Febvre）早在20世纪上半叶就意识到，一种封闭的学科在当代是毫无价值、毫无生命力的，他指出：“所有的发现都不是发生于每个学科的内部及核心，而是发生于学科的边界、前沿、交叉处，正是在这些地方，各个学科互相渗透。”[①]德国高校中国学更倾向于语文学和历史学的传统，注重考据学和文献学，这种关起门来做学问的方式在当前中国社会、经济的发展中将要被打破。德国对“中国的研究”进入到跨学科、跨领域和跨文化的研究范式里，如海德堡大学设立的跨文化研究中心，属于“亚洲和欧洲——文化流动的不对称性”精英研究群，由德国联邦政府赞助的大型精英计划。这个研究群力图凸显跨学科、跨领域、跨

① 李雪涛：《半世纪以来德国中国学发展之我见》，《中国社会科学报》2015年第6期。

文化的基本方向。这也将促进中国学从纯粹的单一专业研究范畴到跨学科交叉的综合研究的转化。

德国现在大约有40所高等学校设有中国语言和文化专业，无一例外地都提供不同程度的现代汉语学习机会。从教学的情况看，各大学学生以中国经济、中国政治为主修专业的学生不断增多。这些专业的招生正逐年增加。以招生规模不算大的特里尔大学亚洲所为例，汉学所就有学生100多人。其中现代中国研究专业的学生主选课多是中国经济。究其原因：一是中国近年来经济的快速发展；二是毕业后求职较方便。这种招生现象在德国以及世界其他国家都带有普遍性，因此，一些学校在设立主辅修专业的课程时，都开设或增加了有关现实中国经济、政治等课程。

截至2017年8月，德国已经有孔子学院19所、孔子课堂4个。

第二节　德国的汉学名家

一、卫礼贤与“四书五经”翻译

原名“理查德·威廉”(Richard Wilhelm，1873—1930年)，中文名“卫希圣”，字礼贤，亦作“尉礼贤”。1895年卫礼贤从神学院毕业，开始了新教牧师的生涯。1899年他被派到中国传教，接替传教士花之安在胶州湾的牧师工作。开始了了解中国文化、介绍中国文化和研究中国文化之旅。

(一) 到中国，由传教士转身为儒家信徒

1.创办“礼贤书院”，传播新教教义

卫礼贤1899年到达青岛。像其他许多欧美传教士到中国一样，开始通过兴办学校、医院及其他各种慈善事业来实现传教的使命。1900年，卫礼贤和妻子共同创办了“德华神学校”，随后又创立了7年制的中等教育“礼贤书院”，1905年还开办了学制6年的女子学校“美懿书院”。因办学有功，1906年清政府奖给卫礼贤四品顶戴，他成了青岛有名的“卫大人”。

卫礼贤为这些学校的中国孩子们编写相关教材，如《德汉语言练习册》(1902)、《德汉语言教科书》(2册，1903—1904)、《德汉语言教程》(1904)、《按

笔画排列并加注音和翻译的最常用汉字》(1909)等。同时向德国介绍中国文学，节译了《诗经》(1904)、《三国演义》(1906)以及《聊斋志异》(1910)等。还发文章介绍中国的社会现状及风俗礼仪等，如《中国的乞丐》《中国的形势》《中国的社交礼仪》和《山东的丧葬风俗》等。

2. 建立“尊孔文社”，翻译儒家经典

1911年辛亥革命，青岛成了清朝遗老的避风港，其中不乏熟读“四书五经”的饱学之士，于是卫礼贤又建了一所研究儒学的机构“尊孔文社”，聘请这些文人担任教员，如康有为、劳乃宣以及恭亲王溥伟等。正是在办学和同这些文人打交道的过程中，卫礼贤对中国古代文化有了更进一步的了解，于是彻底放弃了传教，专事翻译中国典籍和研究中国文化。

卫礼贤翻译中国典籍，以儒家典籍为主，也包括其他文学作品。如1910年的《论语》，1911年的《道德经》，1912年的《列子》和《庄子》，1916年的《孟子》，1924年的《易经》。回国后还翻译了《吕氏春秋》(1928)和《礼记》(1930)等。这些典籍迄今仍在西方再版发行。卫礼贤通过对中国典籍的译介，“力图从人类文化发展的高度去进行把握和理解，在一定程度上提高了近代来华传教士中国观的理论水平”。①

卫礼贤研究中国文化，堪称硕果累累。如在华撰写的《中国的民间童话》(1914)，《中国人的生活智慧》(1922)；回德后撰写的《孔子——生平与事业》(1925)、《老子与道教》(1925)、《中国的精神》(又译《中国心灵》，1926)和《中国文学》(1926)以及《中国文化史》(1928)等。

1921年因日本占领山东，卫礼贤返回德国。1922年，被派到德国驻华公使馆工作，再次来到了中国。次年被聘为北京大学德语教授，同时还在北京女师大和医学院兼课。这期间与辜鸿铭、王国维、罗振玉等一起筹建了“东方学社”。卫礼贤还发起成立了中国留德学生后援会，并担任该会主席。他与中国哲学家张君劢(1887—1969年)等合作编纂了《德英汉哲学辞典》一书。

① 翟广顺:《卫礼贤与青岛礼贤书院》,《青岛职业技术学院学报》2007年第3期。

（二）回德国，由儒家信徒蜕变为汉学名家

1924年卫礼贤回到德国，法兰克福大学授予他哲学名誉博士头衔，并聘他为汉学教授。1925年卫礼贤在法兰克福大学创办了德国第一所“中国学社”（也称“中国研究所”），自任社长。中国学社经常举办有关中国文化的活动，如中国戏剧演出、音乐会等。卫礼贤不仅请中国著名的学者如胡适等赴德演讲，他自己也在德国和欧洲各地举办了很多场演讲和学术报告，介绍中国文化。促进了中西文化交流。

卫礼贤57年的生活道路中，有20多个年头是在中国度过的，他以一名传教士的身份来到青岛，转而将兴趣和精力投向办教育、办医院，从而踏入探究中国传统文化的门径。综观卫礼贤的整个汉学生涯，“从一个新教传教士成为一个儒家信徒，从一个翻译家成为一个著述家，从一个神学家成为一个汉学家，从一个德国人成为一个‘伟大的德意志中国人’和‘两个世界的使者’，最终完成了他人生的转变，跻身于世界著名学者和汉学家之林”。[①]可谓中西文化交流史上“中学西播”的一位功臣。

在卫礼贤的影响下，其出生在青岛的儿子卫德明（Hellmut Wilhelm，1905—1990年）也于博士毕业后，开始研究中国文化。1933至1937年间到北京大学教德语。后到在北京的德国学会工作。1948年赴美定居，任华盛顿大学东方学院教授，讲授中国文化。

二、福兰阁与《中国通史》

奥托·福兰阁（又译“福兰格”“弗兰克”，Otto Franke，1863—1946年）中学毕业后来到柏林大学学习历史，其间到哥廷根大学学习梵文，于1886年取得博士学位。随后又在柏林大学学习两年的法律，在新建的东方语言学院师从顾路柏

① 蒋锐：《卫礼贤的汉学生涯》，《德国研究》2004年第1期。

学习汉语，次年作为使馆翻译见习生来华，开始了在中国的外交官生涯，随之走上研究中国文化之路。

（一）中国的外交生涯，积累知识

1888年福兰阁来北京德国领事馆任翻译，后在天津、上海等地任翻译和领事。此间，福兰阁常常利用春、秋两季在中国及东亚其他国家和地区旅行，并以细腻的笔触记录他在旅行中所见所闻，后以《东亚旅行日记》出版。不仅加深了对中国的热爱和了解，也为后来自己的汉学研究提供了最生动、最直接的素材。

（二）德国的汉学生涯，潜心教学

1902年福兰阁返回德国，成为《科隆报》的自由撰稿人。1903—1907年他受聘任清政府驻柏林公使馆秘书，并在柏林大学取得教授资格。1908年曾回到中国参与德国在青岛建立德华大学签约谈判。1909年他被任命为汉堡殖民学院首任汉学教授。1923年为柏林大学汉学教授，并且当选为普鲁士科学院院士。福兰阁在汉语教学内容和方法上提倡直接从现代汉语入手，掌握正确的发音和常用词汇，在此基础上再进一步接触中国文学作品等中国文献，改变了汉堡殖民学院和柏林大学之前的汉语教学只注重文言教学的状况。

（三）退休生活，倾力撰写《中国通史》

1930至1946年福兰阁退休之后全身心地投入到《中国通史》（又名《中华帝国史》）的写作中。同时还写下了自己的回忆录《来自两个世界的回忆》。甚至在第二次世界大战期间仍笔耕不辍。

福兰阁治学勤奋，成果丰硕，一生共发表专著27部，其中5卷本的《中国通史》影响很大。福兰阁主要依据中文原始资料，特别是司马光的《资治通鉴》来编写。于1930年至1952年陆续出版，最后1卷是福兰阁去世后由其子女整理出版的。该书第一卷讲述先秦到汉末的历史；第二卷叙述晋唐时期的历史；第三卷对前两卷的注解和史料考释；第四卷讲述五代辽宋金元时代的历史；第五卷对第四卷的注解和史料考辨。通过此书，作者客观地展示了中国的政治史，即中国国家的形成、特征、发展和斗争的历史。这部著作最大的特色是改变了以往以历史史实、编年、朝代为主的纪实性研究方式，而是从中国传统的儒家文化角度阐述中国文化与中国历史发展的关系和中国历史发展的过程。这是一部既有对中国史料进行分析，又可读性强的中国通史。福兰阁史学的研究特点对德国汉学具有方向性影响。

福兰阁的小儿子傅吾康（Wolfgang Franke，1912—2007年）受其影响继承了他的事业，成为20世纪下半叶德国著名的汉学家。

三、佛尔克与《中国哲学史》

佛尔克（Alfred Forke，1867—1944年），1890年取得法学博士学位，其在学习法律的同时，在柏林大学东方语言研究所学习汉语，同年获任德国驻北京使馆翻译。在中国的13年间，他广泛阅读中国古籍，于1898年在柏林大学东方语言研究所《学报》创刊号上发表了《从北京到长安和洛阳》，展示了其对中国文化的了解。1903年回国，任柏林大学东方语言研究所教授，其间曾任美国伯克利加州大学客座教授。1911年出版了一本古汉语教材《衙门与报刊》，内容包括课文翻译和词汇表等。1923年担任汉堡大学中国语言与文化研究所教授兼所长，直至1935年退休。佛尔克的学术成就主要是中国哲学的翻译和研究。

佛尔克翻译了《论衡》（1906）、《墨子》（1921）等中国古籍，其中《论衡》的翻译使他获得“儒莲奖”。还专题研究并撰写了《中国人的世界观》（1925）、《中国文化的思想世界》（1927）等著述。

影响较大的是用德文撰写的3卷本《中国哲学史》。1927年出版的第一卷《中国上古哲学史》探讨了先秦哲学，1934年出版的第二卷《中国中古哲学史》梳理汉代到宋代的哲学；1938年出版的第三卷《中国近世哲学史》讲述明清至20世纪的哲学。全书介绍了150多位中国哲学家，主要取材于中文原始资料，并包含大量的译文和注释。汉学家福赫伯评价说：“这部书受到一些批评毫不奇怪，因为如此鸿篇巨制，实非一人能力所及。但是佛氏的著作取材宏富，又对原文严加考辨分析，一些不太出名的思想家和作者也没有被忽视，故长期以来它都是西文著述中有关中国哲学史的最便利、完备的参考书。可以称得上是一部后人难以企及的哲学史著作。”①汉学家海尼士也说：“佛尔克的《中国哲学史》与嘎伯冷兹《中国文言语法》、顾路柏《中国文学史》和福兰阁《中国通史》一样，是代表德国汉学研究水平的巨著。他本人也因此而长期享名于东方学界。”②

也许在今天看来，佛尔克的《中国哲学史》有许多不足甚至错误，但是，它是全世界（包括中国在内）第一部完整的中国哲学史。在他之前，胡适于1919年发表过《中国哲学史纲》（上）一书，但只写到老庄一代，没有再写下去。其他中国人写的中国哲学史都在佛尔克之后。而从西方对中国哲学史的介绍来看，中国学者方志浵（Achilles Fang，1910—1995年）认为西方出版的英译本的梁启超《先秦政治思想史》以及冯友兰的《中国哲学史》等中国哲学史著作与佛尔克的3卷本的《中国哲学史》相比，“这些翻译本的哲学史，有的是失之太简单，有的根本没有取材于中文原书，原不及德国硕儒之取材丰富，叙述流畅”。③

四、孔好古与“莱比锡学派”

孔好古（又译“孔拉迪”“康拉德”，Conrady August，1864—1925年）在大学时期学习古典语言学和考古学，后来转向比较语言学，主修梵文。在维尔茨堡大学完成博士论文后，于1891年又在莱比锡大学以“印度支那语言”为题通过了教授论文。进而又研究泰语、藏文和中文。孔好古于1897年接任贾柏莲莱比锡大学东亚语言的教授席位。1903年，被聘为北京大学德语教授，但他只待了8个月就回国了，著有《北京八个月》。1922年莱比锡大学设立汉学专业，孔好古被聘为汉学教授。不幸的是1925年孔好古早逝，法国汉学家伯希和在汉学刊物《通报》上

① 转引自张国刚：《德国的汉学研究（6）——外交官出身的汉学家》，《文史知识》1993年第4期。
② 转引自张国刚：《德国的汉学研究（6）——外交官出身的汉学家》，《文史知识》1993年第4期。
③ 方志浵：《佛尔克教授与其名著〈中国哲学〉》，《研究与进步》1939年第1期。

发文悼念，称孔好古的去世是汉学界的“巨大损失”。认为孔好古的汉学贡献特别是语言学上的成就是同时代西方汉学家所难以望其项背的。

（一）开汉藏语言比较研究之先河

孔好古在先秦语言研究上花了很大功夫，如关于古汉语虚词“何”“言”“式”“其”“兮”“止”“思”等的研究，论据大都出自《诗经》《楚辞》等中国先秦典籍。后来不断延伸到汉藏语言、宗教、中国历史等方面。如1896年发表了开辟汉藏语言比较学研究领域的著作《印度支那语使役动词和派生动词的构成》；1925年在《东西方的古文化词汇》著作中分析了古代汉语中的印欧外来语的成分；在《易经研究》一书中阐述了汉字的起源，认为八卦是最原始的文字符号等。孔好古最受称道的一部著作是1910年发表的《乌尔斯泰世界史》，该书第三卷介绍中国上古历史。他运用了比较民族学、比较语言学的方法分析史料，使他的论述能给人以丰富的思考。

孔好古除了已经发表的论著以外，还遗留下大量的手稿，比他发表的论著还要多得多。孔好古的学生、《亚洲学刊》主编申得乐曾将这些遗稿做了一个统计，共390份，包括先秦语言、历史、地理和宗教文化等方面的内容，其中语言学方面128份，文学史方面88份，宗教方面39份，历史与文化史方面105份。[①]

（二）开创莱比锡学派

孔好古在莱比锡教学和研究期间，建立了以上古中国语言文化为主的汉学专业，主要研究中国上古时期的语言、历史、宗教等。其研究领域等形成了莱比锡大学汉学研究的特色，并深深影响了其弟子，“莱比锡学派”得以形成。

高本汉对孔好古的治学风格及其弟子曾评价：“孔氏是一位卓越的中国上古研究专家。他具有丰富的见解，独到的睿识，却相对地较少发表论著。他的思想首

① 转引自张国刚：《德国的汉学研究（7）——土生土长的“莱比锡学派”》，《文史知识》1993年第5期。

先直接传授给了他的学生。他的学生们也始终不渝地忠实地继承了他的衣钵。”①

五、傅吾康与“汉堡学派”

原名“沃尔弗冈·法兰克”（Wolfgang Franke，1912—2007年），继承其父福兰阁研究中国历史的学术传统，他精通中、英、德文。1930年至1935年间，傅吾康先后在汉堡大学哲学学院和柏林大学东方语言学院汉学专业学习，师从颜复礼、佛尔克和许勒（Wilhelm Sch ü ler）等著名汉学家，系统地学习了汉语、哲学和宗教等中国知识。后又到汉堡大学读博士，导师佛尔克，以《康有为及其学派的国家政治革新尝试》为题获得了博士学位。1937年他只身来华游学，先到上海等地，不久到北京，历任“中德学会”秘书、主事、会长和研究员等职，其间他还先后担任了《中德学志》《汉学集刊》和《中国文化研究会刊》的编辑工作。中国抗战胜利后，傅吾康曾执教于北平辅仁大学、四川大学、北京大学。在中国居留13年之后，于1950年回到德国，接替因汉学家颜复礼退休后空置两年的汉堡大学汉学系主任一职，直至1977年退休。他曾任德国东亚学会主席、亚洲学会副主席。1972年中德建交时任德国建交访华团的特邀代表和顾问。

傅吾康的主要研究领域和成果有三个方面。一是明清史，如《明代史籍会考，1368—1644》（1948）、英文版《中国科举制度沿革史》（1960）等。所著《明代史籍汇考》旁征博引，翔实考证，使之成为国际汉学界的明史权威，这部著作也成为各国汉学家研究明代史的重要参考书。二是中国近现代历史，如《中国的文化革命——1919年的五四运动》（1957）、《中国革命一百年——1851—1949年》（1958）、《中国与西方》（1960）等一系列研究中国近代史的著作。三是东南亚华人历史，傅吾康曾于1963—1966年之间为马来西亚大学创立中文系，这使他有机会接触到东南亚华人的历史，也正好是明清史的一部分。1977年退休后又受聘到马来西亚大学从事汉学教学和研究，开始系统地研究东南亚华人的历史。著作如

① 转引自张国刚：《德国的汉学研究（7）——土生土长的“莱比锡学派”》，《文史知识》1993年第5期。

《印度尼西亚华文铭刻汇编》(1988)、《马来西亚华文铭刻萃编》(1983)等。

傅吾康在汉堡大学从事汉学教学27年，培养了22名汉学博士，受其影响，其中绝大部分是攻读明清史和近代史的，如葛林懋、马海茨克等战后第一批汉学博士。他们后来都成为德国汉学研究的领军人物。

六、福赫伯与“慕尼黑学派”

福赫伯（又译“傅欧伯”“傅海博”“傅海波”，Herbert Franke，1914—），其父亲是一位博学的书商，喜欢与一些学者交往。受家庭和环境的熏陶，福赫伯自幼喜爱读书，年轻时大量阅读了汉学家弗兰茨·库恩翻译的中国小说，便对中国历史和古典文学产生了浓厚的兴趣。福赫伯在柏林大学曾学习法学，1937年获法学博士学位。1936年取得了柏林大学东方语言研究所中文专业毕业文凭，1947年又取得汉学专业的博士学位，并在科隆大学任教。1951至1952年在剑桥大学汉学系做研究工作。1953年接任海尼士主持的慕尼黑大学东亚系的汉学专业主任、教授，直至1979年退休。

（一）开拓蒙古史研究的新角度

福赫伯注重利用汉文史料研究宋元史，重点是蒙古史，著有《蒙古统治下中国的货币与经济》(1949)、《蒙古诸帝能读和写汉文吗?》(1952)、《吐鲁番发现的一件元代蒙古历书残片》(1964)、《蒙古帝国时代的中西交往》(1966)、《〈饮膳政要〉中的非汉语名词补注》(1970)、《蒙古统治下的中国史学》(1974）和《从部落首领到天下皇帝：元朝的合法化》(1978）等。其中在莱比锡出版的《蒙古人统治下的中国货币和经济》在西方学术界得到很高的评价，被认为是至今西方对元代经济史研究水平最高的一部书。

（二）领军影响日盛的慕尼黑学派

福赫伯在长期主持慕尼黑大学的汉学讲座期间，与老师海尼士不同的是，除了重视古代汉语的教学和中国中古史的研究以外，开始重视现代汉语的教学和中国近现代史的研究。在他的影响下形成了在德国影响越来越大的慕尼黑学派。

1981年继福赫伯担任慕尼黑大学的汉学教授兼汉学系主任的是其弟子施寒微（Helwig Schmidt—Glintzer，1948—），施寒微曾先后在哥廷根和慕尼黑大学攻读汉学、哲学等，1973年获哲学博士学位，1979年在波恩大学汉学系通过教授资格考试。主要钻研中国古代文学和佛学。从2007年开始施寒微一直担任德国汉学协会主席，与德国波恩大学教授顾彬、荷兰皇家科学院院士施舟人被誉为当代“欧洲三大汉学家”。施寒微的研究重点是中国古典文学，著有《中国古今文学通史》等。

七、鲍吾刚与中国人的“文化个性”

鲍吾刚（Wolfgang Baner，1930—1997年），父亲鲍尔（Hans Bauer）是著名的阿拉伯学家和闪米特学家。受父亲的影响，鲍吾刚很早就对亚洲怀有浓厚的兴趣。1948年在慕尼黑大学刚成立不到二年的汉学学科学习，师从海尼士和福兰阁等汉学家，选修日本学、蒙古学和哲学，并掌握满语、蒙语、藏语和梵文。1953年以《张良与陈平——汉代开国时期的两位政治家》一文获得了汉学博士学位。1954至1960年间在慕尼黑大学东亚学院任汉学助教。1959年完成了汉学专业教授资格论文。1962年担任海德堡大学的汉学学科主任、教授。1966年回母校慕尼黑大学担任汉学学科教授，直至去世。曾于1977年来华访问。

鲍吾刚一生共出版16部著作，发表论文69篇，还有较多的译著等。其中影响较大的：一是《中国人的名字——名、字和小名的构成规律及内涵》（1959），共406页，鲍吾刚收集中国人姓名达15000例。全书由三部分组成：第一部分分析了中国人姓的内涵和名字的基本特征，以及姓和名之间的内在联系等；第二部分重点探讨了中国人名字的结构，名与字的关系、名与姓的关系以及名与字的构造规律等；第三部分对名和字的内涵进行了分析，并根据名与字的内涵分了12种类别。二是《中国人的幸福观》（1971），共604页，由五个部分组成。在书中鲍吾刚对“幸福”在中国几千年的历史中不同时期的不同内涵进行了全面的阐述，由此归纳出了中国人的幸福观和理想观。三是《中国人的自我画像》(1990),研究的对象是中国自先秦以来的政治家、哲学家、史学家、诗人和作家等各类学者近390人,对这些学者抒发个人志向、记述生平的文章,书信、墓志铭等“自传”文体进行全面的研究,对他们不同时期的“人格”进行了分析,归纳出他们的个性和共性,挖掘出中国人特殊的“文化个性”。[①]

翻译的著作有与自己的老师福赫伯合译的中国古典小说选集《百宝箱——中国短篇小说选》(1959),影响较大,被一版再版。

鲍吾刚又一贡献是培养了一批又一批中国学家,现慕尼黑大学毕业的汉学博士已经接近三位数,其中大多数博士的学位论文都是在他指导下完成的。有些博士早已成为活跃于文化和经济领域的国际知名人士。

八、顾彬与中国文学

波恩大学汉学研究可以追溯到李希霍芬(F. von Richthofen,1833—1905年)1875—1883年担任地质学教授时期,涉及中国地理,著有《中国》(5卷)。1913年,波恩大学设立了东方系。1926年,在汉学家施密特(Erich Schmitt)主持下,开始了以中文为重点的研究。1931年中国音乐家王光祈曾执教于波恩大学,讲授汉语。1936年王光祈去世后,由留学德国的陆诒博士、哲学家熊伟继任。直到1963年底,独立的汉学系正式成立,霍布理(Peter Olbricht)被聘为汉学系的首个教席。1975年霍布理退休后,由陶德文(Rolf Trauzette)、乔伟(Qiao Wei)等接任。1995年顾彬(Wolfgang Kubin,1945—)接替了陶德文在汉学系的教授席位。

1966年顾彬在明斯特大学学习神学时,因为参加学校里的朗诵会,无意中读到了英译本的《送孟浩然之广陵》,被李白诗歌中所表现出典雅的语言,美丽的离别情景所打动。于是1969年转入波鸿鲁尔大学,师从汉学家霍福民主攻汉学、哲学和日本学等,后以《论杜牧的抒情诗:一种解释的尝试》一文获哲学博士学

① 戴启秀:《德国当代汉学家鲍吾刚及其主要著作》,《德国研究》1999年第2期。

位。1974年，顾彬获得了到中国研修汉语一年的机会。在北京语言学院学习汉语时，一位叫马树德的老师给他取了一个中文名“顾彬”。在北京的一年里，顾彬拼命地学习汉语，汉语口语提高得很快。回德后，成为一名汉语教师。1975年至1995年间为了能到中国查阅研究材料，曾经利用寒暑假频繁前来中国，还经常为此组织一个来中国的旅游团。1977年到柏林自由大学东亚学系教授中国20世纪文学与艺术。1981年以《空山——中国文人的自然观》为题获得汉学教授资格。次年回到母校波鸿鲁尔东亚研究所从事汉学教学和研究。1985年起担任波恩大学东方语言学院主任、教授，直至退休。

顾彬主要研究领域为中国古典文学、中国现当代文学等。一生倾力翻译中国现代文学，如《中国诗歌史》、《二十世纪中国文学史》、6卷本《鲁迅选集》。其中《鲁迅选集》小说散文选是他最有名的译作。他同时也是一位诗评家，著有《论杜牧的抒情诗》《红楼梦研究》《中国诗歌史・从皇朝的开始到结束》及《中国文人的自然观》（原名《空山》）等。由于他多年的杰出贡献，于2007年获得了中国诗歌界含金量最高的奖项“中坤国际诗歌奖”。另外，顾彬还和他的妻子张穗子于1989年创办了介绍中国小说、散文和诗歌各个流派的半年刊德文杂志《袖珍汉学》，促进中西文化交流。

2010年顾彬从波恩大学退休后，汉学家廉亚明（Ralph Kauz）接替了他的教席，开始主持波恩的汉学研究。研究重点也从中国文学、思想史转向中国历史，特别是元代以来中国与波斯帝国的关系史。

［参考文献］

专著：

［1］艾田浦：《欧洲之中国（上册）》，河南人民出版社1992年版。

［2］何寅、许光华：《国外汉学史》，上海外语教育出版社2002年版。

［3］［德］马汉茂：《德国汉学：历史发展人物与视角》，汉雅娜译，大象出版社2005年版。

论文：

[1] 戴启秀：《德国当代汉学家鲍吾刚及其主要著作》，《德国研究》1999年第2期。

[2] 方志浵：《佛尔克教授与其名著〈中国哲学史〉》，《研究与进步》1939年第1期。

[3] 蒋锐：《卫礼贤的汉学生涯》，《德国研究》2004年第1期。

[4] 李雪涛：《半世纪以来德国中国学发展之我见》，《中国社会科学报》2015年6月24日。

[5] 魏思齐：《德国汉学研究的历史与现状》，《世界汉学》2006年第1期。

[6] 翟广顺：《卫礼贤与青岛礼贤书院》，《青岛职业技术学院学报》2007年第3期。

[7] 张德鑫：《润物细无声——论对外汉语教学与汉学》，《语言文字应用》2001年第1期。

[8] 张国刚：《德国的汉学研究（7）——土生土长的“莱比锡学派”》，《文史知识》1993年第5期。

[9] 张国刚：《战后的残局和汉学的重建》，《文史知识》1993年第9期。

[10] 张西平：《17世纪德国汉学研究——以基歇尔、米勒、门采尔、巴耶尔为中心》，《中国文化研究》2008第4期。

【思考与练习】

1. 德国汉学是何时确立的？其标志是什么？

2. 简述卫礼贤在中德文化交流史上的贡献。

3. 评述福兰阁的汉学成就及其影响。

4. 评述佛尔克在中国哲学史研究上的贡献。

5. 评述孔好古在创立莱比锡学派中的贡献。

6. 评述海尼士在慕尼黑学派形成中的奠基作用。

7. 评述傅吾康在汉堡学派形成中的贡献。

8. 简述鲍吾刚的汉学研究成果。

第八章 英国汉学

Chapter 8

第一节　英国汉学的产生与发展

与欧洲其他一些国家相比，英国人到中国来要晚得多。欧洲的一些国家于16世纪就开始了与中国通商或派传教士来华。而地处大西洋海岛之上的英国，由于地理条件的限制和宗教方面的独立，在18世纪之前和中国基本上没有直接交往，而是通过翻译欧洲大陆的著作，间接地了解中国。直到18世纪在欧洲率先完成了工业革命，成为欧洲资本主义各国中的首强，并逐渐地成为世界海上霸主，英国才开始把目光投向了亚洲以及地大物博的中国，但英国人不是要去中国传教，而是为了经商，为了在中国掠夺更多的财富，对中国文化的了解和研究也就此展开。

一、英国汉学的前奏（14世纪至17世纪末）

英国人认识中国，最早可以追溯到14世纪翻译的欧洲大陆关于中国的“旅行游记”。其中最早影响较大的有：一是风靡欧洲的《马可·波罗游记》。虽然英文节译本直到1625年才出现，但由于当时欧洲统一的书面语言是拉丁语和法语，因此英国人也从马可·波罗对东方的描述中认识和了解到中国。二是1357年，英国作家约翰·曼德维尔（John Mandevile）根据马可·波罗、鲁布鲁克、鄂多立克等多人的游记，杜撰了一部散文体的游记《曼德维尔游记》。全书共九章，记述作者1322年从英国出发，途经中亚、印度、中国，来到了传说中的祭司王约翰的国土，最后由约翰国东海外的伊甸园回到欧洲。这部书虽然是虚构的游记，但书中把中国想象为富裕、美丽、健康、文明以及商贾云集的“神话”般的国度。立即激发了欧洲人对东方，特别是对中国的浓厚兴趣。此书的影响力几乎与《马可·波罗游记》相媲美，其抄本和各种版本达到300种，远远超过了《马可·波罗行纪》143种的版本数量，成为中世纪最为流行的一部非宗教类作品。

16世纪以后，欧洲大陆中的葡萄牙、西班牙以及意大利等国家，陆续派传教士来中国，开始近距离考察中国、介绍中国。而英国依然通过翻译他们的作品间接了解中国。即使在1600年，英国成立了东印度公司，中英有了间接联系，而这种联系也仅仅停留在商业层面，英国并不急于去了解中国、研究中国，依然继续翻译欧洲大陆其他国家关于中国的记述。其中影响较大的是1625年，英国修道院院长塞缪尔·帕切斯（Samuel Purchas，1577—1626年）在欧洲大陆出版的著作的基础上，经过编辑，出版了航海游记集《帕切斯游记》，此书分上下两卷，计20本，共4880余页，收录了欧洲17世纪初期及之前1300余位作者有关中国的著作。如《马可·波罗游记》《鲁布鲁克东行记》《利玛窦中国札记》等著述皆被收录其中。帕切斯按照时间顺序对这些作品进行了整理、归类、编排、翻译、注解和评述等一系列工作，且多数是首次被译成英语出版。该书可谓欧洲早期对中国记述的集大成之作，不仅为当时的英国读者呈现了一个比较全面、真实的中国形象，即使在今天也具有很高的史料价值。

“首开中英交往之先河”的是，1637年，一个叫彼德·曼迪的英国人跟随一艘商船来到中国。虽然他只游览了广东，但他在所撰写的《彼德·曼迪欧亚旅行记》里对于中国的记述却非常详细，特别是中国各式各样的服饰的细致描述，曼迪最后评价说：“中国的优点可以说这个国家在这几点上优于别国，即古老、辽阔、富裕、健康与丰饶。至于说为政之道我觉得在世界各国中更是无与伦比。”[①]

“首位略懂汉语的英国人”是牛津大学博德里图书馆馆长、东方学家托马斯·海德（Thomas Hyde）。海德虽没有来过中国，但通过向中国传教士沈福宗

① 转引自冉利华：《论17、18世纪英国对中国之接受》，《国际汉学》2004年第2期。

（1657—1692年）学习，掌握了汉语。沈福宗1681年跟随比利时传教士柏应理来到欧洲，游历了意大利、法国和英国等欧洲六国，所到之处介绍和宣传中国文化。在英国期间（1687年），英王詹姆斯二世在牛津召见了沈福宗，并让人给沈福宗画了全身像。海德邀请沈福宗为牛津大学博德里图书馆的中文书籍编制目录，并为一些文献做罗马注音和拉丁文注译，由此海德向沈福宗学习汉语，并请教有关中国的诸多学术问题。后海德著有《中国杂集》，海德曾说这部著作"全根据的是一个土生土长的中国人沈福宗的口述和笔录"[①]。

以上这些关于中国的著作为英国的一些作家、哲学家等学者所关注，并在自己的书中引用及探讨，涉及中国的制度、宗教、教育、哲学、科学、艺术、伦理道德以及语言文字等等，大都是赞美之词。

综上，14世纪至17世纪近500年的时间，英国人更乐意透过翻译或编辑欧洲大陆的有关中国作品来认识中国、了解中国。即使有一两位略知中国者，也是偶有兴趣使然，其成果也是寥寥。相对于意大利，17世纪英国汉学仍处于初始、滞后的状态，严格说来还只是汉学序曲之前奏。

二、英国汉学的起步（18世纪至19世纪中叶）

17世纪末，以法国为中心的欧洲大陆掀起了强烈的"中国风"，也影响了隔海相望的英国。18世纪中叶以后，英国成为世界海外殖民霸主，开始不断扩大对华贸易，中国的各种商品在英国受到了热捧，再加上一些英国学者的宣传，英国也掀起了"中国风"。

18世纪中叶，英国学者詹姆斯·威尔金森（又译"魏肯逊"，James Wilkinson），在中国广东偶然发现了一部没有署名的中国作品译文手稿，共4卷，其中前三卷为英译文的《好逑传》、谚语格言等，第四卷为葡萄牙译文的中国诗歌，译稿所署时间是1719年。威尔金森推荐给英国著名东方学家托马斯·帕西主教（Dr.

① 转引自冉利华：《论17、18世纪英国对中国之接受》，《国际汉学》2004年第2期。

percy Bishopof Dromore)，后由帕西重新编译，于1761年在伦敦出版，1774年再版，风靡英国及整个欧洲。这是英国第一次直接由汉语译成英文，不再从欧洲大陆转译的中国作品，也是英国公众接触到的第一部中国小说。

英国东方学家、语言学家威廉·琼斯（William Jones，1746—1794年）曾在印度当法官，用业余时间学习东方语言。琼斯最早正式提出印欧语假说，揭示了梵语、拉丁语、希腊语、凯尔特语、日耳曼语之间的同族关系，成为历史比较语言学的奠基人。1784年，威廉·琼斯在创办亚洲学会期间，阅读了耶稣会士翻译的儒家经典"四书"等书。1785年，他曾尝试用直译和意译两种方式把《诗经》中的三首诗《淇奥》《桃夭》和《节南山》各译一小节成英文。

建筑家威廉·钱伯斯（William Chambers），曾在广东居住多年，于1757年出版了《中国房屋、家具、服饰、机械和家庭用具设计图册》、1772年发表了《东方园林专论》。书中介绍了中国生活物品和技艺。他还在英国皇家植物园建造了一座著名的中国塔。这些直接助推了英国人对中国园林艺术、建筑风格、丝绸、陶瓷和茶叶，以及宗教中的佛像等各种商品的兴趣和热爱。随着英国在中国的贸易需求增加，18世纪末英国迫切希望和中国交往。于是英国政府先后于1792年、1816年，派遣马戛尔尼（Macartney，1737—1806年）和阿美士德（Pitt Amherst，1773—1857年）分别率使团来华，请求清廷允许英国在中国自由贸易等条件，但以失败告终。担任马戛尔尼的副使乔治·斯当东（又称"老斯当东"，G. L. Staunton，1737—1801年），于1797年出版了《英使谒见乾隆纪实》，出版后在英国广泛流行，被翻译成多种欧洲文字。

虽然英国的访华使团都未能完成任务，但促使英国政府重视中国，设法派遣商人、传教士来华。因19世纪上半叶清政府还继续执行闭关锁国的政策，英国的商人和传教士基本上都在广东活动，对中国的了解和研究受到了很多的限制，特别是传教士被禁止传教。于是这些传教士通过译圣经、创办教会学校、医院，出版刊物等，积极开拓中国的传教事业，其中代表人物如传教士马礼逊和米怜（William Milne，1785—1822年）等。而作为外交官的托马斯·斯当东在中国工作多年后回到英国，创办研究会、出版学刊、捐献中文图书、促使大学设置汉学教席（如在托马斯·斯当东的积极努力和倡议下，英国伦敦大学学院于1838年设置汉学讲座，1846年伦敦大学国王学院也开设汉学讲座，但不久都中止）。推动英国本土的汉学研究逐渐开展起来。

三、英国汉学的确立（19世纪中叶至20世纪中叶）

1840年，随着英国用坚船利炮打开了中国封闭的国门，西方的传教士、外交官、商人和旅行家成批涌入中国。特别是1854年英国与清政府正式建交，中英关系也日益成为最重要的外交关系，香港、使馆和各港口以及各口岸城市的商会都需要大量的汉语人才。据不完全统计，19世纪后半叶来华的英国传教士达100多人、职业外交官40多人，他们成为传播中国文化的主要推动者。

来到中国的这些英国传教士、外交官最大的障碍就是汉语汉字，他们来到中国的前两年大都把全部精力用在学习汉语汉字和研究汉语上面。所以这个阶段英国的汉语研究方面成果尤其突出，除了上面几位汉学家的汉语研究成果外，影响比较大的还有：在上海创办中国第一个近代印刷所"墨海书馆"的传教士麦都思（Walter Henry Medhurst，1796—1857年）的《汉英字典》（1847）、《英汉词典》（1848）和《福建方言词典》（1831），杜嘉德（Cartairs Douglas，1830—1877年）的《厦门语词典》（1873），湛约翰（chalmers John，1825—1899年）编译的《简明康熙字典》《英粤字典》《中国文字之结构》《康熙字典撮要》，艾约瑟（Joseph Edkins，1823—1905年）的《汉语官话口语语法》《上海方言口语语法》等。19世纪汉学家中公认的研究汉语方言最高权威的外交官庄延龄的《中国方言的研究》（包括广州话、客家话、福州话、宁波话、扬州话、四川话等方言），税务官司登得（又译"斯坦特"，George Carter，1833—1884年）的《汉英袖珍字典》（1874）和《汉英合璧相连字典》（1898）等。这些成果说明当时英国的传教士和外交官对汉语的学习和研究已达到相当高的程度，也给今天的我们研究当时汉语和汉语方言提供了珍贵的参考资料。

这些传教士和外交官还在中国大力搜集中文图书资料，运送到英国，再转入各个图书馆，整理、编目、汇编以及出版。如传教士伟烈亚力（Alexander Wylie，1815—1889年）于1867年在上海出版《汉学文献提要》，介绍约2000种中文著作，分为经典、历史、哲学、纯文学四个门类。19世纪英国驻华外交官、伦敦大学国王学院第三任汉学教授、英国博物馆文献管理员道格斯（又译"道格拉斯"，Robert Kennaway Douglas，1838—1913年）整理并编制《1877年版大英博物馆馆藏中文刻本·写本·绘本目录》，著录了该馆在1877年以前所"收藏"的大约2万册中国文献。1898年翟理思编写并出版《剑桥大学图书馆所藏汉文、满文书籍目录》（包括威妥玛在中国收集的4304册中文藏书捐赠剑桥大学）。有了图书等文献资料作为依据，英国的汉学研究从此有了第一手的材料。

一般认为，汉学研究职业化、专业化的实现与完成的标志是大学汉学教席和汉学课程的设置。1876年牛津大学建立汉学讲座，首任教授是传教士出身的理雅各，之后由外交官布勒克（又译"巴鲁克"，Thomas Buuock，1845—1915年）和传教士苏慧廉（W. E. Soothill，1861—1935年）继任。剑桥大学的汉学讲座也于1888年开设，首任教授是外交官出身的威妥玛，后由外交官翟理斯和传教士出身的阿·克·穆尔（A.C. Moule，1873—1955年）继任。1901年曼彻斯特的欧文学院也设立了汉学教授职位，由外交官庄延龄（原名"爱德华·哈珀·帕克"，Edward Harper Parker，1849—1926年）担任第一任教授。与法国汉学教授大都来自专业汉学家相比，英国的第一代汉学教授基本上来自在中国生活过的传教士和退休的外交官，他们代表着这一时期英国汉学的最高成就。其中赫赫有名的理雅各、德庇时和翟理斯就被称为是英国汉学的三大星座，威妥玛则因创造了用拉丁字母给汉字注音的"威氏拼音法"而享有盛誉。

20世纪上半叶，推动英国汉学发展有两个事件，一是任职于印度殖民政府的斯坦因（Marc Aurel Stein，1862—1943年），先后于1900—1901年、1906—1908年、1913—1916年、1930—1931年进行了著名的四次中亚考察，在敦煌盗走了大量珍贵文物，包括图书、手卷和写本等近7000件（现收藏在大英博物馆图书馆），引起了世界关注，推动了英国对中国的研究。二是英国政府于1916年在伦敦大学成立了东方研究学院（1938年改名为"东方及非洲研究院"，简称"亚非学院”），正式设置汉学讲座，创办了汉学刊物《学报》，并于1917年正式开学，还曾聘请清末皇帝溥仪的英语老师庄士敦（Reginald Fleming Johnston，1874—1938年）任汉学教授，中国作家老舍也曾在这里担任中文教师。有力地推动了伦敦大学的汉语教学和汉学研究。

有了以上这些汉学家们的努力，英国的汉学研究开始呈现出欣欣向荣的崭新气象。但从其课程设置看，英国高等院校的汉学讲座开设的初衷更多的还是考虑商业需要，如伦敦大学课程设置明确提出：古典文化研究可以在课程设置中占一定地位，但原则上要服从实用的考虑和安排。因此，英国与法国、德国等欧洲大陆的一些国家相比，总体上说，汉学研究自一开始就注重商业、传教与外交事务方面的实际应用，而忽视学生学术上的专业训练和理论素养的培养，势必影响英国汉学后期的发展。

四、英国汉学的发展（20世纪中叶至今）

这一时期，英国汉学的发展经历了低谷、发展到停滞，再到繁荣阶段。

一战前，英国的国际霸权地位日渐衰落，接着又两次世界大战，经济的巨大压力、工人运动、殖民地的大量失去等一系列事件，英国对中国的兴趣也随之减弱。此时的汉学家主力军变为为数不多的大学学者，“各个大学里学习汉语的学生人数减少了很多，1940—1941年期间总共才有26人”。[①]英国汉学进入了低谷。

二战后，英国政府深感缺乏专业汉语人才、缺乏对亚洲及中国的深入了解，于是于1947年启动了由斯卡伯勒伯爵（Earl of Scar.brough）负责中国学开展情况的调查。通过调查，发现和欧洲其他国家、美国、苏联及日本相比，英国汉学有相当大的差距。由此英国政府开始加大对东方学和中国研究的资助，如购买中文图书、培养中国学人才、设立中国学讲座和研究机构，派留学生到中国学习汉语，也聘请中国的学者到英国大学任教。如牛津大学1938年聘请陈寅恪为第四任

① 李真：《简论20世纪初期至今的英国汉学》，《人文丛刊》2008年第3期。

汉学教授，但因种种原因，直到1946年才应聘（该教授席位实际上空缺了12年）；1947年还聘请了著名的红学家吴世昌到此讲学。此后，英国剑桥大学、牛津大学和伦敦大学三所著名大学在《斯卡伯勒报告》的推动下，在中国学研究方面取得了新的进展。14年后，为了评估斯卡伯勒报告的实施情况，1961年英国政府又启动了海特调查。通过调查，认为英国政府还要加大对东方研究的投资力度，以强化东方研究。于是英国各高校纷纷建立汉学研究机构，扩大招生规模，从事汉学研究的学者和学生人数都有所增长，研究范围也逐步扩大。自60年代以后出现了英国汉学史上的“黄金时代”。不同于19世纪，这一时期汉学家主要来自学校，他们经过一定的专业汉学训练和理论学习，并且研究目的不再依附于政治或宗教，具有相对的独立性，研究的观点更具客观性和学术性。英国汉学初现发展景象。

但从20世纪70年代以后，英国政府没有再关注或通过全国性的政策支持中国研究，加上20世纪80年代后又受到撒切尔主义的影响。英国政府认为中国学是一门非实用的科学，因而中国研究又陷入了停滞状态。“1996年英国全国性的研究评估（RAF）显示，与中国直接或间接相关的研究者仅占全国5700名研究者的0.7%，一些高校有关中国的科研和教学机构相继关闭”。[①]

直到1986年帕克报告，对英国汉学现状进行了严厉的批评之后，情况才有所好转。特别是中国改革开放以来的迅速发展及其国际地位的不断提高，英国政府开始意识到了解中国的重要性，由此中国研究进入了一个新的发展阶段。

现在英国的中国研究基本上集中在10个左右的研究型大学之中。它们分为两类：一类是在第二次世界大战之前就已建立的汉学基础上传承和发展起来的，主要是剑桥、牛津和伦敦大学，侧重于中国古代文化的研究，如剑桥大学东方学院中文系注重古代中国文化，汉学教授如研究先秦语言和历史的德籍古斯塔夫·哈隆，研究唐代文化的有三位学者，即蒲立本（E. G. Pulleyblank，1922—2013年）、崔瑞德（又译“崔瑞特”，C. Twitchett，1925— ）和麦大维（David L. McMul-

① 刘宏：《当代英国的中国研究特征》，《国际社会科学杂志（中文版）》2009年第2期。

len，1941— ），研究秦汉史的鲁惟一（Michael Loewe，1922— ）以及研究中国古代科技的李约瑟等；牛津大学重视中国古代、近代文化和道教研究，如研究中国古代文化的德和美（又名“德效骞”，Homer Dubs，1892—1969年），研究中国戏曲和道教的龙彼得（Pier van der Loon，1920—2002年），翻译《红楼梦》的大卫·霍克思，研究中国古典文学的杜德桥（Glen Dudbridge，1938—2017年）等；伦敦大学亚非学院关注中国早期文化和近代文学的研究，如研究中国语言（《藏汉语比较词汇集》）的西门华德（Walter Simon，1893—1981年）、葛瑞汉（A. C. Graham，1919—1991年），研究中国美术的苏立文（Michael Sullivan，1916—2013年）以及研究中国古代文化的阿瑟·韦利等。另一类是在1961年英国“海特报告”的推动下，英国一些院校纷纷建立中文专业或中国研究中心，以研究中国现当代问题为主。其中历史最久的是成立于1963年的利兹大学中国研究系，以后约克大学、达勒姆大学、爱丁堡大学、诺丁汉大学、纽卡斯尔大学等院校陆续开设了中文系。

中国学的研究机构，除了19世纪初建立的皇家亚洲研究会之外，大都是20世纪60年代成立的研究机构，如1968年伦敦大学亚非学院成立的“现代中国研究所”，主管刊物有《亚非学院简报》和《中国季刊》，侧重于1949年后的中国研究，被称为英国中国学的研究中心；利兹大学于1963年建立“中国学研究中心”、2004年成立“当代中国研究所”，成为英国中国学的第二个研究中心；剑桥大学的“东亚研究所”；牛津大学东方研究院下设四个中国学研究机构，圣安东尼学院的远东研究中心，亚洲比较研究中心，以及伊丽莎白女王学院的现代中国研究中心和沃尔夫森学院的现代中国研究中心。1994年，牛津大学经过对原有研究机构进行重新组合成立了“中国学研究所”。从以上机构的名称可见一斑，英国各研究机构加强了现当代中国社会的研究。

目前，英国有数所研究型大学，如伦敦大学、爱丁堡大学、曼彻斯特大学、谢菲尔德大学、诺丁汉大学都已成立孔子学院。截至2017年4月，英国共有孔子学院29所，孔子课堂148个，位于欧洲第一。

第二节 英国的汉学名家

一、"英国汉学先驱"托马斯·斯当东

托马斯·斯当东（又称"小斯当东"，George Thomas Staunton，1781—1859年）是1792年马戛尔尼爵士访华使团副使老斯当东的儿子。当时是以马戛尔尼见习侍童的身份来华的。因使团找不到一个略知汉语的英国人做翻译，只好从意大利那不勒斯中国学院聘请了两名中国留学生担任翻译，但这两位中国留学生只会拉丁文，不会英语。在来华的9个月途中小斯当东曾师从这两位中国留学生学习汉语。当1793年使团抵达北京时，小斯已经具备了一定口译能力，成为使团中唯一懂中文的英国人，并得到了乾隆皇帝的喜欢。北京之行，以失败告终，也使英国痛感汉语人才之匮乏，于是使团副使老斯当东返英时，继续让小斯当东学习中国语言文化。

（一）《大清律例》的首译者

1800年，小斯当东应聘到英国东印度公司驻广州商馆担任翻译。其间，开始对中国科举和司法制度、中英之间的外交和贸易等问题进行深入研究，历时10年翻译并于1810年出版英文版《大清律例》。尽管由于译者没有将《大清律例》的例

文全部译出而使译本多少有些缺憾，但至少在19世纪末由法国人翻译的《大清律例》全译本问世之前，这本著作可以说是西方人了解清朝法律的唯一资料，也是欧洲中国法律研究者最重要的参考书之一。

（二）侵华战争的鼓吹者

1816年，小斯当东被任命为阿美士德访华使团的副使，再次来到北京。但因阿美士德拒绝向嘉庆皇帝行叩头礼，最终导致这次出使无果而终，小斯当东也被中国政府驱逐回国。

回国后，他利用搜集的信息，著书立说，阐述了自己对中国政治、外交和历史文化等各方面情况的认识和理解。如，《1816年英国使团访京纪实》《中英商业往来札记》和《论中英关系及其改善之进言》等。这些著作对英国人了解中国发挥了很大作用，有些论点成为英国政府制定对华政策的依据。

1818年至1852年间，小斯当东多次当选为英国下议院议员。在中英关系上，他为了维护英国东印度公司在华贸易的垄断权，积极鼓动英国政府发动对华战争，以武力打开中国市场。他的言论对英国发动鸦片战争起了非常重要的作用。

（三）英国汉学的推动者

1823年小斯当东发起创办了“皇家亚洲学会”和《学报》，致力于推动对亚洲各国的政治、历史和文化的研究工作。并将自己搜集的有关中国政治、历史、经济和社会等各方面的汉籍186本捐赠给亚洲学会。小斯当东还积极推动英国的汉学教学和研究。并以捐献马礼逊的汉籍藏书为条件，努力使英国伦敦大学学院于1838年设置汉学讲座，聘请在马六甲英华学院任教多年及担任院长的萨缪尔·基德担任教授。但5年后基德去世，汉学讲座也就中止了。他又开始四处奔波，最后促使伦敦大学国王学院于1846年开设汉学讲座，首任教授为费伦，但后又中断，直到1873年恢复。虽然小斯当东自己没有在大学里从事汉学教学，但他为了“汉学”能在英国大学占有一席之地，可谓费尽了心血。由此被誉为“英国汉学先驱”。

二、"开创中国新教传教模式"马礼逊

马礼逊（Robert Morrison，1782—1834年）是英国伦敦传教会派往中国的第一位传教士，也是西方派到中国的第一位基督新教传教士。曾于1803年在伦敦霍克斯顿神学院学习神学、数学、哲学、植物学等课程。经申请被指定前往中国开辟新的传教区。在已掌握拉丁文、希腊文等语言的基础上，开始学习中文，还增加学习天文学和医学等课程。1807年抵达澳门，然后进入广州，边学习中文，边了解中国国情。

19世纪初，清朝禁止天主教传教的政策仍在执行，而且不准中国人教外人学习中文，违者处以死刑。为了传教，马礼逊可谓不遗余力，在华25年（曾于1824—1826年回国）不仅将新旧约《圣经》全部翻译成中文，首次完整地把新旧约全书介绍到中国，而且为了能在中国打开传教的局面，面对中国当时的社会情形，开创一系列的"无声而有效"的传教策略，建立了一个文字、教育、医疗配套的传教模式。马礼逊这种开创性的传教模式均被其后的新教传教士乃至天主教士所继承发扬，一直沿用至1949年西方传教士撤离中国。

（一）编撰英汉字典，介绍中华文化

马礼逊于1808年开始独自编纂英、汉对照字典，目的是给以后到中国的传教士一本学习汉语的工具书。经过7年的艰苦劳动，于1815年出版了第一卷，名为《华英字典》，1820年第二卷出版，1822年第三卷出版，1823年《华英字典》出齐，前后历时15年。这是世界历史上第一部英汉-汉英对照的大字典。

该字典共3部分6卷，收4万余字，4595页，部头庞大，内容丰富。第一部共3卷，为汉字字典，按照214个部首进行排列，在卷末附有字母索引。其内容主要来自英译本的《康熙字典》和《艺文备览》，还包括了从中国小说、戏曲和马礼逊个人生活经历中收集的日常用语和俗语。第二部共2卷，第一卷为汉英字典，将汉字根据发音按英文字母排序；第二卷附录则把汉文书写的楷书、行书等6大类

分别列出。第三部，为英汉字典，内容包括单词、词组、成语和句型的英、汉对照。

《华英字典》在中国的出版，不仅为传教士学习汉语带来了方便，而且它是首部用罗马字母为汉字注音的字典，还是一部介绍中国文化的百科全书。该字典第二卷根据汉字的读音按字母排序；第三卷英汉字典，是英文词条按字母排序。这种罗马字母的索引法极大地方便了英语读者的使用。马礼逊是英语国家中首位用罗马字母为汉字注音的传教士，他的注音方案为后来"威妥玛拼音"奠定了基础。该字典在汉字词条下收录大量的中文例词，提供了大量相关的中国文化信息，从中国各派宗教到神话传说，从中国教育制度到戏剧小说，从中国天文历法到日常风俗礼仪，包含了中国文化的方方面面。《华英字典》的出版是对自16世纪以来罗明坚、利玛窦等传教士编撰汉语词典的继承和发展，也是19世纪西方汉语研究再次繁荣的奠基之作。

除《华英字典》外，马礼逊还著有《通用汉言之法》(1811)和《广东省土话字汇》(1828)等汉语著作。

(二) 创办中英期刊，报道中国时事

1815年，马礼逊和米怜在马六甲共同创办了中文月刊《察世俗每月统纪传》，共出了七卷，1821年停刊。最初每期印五百本，后来增加到两千本，除在南洋华侨中散发外，还秘密运送到广州和澳门一带散发，内容有一部分是传教，其余刊载时事新闻。《察世俗每月统纪传》作为中国近代第一份中文月刊，其影响是广泛而深远的，对近代中国的印刷、出版、新闻、传教以至中外文化关系等，都有极重要的历史意义。马礼逊被誉为"中国近代报刊的开山鼻祖"[①]。

1832年，在马礼逊倡议下，由美国传教士裨治文负责的英文期刊《中国丛报》出版。马礼逊不仅是《中国丛报》的创始者，而且是前期重要的撰稿人。据统计，仅1832年到1834年马礼逊去世前短短3年间，他为《中国丛报》撰稿达97

① 王慷鼎:《新加坡华文报刊史论集》，新加坡新社1987年9月版，转引自陈超:《试论传教士报刊对中国近代报业发展的影响》，《福建教育学院学报》2006年第4期。

篇。《中国丛报》到1851年停刊，共出版20卷。作为中国境内第一份由传教士创办的英文期刊，其影响是巨大的。它内容广泛，涉及历史、法律、宗教、儒家经典等方面，特别注意报道关于中国的时事和对外关系，并记载了鸦片战争的全过程，成为西方人了解和研究鸦片战争前后历史的重要的第一手参考文献。《中国丛报》以其丰富的史料为当时乃至后来治学者所重视，在一定程度上又为中西文化交流起了桥梁作用。

（三）开办学校医院，传播西学新教

1818年马礼逊在澳门创办“英华书院”，该校是近代传教士开办的第一所中文学校，课程有神学、英语、数学、历史、地理等。招收华侨子弟前来就读，以培养中国的传教人才。虽然由马礼逊直接施洗的人数仅有10人，但“英华书院”的创办，开传教士创教会学校之先河，为日后传教士在中国办学积累了一定的经验，这是一种跨文化的教育事业。鸦片战争后，各国基督教传教士纷纷来华，创办教会学校，传授西学。

1820年，马礼逊在澳门开办了一家中式诊所，聘请中西医师。1827年增设一家眼科医院。六年以后，又在广州开设了一家眼科医院，眼科医生聘请英国东印度公司的医师担当。这些医院实施免费医疗的政策，以达到宣传基督教的目的。

（四）捐献中文图书，培养汉语人才

1824年，马礼逊回英述职时，随船携带历年在华收购的中文图书。次年创办了伦敦东方语言学校，开设汉语课程，1828年停办。马礼逊曾希望能在牛津或剑桥建立汉学教授席位，但最终没有成功。直到他去世后，小斯当东作为马礼逊遗产的执行人，以捐献马礼逊的1万多册汉籍藏书为条件，请求伦敦大学设立一个教授席位。后伦敦大学于1838年开设汉学讲座，但因各种原因时断时续，且以语言教学为主。

由于马礼逊在中西文化方面所做出的开创性工作，而且贡献巨大，1817年格拉斯哥大学授予其神学博士学位，1824年他被选为英国皇家学会会员。美国人亨

特甚至称马礼逊为“一位享有世界声誉的传教士和汉学家”[①]。

三、“达官中之学者”德庇时

原名约翰·弗朗西斯·戴维斯（John Francis Davis，1795—1890年），德庇时是其中文名。因家庭的熏陶和父亲的直接传授，他自幼便学习汉语。1813年到了广州，在东印度公司任职。1815年，德庇时将清代李渔（1611—1680年）小说《三与楼》译成英文并出版。1816年，曾作为阿美士德使团的中文翻译到北京。1833至1835年，担任英国驻华商务监督署监督。1844年，晋升为香港的英国商务正监督，同时担任香港第二任总督，并兼任英国驻华公使。1848年离任，回到英格兰，专门从事著述，直至去世。

（一）小说诗文遍译，成中戏英译先驱

德庇时在广东东印度公司任职期间，热衷于翻译小说、戏曲、诗歌和谚语等中国古典文学作品，如《老生儿》（1817）、《中国小说选》（包括李渔的《合影楼》《夺锦楼》和《三与楼》等译作，1822）、《中国格言集》（1828）、《汉宫秋》（1829）、《好逑传》（1829）和《汉文诗解》（2卷，1829）等若干明清作品，还著有《中国诗歌评论》（1829年）。1870年出版了增订版《汉文诗解》等。在对中国小说戏曲的译介中，德庇时较能忠实于原著的文体形态和内在风格，语言上也能够表达原著的字面含义和内在精神风貌，为英国以及西方读者提供了较真实的中国古代文学原貌。可以称为中国小说戏曲英译的先驱者。这些译作一出版，引起了欧洲读者对中国古典文学的兴趣，各国学者也纷纷加以介绍、评论和转译，特别是对李渔小说的关注。由此，奠定了德庇时在英国以至欧洲汉学界的重要地位。

① 转引自谭树林：《马礼逊与中西文化交流》，中国美术学院出版社2003年版，第48页。

（二）为官治学并重，乃达官之中学者

德庇时在担任驻华外交官期间，出于中英外交关系的需要，全面考察了中国当下的社会与政治以及民生等状况，撰写并陆续出版了关于中国近代社会研究的系列著作。如1836年《中国概览》（2卷，原名《中国人，中华帝国及其居民概览》），1841年《中国见闻录》（2卷），1865年《中国杂记》等著作。其中《中国概览》是一部资料非常丰富的重要作品，被公认为19世纪对鸦片战争前后中国社会与政治状况最全面的报道，也成为英国以及西方了解和研究中国近代史的重要参考资料。后被译成法语、德语等欧洲各种文字，产生了很大的影响。

不过，同理雅各和翟理思相比，德庇时的汉学研究带有更多的政治意味，一些非学术的因素。如内容上更多地从大英帝国的商业和外交方面考虑。

四、“英国汉学界的玄奘”理雅各

理雅各（又译“理雅格”，James Legge，1815—1897年）以翻译中国儒家经典而闻名于世，与法国学者顾赛芬、德国学者卫礼贤并称“汉籍欧译三大师”，他也是儒莲汉籍国际翻译奖的第一位获得者。在国际汉学史上至今享有盛名。

1831—1835年，理雅各就读于苏格兰阿伯丁皇家学院，因拉丁语、希腊语、数学和哲学等学科成绩优秀获得了学院的最高奖学金，但因坚持非国教信仰而放弃奖学金。后到伦敦海伯里神学院攻读神学，其间受传教士米怜之子的影响，加入伦敦会，立志到中国传教，于是开始师从伦敦大学的汉学教授基德学习汉语。1839年受英国伦敦布道会派遣来华传教，因清政府禁教不能入境，留在马六甲的英华书院任教，并兼管教会出版事务等工作。1841年出任英华书院院长，编写《英汉及马来语词典》用作教材。1843年，英华书院迁至香港，继续担任院长。1845年因健康原因，理雅各回到苏格兰。1847年在返回香港的途中，立志要翻译和研究中国经典。

（一）倾心译汉典，功德若玄奘

理雅各于1848年开始计划翻译中国儒家经典为英文，并各自附以原文、注释及长篇绪论。从1861年开始陆续译出，并以《中国经典》为名出版，共计7卷本译著（后来只出了5卷）。1861年，第一卷《论语》《大学》和《中庸》，第二卷《孟子》；1865年， 第三卷《书经》和《竹书纪年》；1871年第四卷《诗经》（两册）；1872年，第五卷《春秋》和《左传》。

理雅各于1873年返回英国，1876年被聘为牛津大学汉学讲座教授。其间继续致力于翻译《中国经典》，包括《易经》《礼记》《尚书》《孝经》以及道家经典《道德经》《太上感应篇》和《庄子》，连同按照宗教因素重新编排的《诗经》和《书经》节译，被收入英国比较宗教学家、东方学家麦克思·穆勒（又译“米勒”，Max Muller，1823—1900年）主编的《东方圣典丛书》（50卷）中的《中国圣典》。从1861年到1886年的25年间，全部出齐，计28卷。使得儒家主要经典第一次有了完整的英译本。

理雅各译著在参考了300多种中国官方文献的基础上，力求做到忠实于原著，强调直译，反对意译，并且他每次完成译稿后并不出版，待数月甚至数年后，不看前稿，重新再译，然后与前次译稿反复比较推敲，达到精益求精。他的全套《中国经典》都经过修订，有的翻译了三遍，如《尚书》。理雅各的《中国经典》英译本现已历经百余年，仍被西方奉为中国古代经典的标准译本，成为西方了解中国文化以及中华民族伦理道德的首选文献。

此后，理雅各又翻译了《法显行传》《中国的宗教：儒教、道教与基督教的对比》《孔子生平及其学说》等。

在翻译过程中，理雅各得到了不少中国学者的帮助，如何进善、黄胜、罗祥以及王韬等，其中与王韬合作时间最长，从1862年至1872年近10年的时间，获得的帮助最大。他曾说，“王韬之助大矣”，“他为我提供了一个图书馆，藏书丰富”[1]。理雅各在与传教士的交游、翻译经书的过程中，克服了种种困难，家庭变故，夫人和3个女儿相继去世，自己又因过度劳累导致双眼几乎完全失明，甚至休克等种种磨难，这一切都没有动摇或者终止理雅各的翻译中国经书的信念。王韬在《送西儒理雅各回国序》中指出：“先生独不惮其难，注全力于十三经，贯穿考核，讨流溯源，别具见解，不随凡俗。”由于治学勤奋、成就卓著、不乏开创之功，遂被中国学者誉为“英国汉学界的玄奘”。[2]

（二）致力授汉学，培养后来人

1876年，牛津大学设立“中国语言与文学”讲座，理雅各被聘为首任教授，直至1897年去世。在他主持汉学讲座22年里，每学期平均只有三个学生，但他在课程设置上，既注重在初级班培养学生汉字书写、汉语文法的基本能力；也在高级班讲授中国历史、文学和宗教等多方面的文化内容，特别是对儒家经典的文化意义、思想价值和人生经验重点阐释。可谓内容丰富、全面，体现了专业化和学术化的教学模式，为英国培养了不少汉学方面的后起之秀。

理雅各在牛津大学教学期间，还经常举办各种讲座，介绍中国文化。这些讲座，基本上与他在牛津大学课堂上的讲学内容一致，大致分为儒家经典、道家经典、中国佛教、中国历史和历史人物、汉字基本特征及历史、中文作文法等。其中，儒家经典占据了讲座的主要部分。形成了牛津大学汉语教学的模式——“阅读经典比学习口语重要”，并被后来任职的几任教授所承袭。这种状况持续到第二次世界大战，由于军事与外交的实际需要才得以改变。

1897年理雅各去世后，由从中国回去的外交官布勒克接任，直至1915年；后由传教士苏慧廉继任，直至1935年去世。1938年，牛津大学聘请学贯中西的我国史学家陈寅恪出任第四位汉学讲座教授，但延至1946年才来牛津到职。其间由时任中国哲学和宗教讲师的修中诚（Emesti Rhcard Hughes）主持。

① 转引自李真：《英国汉学界的“玄奘”——纪念英国汉学家理雅各诞辰200周年》，《中国社会科学报》2015年4月29日。

② 李真：《英国早期汉学的“三大星座”》，《人文丛刊》2009年第4期。

五、创立"威式拼音法"的威妥玛

威妥玛（又译"韦德"，Thomas Francis Wade，1818—1895年）曾就读于剑桥大学。1838年加入英国陆军，1842年随英军侵华，参加了鸦片战争。1843年任香港英国殖民当局翻译。1847年退伍，任英国驻华商务监督署中文翻译。1855年任驻华公使馆中文翻译。1861年任英国驻华使馆参赞，后任上海副领事、驻华公使等职。曾于1858年、1876年参与中英《天津条约》《北京条约》和《烟台条约》的签订活动，扩大英国在华特权。1883年退职回国，在中国生活四十余年。1888年任剑桥大学首任汉语教授，直至1895年逝世。

（一）撰写对外汉语教材

在中国担任外交官期间，威妥玛还负责对来自英国本土的海关人员进行汉语培训，为此，在教学的基础上编写汉语教材，先后出版《寻津录》（1859）、《文件自迩集》（1867）和《语言自迩集》（1867）以及《汉字习字法》（1867），成功发展了用罗马字母注汉字地名的方法。《语言自迩集》是一部以北京官话为语音标准及汉语语法研究之集大成著作。它的重要价值在于这是一部注重现代汉语口语教学并开创用罗马字母注音"对外汉语教材"先河之作。

（二）创立"威式拼音法"

1868年，威妥玛以罗马字母为汉字注音，创立"威妥玛式拼音法"。后来翟理斯在其《华英字典》（1892）中，对威妥玛的标音系统又略加改良，形成了"威妥玛-翟理斯式拼音"（Wade-Giles System），简称"威式拼音法"。

"威式拼音法"拼音是以北京音为描写对象，因北京话在清中期以后就成为中国的"官话"，因此这个拼音方案更具有代表性和实用性，使它成为中国乃至国际上汉字注音的标准，以及翻译中国人名、地名和事物名称的标准。因威妥玛的汉语教材《语言自迩集》也使用这个拼音方案，所以对整个世界汉语学习和教学产生了深远的影响，也为1958年中国《汉语拼音方案》的制订提供了借鉴。正是在该《汉语拼音方案》公布以后，中国才停止使用“威式拼音法”。1981年联合国正式宣布停止使用“威式拼音法”，改用《汉语拼音方案》。“威式拼音法”历时一百多年，在世界上占有重要的地位。

（三）致力基础汉语教学

威妥玛回国后担任剑桥大学首任汉学教授，从事中文教学，写成数种汉语入门读物。威妥玛根据在中国多年的汉语教学经验，注重“基础汉语”的教学，重视学生汉语基本功的训练，同时“向他们介绍世界上人口最多、历史最悠久的中华帝国的历史、政治、文化等概况”。希望通过这样的教学方式来引起学生对汉语和汉学的兴趣，丰富学生对中国的了解。

1895年，威妥玛临终前，将在中国所收集的汉文、满文和蒙文等各类图书赠予剑桥大学，共计4304册，883种，这些书充实了剑桥大学的中文图书，为学习汉语的学生、研究汉学学者提供了中文文献，从而促进了剑桥大学的汉学研究。

六、“引领整个西方汉学界”的翟理斯

翟理斯（又译“翟里斯”“翟理思”或“贾尔斯”，Herbert Allen Giles，1845—1935年），出生在一个文人世家，在家庭的熏陶下，广泛阅读了古希腊和拉丁语等经典。1867年，通过英国外交部的考试，翟理斯成为英国驻华使馆的翻译。英国外交部有个规定，初次来华的翻译生必须先学习两年的汉语。在这两年里，翟理斯不仅掌握了汉语，而且阅读了大量的中国经典，为后来成为一名优秀的外交官以及汉学家打下了扎实的基础。后历任天津、宁波、汕头、汉口、广州以及上海等中国各港口地英国领事馆翻译、领事等职，直至1893年返英，除5次回英休假外，其余都在中国居住，时间长达26年。1897年继威妥玛为剑桥大学汉文教授，直至1935年病逝。

（一）编撰字典，拼音方案惠及数代

翟理斯来中国5年后，开始编写汉语教材和研究汉语。1872年，出版了汉语教材《中文无师自通》，截至1922年已出至第八版；1873年出版《语学举隅：官话口头习语字典》；1874年，出版了一部辨析同形异义或同形异音字的汉语教材《字学举隅》；1876年在任汕头代领事期间完成了《汕头方言手册》；1878年，从"日常交谈和报纸杂志"中收集远东地区时兴的"术语、书目、俚语、短语"编写并出版《关于远东问题的参照词汇表》；1892年，出版《华英字典》（3卷）。1919年，翟理斯出版了《百个最好的汉字》等一系列语言文字的著作，可谓硕果累累。

其中他花20年时间所编撰的《华英字典》于1892年在上海出版，后又花了20年时间修改，这本字典被认为是其一生的最大成就。这部巨型字典直到1968年还在美国重印，影响了几代外国学生。这部字典不仅修改、完善和确立了"威妥玛-翟理斯式拼音方案"，使之风行世界80余年而不衰。而且容量巨大，编排科学。第一版共收入10859个单字，第二版增加了2989个单字。复字或多字条目10万余条，所收例句包含了中国文学、历史、宗教、艺术、哲学、习惯、风俗和技艺等大量信息。字典编排不仅按照"威妥玛-翟理斯式拼音方案"排序，而且还提供同形异音或同音异形字交叉索引、汉字部首检索和疑难部首检索等，还附清代一品至九品文武官员官阶表、中国姓、中国朝代表、地理区划表、历法表和杂表等6个附表。

（二）翻译治史，展现中国文学概貌

翟理斯还热衷翻译中国古典文学，如1873年出版的第一部汉英译作《两首中国诗》（收录《三字经》和《千字文》）；1878年英译了蒲松龄《聊斋志异》中164则故事，迄今为止，仍然是最全的一个英译本，后一版再版，很受西方欢迎；1883年，英译了中国历史上著名作家的散文片段并以《古文选珍》为名出版，在这本书中所有文章均为首次英译；1898年，翟理斯又选译了大量中国古诗《古今诗选》；1901年出版了文学研究的集大成著作《中国文学史》；1911年，编译出版

《中国神话故事》等。

《中国文学史》是翟理斯最大的汉学成就。本书在国际汉学界是有关中国文学史的具有开创意义的一部著作。其一，第一次从“史”的意识上整体把握中国文学。批评中国学者无休止地沉湎于对个体作家、作品的评论和鉴赏中，而在中国文学的总体历史研究上几千年却止步不前。其二，从现代文学观念出发，比较公正地对待各种文学体裁。把中国传统上视为“野史稗闻”“街谈巷语”的小说、戏剧、民间文学搬到了文学的正堂大殿。其三，在文学史的写作体例上开了先河。以朝代为经，以文体为纬，辅以专章作家、作品介绍，先总后分，奠定了中国文学史体例的基础。其四，注意到了佛教对中国文学的影响。其五，第一次系统地向西方读者展示了中国文学的概貌。同时译介了大量中国文学作品，是19世纪欧洲汉学水平和译介成就的总结。

除了语言和文学的成果外，翟理斯还翻译有1874年出版的宋朝宋慈《洗冤录》、1877年的《佛国记》（又称《法显传》）、1925年的《中国笑话选》等；专著有1875年的《中国札记》、1889年的《庄子》、1905年的《中国古代宗教》、1911年的《中国之文明》等。

综上，翟理斯的汉学研究涉及领域非常广泛，有的不仅引领了英国的汉学界，还引领了整个西方汉学界，有的甚至是独一无二的著作：撰写了第一部英文《中国文学史》、翻译了第一部也是最全的英译本《聊斋志异》、第一次向英语读者展示了中国数千年来的散文《古文选珍》和诗歌《古今诗选》、第一部《中国绘画史导论》（1905）、第一部中国从先秦到19世纪历史人物传记辞典《古今姓氏族谱》（1897，2卷，共收录了2579名。）等。

翟理斯两度获法兰西学院儒莲奖（因1897年《古今姓氏族谱》，1911年《中国之文明》两部著作）、皇家亚洲学会三年一度的金奖（1922）、中华民国政府嘉禾章（1922）等奖励。

翟理斯的人生道路也影响到了他的三个儿子，其中两个儿子长期在中国从事外交工作，四子翟林奈（Lionel Giles，1875—1958年），又译为“小翟理斯”，像翟理斯一样选择了从事汉学研究，著有《孙子兵法》《论语》等，后来成为大英博物馆东方研究部的负责人。

七、致力研究中国古代文化的阿瑟·韦利

阿瑟·韦利（又译“阿瑟·魏理”或“韦利”“魏里”，Arthur Waley，1889—1966年）是英国第二代汉学家中最杰出的人物之一。1906年考入剑桥大学国王学院学习英国古典文学，其间学过希伯来语、梵语、希腊语和拉丁语等多种语言，为以后研究中日文学打下了文学和语言基础。1910年，左眼因眼疾而失明，故而休学到欧洲各地游历。1913年，韦利竞聘进入大英博物馆工作，负责馆藏中日绘画编目。因不懂题画上的文字，开始自学中文和日文，后又到伦敦亚非研究院学习汉语和日语等语言，通晓汉文、满文、蒙文等语言，但他始终都不会开口讲汉语，是位“哑巴”汉学家。1916年，韦利开始翻译和研究中国诗歌。1929年，以健康为由从大英博物馆离职。二战爆发后，1939年韦利进入英国情报部担任新闻报道审查官。1944年到1948年，担任伦敦大学亚非学院客座讲师，从此潜心进行中日古代诗歌的翻译和研究。

（一）平实翻译，得原作真味

在古典诗歌的翻译及研究方面，有1916年的《中国诗歌》（52首），1917年的《唐前诗歌选译》（37首）和《白居易诗38首》，1918年的《汉诗170首》和《论汉语诗律》，1919年的《中国诗增译》（68首），1923年的《释皎然诗三首》，1937年的《诗经》，1954年的《寒山诗27首》等。中国诗人传记以及研究，如1919年的《诗人李白》，1949年的《白居易的生平及其时代》，1951年的《李白的诗歌与生平》，1957年的《18世纪的中国诗人袁枚》等。

其中《汉诗170首》是韦利公开出版的第一部翻译作品，被重印十几次，版本亦达数种，其中多篇译作被德籍剧作家布莱希特（Bertolt Brecht，1898—1956年）改编，还被音乐家谱上乐曲。在英译中国诗歌的方法上，韦利在1920年发表的论文《论〈琵琶行〉》中表达了自己与翟理斯不同的翻译观点与方法。翟理斯采用

意译的韵体译法，而韦利采用直译的散文体翻译法，以平实见长，保存原诗情趣。

中国古典小说方面的译著，如1929年《老残游记》、1942年《西游记》（以《猴》为名），1960年《敦煌变文故事选》等。这些著作由于译笔生动活泼，不仅多次重印，还被译为多国文字。

（二）评庄论孟，呈现一家之言

在中国思想史研究方面，有1939年的《中国古代的三种思维方式》（包括庄子、孟子和法家），韦利指出了三家思想各自的特色与优势。认为“庄子思想的魅力在其‘想象力’（Imagination），读《庄子》如同读诗；孟子的吸引力则在于其强烈的‘道德情感’（Moral Feelings），其生活的时代面临‘道德’危机，富有道德感的思想自然意义重大影响深远；韩非子的‘现实主义’（Realism）则与当代‘极权主义’（Totalitarianism）相类似，就其时代来说是先进的”。[①]1938年的《论语》与《道德经》等，这些译本是目前英语世界比较通行的译本。

除了翻译中国文学和经典以外，韦利还涉及中国绘画、宗教、历史及语言等诸方面，如1923年《中国画研究概论》、1925年的论文《观音与妙善传说》、1955年的译著《九歌：中国古代萨满教研究》、1958年著作《中国人眼中的鸦片战争》、1964年著译集《蒙古秘史集》及1969年《说“乍”》等。到1966年逝世前，共著书40种，翻译中日文化著作46种，撰写文章160余篇，被称为没有到过中国的“中国通”。1945年当选为剑桥大学国王学院荣誉院士，同年又当选英国学术院院士。1951年牛津大学授予其荣誉博士学位。1953年获得伊丽莎白女王授予的“女王诗歌奖”。

西方的翻译界人士对韦利的翻译给予极高的评价，认为他不仅对所译作品的语言有很深的造诣和透彻的研究，而且他对翻译工作热情极高。《不列颠百科全书》在《英国文学》辞条中介绍阿瑟·韦利时说：“他是本世纪前半个世纪中的最杰出的东方学家，也是将东方文学译为英文的最杰出的翻译家。”“他是一位诗人

① 吴涛：《韦利与〈古代中国的三种思想方式〉》，《学海纵横》2012年第4期。

和诗歌的创新者。由于他的译作，使中国文学易于为西方读者接受了”。可见，韦利一生致力于中国文化的翻译及研究，其所做出的巨大贡献，已为世界学者所公认。

八、倾心翻译中国文学的霍克思

霍克思是其中文名（又译“大卫·霍克思”“大卫·霍克斯”，David Hawks，1923—2009年），1947年在牛津大学完成中文本科学习后，注册为研究生，继续汉学学习和研究，并以屈原《楚辞》为研究方向。1948年发表本科论文《离骚》的英译，同年申请到中国留学，进入北京大学学习中文。1949年，北平解放，和同学们一起参加了中华人民共和国的开国大典。1951年学成返英，继续在牛津完成硕士学位课程，于1952年毕业。1953年，受聘任牛津大学中文讲师。1955年以《楚辞创作日期及作者考订》为博士论文，获得哲学博士学位。1959年担任牛津大学中文系教授。

（一）会当凌绝顶，一览众山小

霍克思一生倾心于中国古典文学作品的翻译。其对中国古典诗歌翻译起点很高。不仅英译《离骚》作为其本科论文，而且1959年，他在牛津大学出版社出版了《楚辞：南方之歌》，为其成名之作，也是第一次将《楚辞》全部篇章都译成了英文。其译作“不仅忠于原文，而且优美流畅，其文学水平得到了所有评论者的好评。有不少地方的译文可谓神来之笔，霍克思匠心独具，巧妙地再现了《楚辞》的修辞形式与辞章之美。”[①]还对《楚辞》的版本、文字做了考证、校订，“除了全文翻译及附加脚注之外，每篇作品之前还有类似题解的说明，要言不烦，往

① 程章灿：《论霍克思教授的〈楚辞〉翻译——读〈楚辞：南方之歌〉》，《中国楚辞学（第十八辑）》2010年。

往融入作者的研究心得，间有辨析”。[①]

1967年，霍克思出版了《杜诗初阶》，其目的是帮助英语世界对中文不甚了了的读者了解一些中国诗的真实面貌。该书选译了《唐诗三百首》中收录的杜甫的35首诗，以教材的体例，不仅摘录原诗，并用汉语拼音给每字逐一注音，而且说明诗的题目、主要内容和相关历史背景，还对诗的形式加以分析，最后进行全诗的英译。霍克思在翻译杜诗时，秉持一贯的风格，首先对原作进行细致的研读、考订，逐句翻译，力求做到“信雅达”。“《杜诗初阶》的问世，标志着英语世界在杜甫及其诗歌的研究介绍上又迈出了崭新的一步。”[②]

霍克思对《楚辞》、杜诗的翻译，不仅让英语世界的普通读者对中国古代两位最伟大的诗人及其作品有了较全面的了解，为中国文学走向世界做出了巨大的贡献，而且其高超的翻译艺术，也为他赢得了读者和学界的普遍好评。

（二）十载译红楼，力求原风味

也许是一种巧合，曹雪芹“披阅十载增删五次，纂成目录，分出章回”，完成《红楼梦》的创作；而190年后，霍克思同样花十年时间译出英文版《红楼梦》。霍克思第一次听说《红楼梦》，是牛津同学裘克安给霍克思看了一套用极差的草纸印刷的中国古典名著《红楼梦》，当时的他不熟悉中国白话文，只勉强读了首回第一页就无法坚持。当他1948年来北京后，发现中国学生都爱谈论《红楼梦》，因此决心读懂它。为此请了位中国老先生作家教，与自己一同读《红楼梦》，并解答疑难问题。

1970年开始翻译《红楼梦》，1971年，为了能更专心翻译《红楼梦》，霍克思辞去汉学讲座教授。1973年出版了英文版，译名《石头记》（《The Story Of the Stone》）第一卷前26回；1975年出版了《石头记》第二卷27回至53回；1980年出版《石头记》第三卷54回至80回。霍克思译完了前80回，前后花费了10年的

① 程章灿：《论霍克思教授的〈楚辞〉翻译——读〈楚辞：南方之歌〉》，《中国楚辞学（第十八辑）》2010年。

② 郝稷：《霍克思与他的〈杜诗初阶〉》，《杜甫研究学刊》2010年第3期。

时间。后两卷40回实际工作是在霍克思的指导下由其学生和女婿、汉学家闵福德（John Minford）于1986年完成的。霍克思的英文版《红楼梦》是英语世界第一个《红楼梦》全译本，译本语言精确优美，几乎是逐句翻译，力图保持原本的风味；主要人物名字的音译采用汉语拼音方案，如贾宝玉Jia Baoyu，备受海内外红学界和翻译界褒奖，至今在西方世界拥有独一无二的经典地位。

霍克思把自己珍藏多年的约4500册研究书籍悉数捐赠给威尔士国家图书馆，编目《霍克思文库》，其中大部分都是中文书籍。

九、终生传播中国科学技术的李约瑟

李约瑟（J. T.M. Needham，1900—1995年），英国著名科学家、英国皇家学会会员、英国学术院院士。他早年以生物化学研究著称，20世纪30—40年代出版了《化学胚胎学》（3卷）及《生物化学与形态发生》，在国际生化界享有盛誉。1942年出任英国驻中国大使馆科学参赞。在华的四年，李约瑟广泛考察和研究中国历代的文化遗迹与典籍，又参观考察了中国各学术机构，从而收集了大量文献和资料。为他日后撰写《中国科学技术史》做了准备。

（一）殚精竭虑，编撰《中国科学技术史》

1948年，李约瑟与留英的中国学者王玲、鲁桂珍、沈诗章等开始合作，撰写《中国的科学与文明》（中译名《中国科学技术史》），1954年出版第一卷，到2004年已出版了7卷。

这部共计34分册的系列巨著，内容涉及哲学、历史、科学思想、数、理、化、天、地、生、农、医及工程技术等诸多领域。全面、系统地论述了中国古代科学技术的辉煌成就及其对世界文明的伟大贡献，把中国同西方同期进行对比，显示了中国科技的历史成就。以浩瀚的史料、确凿的证据向世界表明："中国文明在科学技术史上曾起过从来没有被认识到的巨大作用"，"在现代科学技术登场前十多个世纪，中国在科技和知识方面的积累远胜于西方"。

《中国科学技术史》是世界上研究中国科技史最完备、最深刻、最具特色的一部里程碑式的著作；在汉学研究方面也是一次从人文科学领域拓展到自然科学领域的全新尝试。1983年被中国政府授予自然科学一等奖。1994年李约瑟被选为中科院首批外籍院士。

（二）振聋发聩，求解"李约瑟难题"

在科技史界，"李约瑟难题"成为一个重要概念。李约瑟曾在不同的场合提出过两个相互关联的问题："为什么在公元前1世纪到公元15世纪期间，中国文明在将自然知识应用于人的实际需要方面要比西方文明有成效得多？为什么近代科学只在欧洲文明中发展，而未在中国（或印度）文明中成长？"[①]

李约瑟是站在历史和东西方地域的时空交汇点上提出问题的，既恰当地肯定了中国文明的历史地位，又正视了中国文明的缺陷。既反映了一位科学家的理性思考，又体现了一位英国中国学者的中国情怀。

李约瑟本人在其《中国科学技术史》等著述中试图回答这一难题，中国以及世界其他学者也曾纷纷试图从不同的角度回答这一难题，但是，迄今并没有一个"标准答案"。

其实，无论是公元1世纪到15世纪中国文明比肩于甚至强于西方文明，还是近代以来中国的科学技术落后于西方世界，原因都是极其多样、复杂、深层的，无论从哪一个或者哪几个角度，都能发现并证成一个或几个原因，但又都不可能是"充分条件"，甚至也可能不是"必要条件"。这正是李约瑟难题"难"之所在的关键。

［参考文献］

专著：

［1］何寅、许光华：《国外汉学史》，上海外语教育出版社2002年版。

① 桂质亮：《李约瑟难题究竟问什么?》，《自然辩证法通讯》1997年第6期。

［2］熊文华：《英国汉学史》，学苑出版社2007年版。

论文：

［1］程章灿：《论霍克思教授的〈楚辞〉翻译——读〈楚辞：南方之歌〉》，《中国楚辞学（第十八辑）》2010年。

［2］［英］德庇时：《英国汉学起源与发展——19世纪上半叶》，王仁芳译，《海外中国学评论（第2辑）》2007年第5期。

［3］段怀清：《理雅各与儒家经典》，《孔子研究》，2006年第6期。

［4］桂质亮：《李约瑟难题究竟问什么?》，《自然辩证法通讯》1997年第6期。

［5］郝稷：《霍克思与他的〈杜诗初阶〉》，《杜甫研究学刊》2010年第3期。

［6］李真：《简论20世纪初期至今的英国汉学》，《人文丛刊》2008年第3期。

［7］李真：《英国早期汉学的“三大星座”》，《人文丛刊》2009年第4期。

［8］李真：《英国汉学界的“玄奘”——纪念英国汉学家理雅各诞辰200周年》，《中国社会科学报》2015年4月29日。

［9］刘宏：《当代英国的中国研究特征》，《国际社会科学杂志（中文版）》2009年第2期。

［10］吴涛：《韦利与〈古代中国的三种思想方式〉》，《学海纵横》2012年第4期。

［思考与练习］

1. 试根据18、19世纪英国汉学成果分析英国汉学的特点。

2. 评述马礼逊在中西文化交流方面的贡献。

3. 为什么说德庇时是“达官中之学者”?

4. 为什么说理雅各是“英国汉学界的玄奘”?

5. 为什么说韦利是“将东方文种译为英文的最杰出的翻译家”?

6. 为什么说翟理斯“引领整个西方汉学界”?

7. 评述霍克思的汉学成就及其影响。

8. 评述李约瑟的汉学成就及其影响。

第九章

Chapter 9

荷兰和瑞典汉学

第一节 荷兰汉学

19世纪至20世纪初，欧洲的汉学研究除了法、英、德这三个重镇之外，其他值得一提的还有荷兰和瑞典。

1588年，荷兰推翻了西班牙的统治，成立荷兰联省共和国，为资本主义工商业的迅速发展奠定了基础。如果说16世纪是葡萄牙、西班牙的世纪，那么，17世纪就是被誉为“海上马车夫”的荷兰的世纪。荷兰人通过其独特的东印度公司贸易体系和无数快捷的帆船，从葡萄牙、西班牙手中瓜分东方的海洋霸权。为了殖民贸易的需要，荷兰开始重视汉语的学习和对中国的了解和研究。

一、荷兰汉学的萌芽（17世纪至19世纪末）

1601年，荷兰将其在印度尼西亚的殖民地组成荷属东印度群岛，1602年又效仿葡萄牙，联合各种贸易公司，成立了荷兰东印度公司，公司总部设立在巴达维亚，不久公司逐渐壮大取代了葡萄牙在东南亚的势力，并且在台湾岛设立贸易据点，成为世界上最大的远洋贸易公司。他们通过商船将中国的大量瓷器、丝绸、茶叶、工艺品等商品以及一些中国图书源源不断地运往欧洲，催生了17世纪末欧洲的“中国热”。

17世纪上半叶，荷兰主要在东南亚一带活动，所以限制了对中国的直接了解，有关中国的介绍也是零星的。比较著名的人物和事件有，1628年，荷兰传教士赫尔纽斯（又译“赫尼乌斯”，Justus Heurnius，1587—约1653年）在巴达维亚传教时编纂了一本中荷拉丁文字典，现手稿收藏于莱顿大学；戈烈斯（又译“贺留斯”“何留斯”，Jacob Golius，1596—1667年）写了一篇有关中国历书的论文；福修斯（又译“佛休斯”，Issac Vossitls，1618—1669年）研究和编制过中国历代年表等。

荷兰跟中国的直接接触是从1655年开始的。为了能打开中国市场，1655至1685年荷兰先后6次派出使团，以“朝贡”名义从广州出发到达北京，试图让清政府允许其自由贸易，但都以失败告终。这6次出访使团成员收集了大量的中国资料，并记录了在中国的所见所闻。其中1655年来中国的约翰·尼霍夫撰写的《荷兰东印度公司的使节出使鞑靼可汗》，后由他的哥哥于1665年整理出版。这本书多次重印，并被译成欧洲多种文字。

随着荷兰于1662年在台湾地区的战败，以及清政府拒绝对其开放市场，加之18世纪，英国完成了资本主义革命，成为海上霸主，荷兰的海上地位逐渐被削弱，也就无暇直接了解和研究中国了。关于中国的信息，大都转译自欧洲其他国家的介绍，如1767年，转自英译者佩西的《好逑传》出版，不过荷兰版的《好逑传》名字是一个很长的标题《中国历史：有关铁中玉先生与年轻女子水冰心的故事》，虽然名字长了一点儿，但意思倒是一目了然。整个18世纪和19世纪70年代之前，荷兰对中国的直接记录几乎空白。

二、荷兰汉学的成长（19世纪70年代至20世纪中叶）

当19世纪法国率先在法兰西学院设立汉学讲座，欧洲其他国家也纷纷开设汉学课程时，荷兰虽然在19世纪70年代之前没有多少中国相关的研究，也没有多少汉学的积累，但并没有妨碍它开设汉学讲座、创办汉学研究机构以及国际性汉学刊物。

19世纪，荷兰为了加强对东印度群岛殖民地的统治，迫切需要一些汉语翻译，以便与当地的华人打交道。于是1875年荷兰政府在莱顿大学设立了第一个汉学讲座，但当时在荷兰找不到一位汉学教授，只好从德国聘请了一位教日文的霍夫曼（J. J. Hoffmann，1805—1878年）充任。莱顿大学设置“汉学讲座”的初衷是培养汉语翻译，所以这些学生在莱顿大学学习后，再派往厦门进行为期一年的语言实践，然后到当时荷属东印度群岛殖民政府工作。这一政策成为荷兰年轻人学习汉语的动力，但也影响了汉学的学术性，带有很强的功利性和实用性。直到戴闻达成为莱顿大学的汉学教授后，于1930年在莱顿大学建立了汉学专业研究机构“汉学研究院”，专门从事汉学研究及人才培养，这种状况才有所好转。1890年荷兰汉学家施古德和法国汉学家共同创办了国际性汉学刊物《通报》。通过这三项举措，19世纪末荷兰汉学进入了专业化、学院化的阶段，也终于在欧洲汉学界占有一席之地。

这一时期的汉学家主要来自莱顿大学的汉学教授，他们都在中国生活过。

（一）施古德与汉学刊物《通报》

“施古德”是其中文名（原名“古斯塔夫·施莱格尔”，G. Schlegel，1840—1903年）。在少年时代，他就跟霍夫曼学习汉语。1858年以荷兰政府翻译生资格来华，在厦门接受过一年的语言实践训练。后在厦门和广州任职，曾对中国华南各地进行实地考察。1862年到荷属巴达维亚任翻译。1872年回国，开始在莱顿大学讲授中文，1876年接替霍夫曼莱顿大学汉学教席任中国语言与文学教授，1877年10月27日在就职演讲中发表了题为《汉语研究的重要意义》，提出了学习汉语和了解中国文化的目的是，了解东印度群岛的华人以及增加荷兰政府的税收。并强调要广泛阅读中文材料，且直接接触第一手中文资料，要求学生“只管阅读，不管语法”。[①]这种学习方法至今是荷兰汉语教学的一大特色。

施古德的汉学研究以中国古代社会的宗教为核心，以海外华人社会为对象，如他的成名作1866年发表的《天地会：中国和荷属东印度华人的一种秘密结社》。

① ［荷］伊维德：《荷兰汉学：过去、现在和未来（上）》，马清槐、唐芜译，《传统文化与现代化》1993年第2期。

1882—1891年编纂了《荷汉辞典》和《汉荷辞典》，这两部词典在很长时期内成为荷兰人学习汉语必备的工具书。其他的著作，如两卷本巨著《星辰考源：中国星辰学》(1875)，《中国文体：排比与对偶规律》(1875）等。

他对汉学的突出贡献是与法国汉学家考狄于1890年共同创办了西方汉学史上最早的、最有影响力的学术刊物之一《通报》，每年5期，主要刊登汉学家的文章和书评，包括中国文化、语言文学、科学艺术等方面的论文。这个刊物一直由法、荷两国各派一名学者负责编辑，以英、德、法三种语言出版，著名汉学家伯希和、戴密微、戴闻达、何四维、谢和耐等都参与编辑。《通报》现是“国际上最权威的汉学杂志，在莱顿和纽约同时出版，在整个西方汉学界有很好的声誉”。[①]

（二）高延与《中国的宗教体系》

高延（又译“哥罗特”“葛罗特”“高罗特”，J. J. Mariade Groot，1854—1921年），毕业于莱顿大学。1880—1883年，他曾在荷属东印度群岛殖民地政府担任汉语翻译，后从事中国社会制度和风俗习惯的研究。1888—1890年，他居留厦门，搜集到大量有关中国民间宗教、闽南地区的民俗、戏曲、服装等资料，这些资料现藏莱顿国立民族学博物馆。1890年回国，1891年被聘为莱顿大学荷属东印度群岛民族学教授。施古德去世后，高延接替老师转任中国语言文学教授一职。1912年接受德国柏林大学汉学讲座教授一职，直至去世。

高延主要研究中国民俗、宗教制度，如1881年撰写的《中国厦门人的年节和风俗》(荷兰文版2卷，有法译本)，1893年《〈大乘经〉在中国》，1901年《中国的信教自由》等，尤其是1892—1910年陆续出版了英文6卷本的《中国的宗教体系——其古代形式、变迁、历史、现状及与之相关的风俗、传统、社会制度》(简称《中国宗教体系》)。《中国的宗教体系》前3卷内容是关于“对亡者的处理”，即葬礼、复活观念和墓穴；后3卷是关于“灵魂与祖先崇拜”，从五个方面展开：中国哲学思想与民俗信仰中的“灵魂”观念，鬼神的谱系，巫术，如何驱除恶

① 王文欣、姚建彬：《17世纪初到20世纪初荷兰的中国研究与中国文学翻译》，《外国语文》2016年第6期。

鬼，驱鬼的僧侣、道士。由此构成了“中国宗教体系”。研究方法上，作者首先对中国古典文献进行了深入的研究，如《史记》《汉武帝内传》《颜氏家训》等，由此得出结论，即中国人两千多年的基本宗教观念，皆可在《礼记》中找到源头；其次通过深入实地调查和了解，并结合欧洲刚刚兴起的人类学、社会学方法考证中国宗教。路遥在《中国传统社会民间信仰之考察》中亦认为：“对中国民间信仰较早进行学科性研究而具有代表性的，当首推荷兰的J. J. Mde Groot六卷本的《中国的宗教体系》专著。这是用人类学方法调查结合文献对中国宗教包括民间信仰在内，具有开拓性探索的权威著作。”[①]由此，高延的《中国的宗教体系》成为西方人了解和研究中国宗教、文化、历史著作的必读书。

（三）戴闻达与莱顿大学汉学研究

戴闻达（J. J. L. Duyvendak，1889—1954年）早年师从高延学习研究中国语言文学，后到巴黎又师从法国汉学家沙畹和考狄。1912年来华，在北京的荷兰驻华公使馆任中文翻译。1918年回国，1919年受聘任汉语教学的讲师，1928年以翻译中国古代法家经典《商君书》而出名，使他在欧洲汉学界获得了中国文献学家和中国古代哲学家的声誉，因此1930年升任教授。二战中，莱顿大学被德国当局关闭，戴闻达继续从事汉学研究工作，撰写了一系列重要论文，其中很多收集在1930年他倡议出版的《莱顿汉学丛书》里。

戴闻达的汉学主要研究领域是中国道教，如1942年精心直接译自中文原本的荷兰文《道德经》。后又于1953年出版了法译本、1954年出版了英译本。法国汉学家戴密微于1955年在《通报》杂志上著文评述了戴闻达的《道德经》译注，指出“这是在语言上和理论上都是当今最可信赖的西欧语本”。此外戴闻达还发表过不少涉及道家和道教内容的论文，如《无为的哲学》、《中国的宗教》（1940）、《中国人的神话》等。此外，1935年著的中国通史《中国历史的道路和轨迹》，1941年出版的关于中国古代哲学家经典著作的选集《漫谈中国思想家》，1949年出版的专

① 转引自张云江：《高延与“中国宗教体系”研究》，《中国社会科学报》2012年9月24日。

著《中国对非洲的发现》等著作。他把中国现代学者鲁迅、胡适等介绍到荷兰。因戴闻达的研究成果大都用荷兰语写成的，所以限制了其影响力。

戴闻达曾与法国汉学家伯希和共同主编过《通报》，他在1929年至1946年间还兼任过美国哥伦比亚大学客座教授和美国普林斯顿高等研究所研究员，并在1948年担任荷兰社会研究院第一任院长。

戴闻达对荷兰汉学研究的突出贡献主要表现在建立莱顿大学汉学研究院和中文图书馆。从1919直到去世，戴闻达在莱顿大学担任教授期间，一直致力于改变荷兰汉学只培养汉语翻译的传统。在他的努力和推动下，首先于1930年成立莱顿大学汉学研究院（原名“汉学研究中心”），戴闻达担任院长。自此荷兰有了真正意义上的学习和研究中国文化的地方，并逐步发展为荷兰唯一从事中国政治、历史、经济、语言等问题的研究中心。其次建立了中文图书馆，这里不仅有莱顿大学汉学研究院自购的中文图书，还有该院各位汉学家捐献的中国文献。是荷兰以及欧洲最大的中文图书馆之一，图书馆共收藏中文图书25万余册，中文报刊数百种，此外还有关于中国的外文图书3万余册。现还在千方百计地收集中国各种出版物，汉籍藏书量仅次于法兰西学院的汉学图书馆。经常有来自欧、美、日等其他国家的学者、专家来这里查找资料，甚至中国大陆和台湾的学者也慕名而来。莱顿大学汉学研究院和中文图书馆的建立，不仅对荷兰汉学的学术化是一个极大地推动，也让莱顿大学成为欧洲汉学研究的中心和重镇。

三、荷兰中国学的确立（20世纪中叶至今）

由于20世纪50年代荷兰丧失了在东方的殖民地，当初颇具吸引力的政府职位锐减，学习汉语的毕业生在很难找到合适的工作，使荷兰人认为东方学研究已无多大必要，学习汉语的热情骤降，教师人数也随之减少，汉学研究进入了低谷。

随着新中国的成立，荷兰于1954年与中国建立代办级外交关系，成为最早承认新中国的西方国家之一，1972年升格为大使级外交关系。在这种情况下，东方学研究开始缓慢地复苏，教师人数和学生人数也不断增加。荷兰汉学家开始重视中国现代政治、社会、经济、法律和文学等方面的研究。莱顿大学汉学研究院于1969年设立了现代中国文献研究中心，标志着荷兰现代中国研究的兴起，即中国学的确立。

这一时期从事现代中国研究的主要代表人物有何四维、许理和、弗美尔（Eduard B.Vermeer）、赛奇（Tony Saich）和施耐德（Axel Schneider）等。他们大多毕业于莱顿大学，而后成为荷兰中国研究领域的骨干和带头人。其中有一位汉学家研究经历比较独特，且研究成果也非常不一般，他就是外交官出身的高罗佩。

（一）高罗佩与《狄公案》

“高罗佩”（Robert Hansvan Gulik，1910—1967年）是其中文名，字芝台。从4岁到12岁跟随父母在印尼生活，其间学习了汉语，并对东方文明产生了浓厚的兴趣，1922年返回荷兰。1929—1934年，高罗佩在莱顿大学学习法律，后到乌特勒支大学攻读博士，研究荷属东印度法律和印尼文化，其间学习中文、藏文、印度文、日文等多种语言。1935年以《论中国和日本的马崇拜的祈祷和符咒的习惯用语，兼论印度和西藏的马崇拜》一文获得博士学位，标志着他的汉学研究生涯的开端。1935年，入荷兰外交部工作，被派驻日本担任荷兰使馆秘书。1942年，二战爆发，被派往中国重庆担任荷兰驻中国使馆秘书，直到1945年。其间，他深入地考察和感受了中国文化。后又被派到荷兰驻日本、印度等使馆工作，直至去世。

高罗佩是一位非常勤勉的外交官汉学家，其汉学上最大的贡献是，根据中国传统小说《武则天四大奇案》的第一部分，用英文翻译并创造性地编写了中国古代系列侦探小说《狄公案》（1949—1968年出版）。全书约140万字，包括15个中长篇和8个短篇。这些各自独立的小说按编年顺序排列，但不依据成书日期，而是根据狄仁杰一生中重要事件的发生时间，成功地把唐朝官员狄仁杰塑造成“中国的福尔摩斯”，不仅智勇双全，精明干练，而且富于个性，有人情味和幽默感。书中内容十分广泛，涉及唐代的司法、政治、行政、吏治、外交、军事、社会生活等各个方面。全书均以仿宋元话本体裁写成，这在世界汉学著作中是独一无二的。这套侦探小说在日本一问世就立即成了畅销书，发行100多万册，并被译成多种文字出版。50年代更是畅销于欧美，并改编成电视连续剧和电影，狄仁杰成为妇孺皆知的大侦探，使一些人喜欢上中国，研究中国，如成为莱顿大学汉学家的伊维德。但直到20世纪80年代初《狄公案》才被翻译成中文，介绍到中国，近几年《狄公案》又被搬上了屏幕，使狄仁杰在中国也成为家喻户晓的人物。

高罗佩醉心于中国传统文人的爱好，如热心收藏中国古籍、古玩、字画和古琴。尤其是热衷于书法和古琴，从20岁开始练书法，终生不辍，到重庆后，他更是将这种爱好发挥到了极致。他的"高体"字笔力雄健，功底深厚，并偏爱行书与草书，他对于中国书法的兴趣促成他于1938年翻译《米芾论砚史》，同年还出版了《书画鉴赏汇编》。他还是一位古琴专家，1940年出版了论述中国古代音乐的书《琴道》，1941年他还出版了《康熙论琵琶》一书。

作为一位职业外交官，流芳后世的却是他的业余汉学家的成就，荷兰人对中国的了解，在一定程度上也应归功于他对中国文化的传播。高罗佩去世后，其收集的中国古籍和许多稀世资料，约有2500种，近1万册，捐献给莱顿大学汉学研究院收藏。

（二）何四维与秦汉法律和制度

何四维（又译"许尔塞韦"，A. F. P .Hulsew é ，1910—1993年）毕业于莱顿大学汉学研究院，师从戴闻达学习汉语，曾到北京和日本游学；1935年在荷属巴达维亚殖民局工作，曾于1942年至1945年作为战犯被拘捕；后回到荷兰，于1947年担任莱顿大学汉学研究院的现代汉语讲师；1955年以《汉律残篇》一文，获得博士学位；1956年戴闻达去世，何四维任莱顿大学汉学研究院的汉学讲座教授及汉学研究院院长。

他的汉学研究领域主要是秦汉法律和制度以及中国史学研究方法。如《中亚汉代文献最新研究综述》（1950），《汉律残篇》（1955），《中国社会史研究》（1956），《中国共产党人对中华帝国起源和创建的论述》（1968）和《荷兰的中国学和日本学》（1969），《秦律残篇》（1985）等。

（三）许理和与《佛教征服中国》

许理和（又译“许理禾”“泽尔黑尔”，Erik Z ü rcher，1928—2008年），1947年起在莱顿大学汉学研究院师从戴闻达学习汉语，1953年毕业后留在该院从事教学和研究工作，主要讲授现代汉语和古汉语；后又到法国法兰西学院师从戴密微研究中国佛教。于1959年在莱顿大学以《佛教征服中国》的论文获博士学位；1962年担任莱顿大学东亚史首任教授；1969年创办莱顿大学汉学院现代中国文献研究中心，并担任主任。该中心现在是西欧关于中国情报资料的一个主要来源。1975年许理和接替何四维任莱顿大学汉学研究院院长，直到1995年；1975年至1993年间，与法国著名汉学家谢和耐共同主编《通报》；1975年当选为荷兰皇家科学院院士。

许理和的主要汉学成果是关于中国宗教，特别是佛教的研究。一是佛教在中国的传播史，如1959年发表的有关中古时代早期印度佛教在中国的传播和适应的专著《佛教征服中国》；二是佛教典籍的语言特征，如1962年发表的著作《佛教的起源及其通过文字和图画的传播》，探讨了从早期佛教典籍的翻译中可以发现4世纪以来白话发展的珍贵资料，指出在这些典籍中白话在词汇和语法方面显示出许多与文言不同的特征；1977年发表的《最早的佛经译文中的汉代后期口语成分》，讨论了佛教汉语语体，较为系统地探讨了佛经译文的口语化特点。三是基督教在中国的传播状况。如《中国第一次反基督教运动》（1970）；《天主和魔鬼》（1985）以及《李九标〈口铎日钞〉——一位晚明基督徒的日志》（2007）等，探讨了从明末开始的基督教在华传播过程及其对中国的影响。

许理和在担任莱顿大学汉学研究院教授及院长期间，推动汉语教学和汉学研究向现代化方向发展，一方面致力于学科的建设，如1977年以前，该院只开设古代汉语，主要学习文言文文体，不开设现代汉语课程。许理和上任后，聘请研究语言学的美籍华人梁兆兵从事现代汉语教学和研究，自此在这里学习汉语的学生都能讲一口流利的汉语，如伊维德、柯雷、贺麦晓等。另一方面创立了莱顿大学汉学院现代中国文献研究中心，通过其20多年的努力，该中心成为荷兰以及西欧研究现代中国问题的中心。

21世纪莱顿大学汉学研究院的汉学教授有：中国文学教授伊维德（W. L. Idema，1944— ），1995年接替许理和成为该院第四任院长，同时也是荷兰皇家学院院士；中国历史学和宗教学教授施舟人（K. Schipper，1934— ），也是法国高等学院教授和荷兰皇家学院院士；中国语言学教授梁兆兵（James Liang，1934— ）等，他们不仅是莱顿大学汉学研究院的领军人物，也在世界汉学占有一席之地。研究机构除了1930年建立的莱顿大学汉学研究院外，现还有阿姆斯特丹大学、阿姆斯特丹亚洲研究院、国际亚洲研究所等。

荷兰汉学虽不及法国等国，但在某些领域也取得了举世瞩目的成就，如海外华人宗教研究、中国道教研究、中国法家研究、中国佛教研究、中国古代侦探研究等，形成了其独有的优势和特色。

截至2017年7月，荷兰有孔子学院2所，即格罗宁根孔子学院、莱顿大学孔子学院；孔子课堂13个。

第二节　瑞典汉学

瑞典在16世纪通过战争打败了丹麦、波兰等国家的军队，于17世纪成为称霸欧洲北部的强国。瑞典政府开始寻求建立海外殖民地和扩张海外贸易，逐渐把势力延伸到东方。所以瑞典关于中国的记录，是从17世纪开始的，但这些史料现藏于法国、荷兰等国。

一、瑞典汉学的萌芽（17世纪至19世纪）

17世纪至18世纪，瑞典了解中国主要通过两个渠道：一是来自欧洲其他国家的在华传教士发表的关于中国的资料，所以瑞典学者的大部分论述中国文化的著作都是对西欧传教士的汉学著作的翻译或改写，或是对译成其他欧洲文字的中文典籍的间接译介。二是瑞典东印度公司和中国的贸易。1731年，瑞典东印度公司成立，瑞典商人、官员开始有机会直接接触中国和中国人，也有更多机会近距离了解中国。

17世纪中叶，瑞典第一个介绍中国的是席欧平（又译“雪平”，Nils Mattson Moping），1654年他跟随荷兰商船到达中国的沿海，并用当时欧洲流行的散文体撰写了一篇中国游记，1667年出版。作者在游记中把中国描写成了一个快乐而幸福的国家。

到了17世纪末，随着瑞典东印度公司和中国的贸易越来越频繁，引起了瑞典国内学者对中国的关注，如在瑞典的乌普萨拉大学里有两位学者的博士论文即以中国为研究对象，一是1694年尤纳·洛克拉斯（又译“尤那·罗克纳尔斯”，Jonas Locnæus）以《中国的长城》为题完成的论文，探讨了中国的国防；二是1697年，艾立克·罗兰（Erik Roland）以《论大中华帝国》为题撰写的论文，将中国的科举官制和欧洲的贵族制进行了比较，认为中国的官制优于欧洲。这两篇博士论文都是用当时欧洲通用的文字——拉丁文写的。到1710年，学者谢尔修斯（又译“赛修斯”，Olavus Celsius）根据法国传教士带回来的《四书》，撰写了一本专著《中国儒家哲学批评》。中国的话题引起了学者的关注，开始了学术角度的探讨，18世纪中叶，当时瑞典最有影响的政治家舍菲尔（又译“雪菲”，C. F. Scheffer，1715—1786年）在阅读了欧洲其他国家的在华传教士关于中国的资料后，写了一系列著作介绍中国的农业生产与管理方式，并称赞中国的管理模式，呼吁欧洲国家可以效仿中国。

19世纪30年代，长期生活在澳门的著名的瑞典商人及外交官龙思泰（Anders Ljungstedt，1759—1835年），根据搜集的关于澳门的第一手资料，用英文撰写了一部关于澳门历史的著作《早期澳门史》，上下两册，分别于1832年和1834年在澳门出版。在书中，龙思泰揭示澳门的历史真貌，并提出了“澳门是中国的一部分”这一鲜明的观点，长期以来，这部著作成为学者们研究澳门历史最重要的参考书之一。

19世纪中叶，即鸦片战争以后，欧洲国家的传教士纷纷来华传教，瑞典的传教士也不例外。由于传教的需要和对中国文化的兴趣，瑞典开始大量介绍中国政治、历史和文化等方面的情况，其中著名的如1847年传教士韩山明（又译“汉伯格”，Theodor Hamberg，1809—1854年）来到香港和两广一带传教，与太平天国洪仁玕有联系，著有《中国起义领袖洪秀全以及农民造反的起源》，于1855年在伦敦出版。作者撰写这部著作旨在引起人们对“太平天国”革命的同情。传教士爱立克·福尔克（又译“福克”，Erik Folke，1862—1939年），曾于1887至1920年间多次到中国传教，于1922年著有《古代中国的思想家》、1924年和1927年分别翻译了《庄子》与《老子》为瑞典语，这是瑞典对中国古代文化进行研究的开端。

从17世纪中叶至19世纪末100多年的时间里，从作（译）者的身份、人数以及目的来看，瑞典对中国的介绍，大多是一种兴趣使然，介绍内容较为浅显。和欧洲同时期的文章一样，大都盛赞中国，有把中国理想化的倾向。

二、瑞典汉学的确立（20世纪上半叶）

19世纪末20世纪初，瑞典对中国的了解和欧洲其他国家有所不同，是从探险和考古开始的，其中以探险家斯文·赫定和地质学家安特生为代表。

瑞典汉学作为一门专门学科的建立，高本汉起了决定性的作用：一是研究内容的学术化，高本汉研究内容包括汉语音韵学、方言学、词典学、文献学、考古学、文学、艺术和宗教，而且著述达百部之多；二是开设汉语教学和汉学讲座，从1916年开始，高本汉开始教授现代汉语。1945年，斯德哥尔摩大学正式设立了“汉学讲座”，高本汉被聘为汉学教授，标志着汉学作为一门学科在瑞典建立。

（一）斯文·赫定与中国探险

斯文·赫定（SvenAnders Hedin，1865—1952年）从少年时代起，就受当时欧洲兴起的探险热的影响，立志今后要从事探险活动。1886年秋天，斯文·赫定进入大学学习地质，获哲学硕士。后又进入柏林大学，师从德国著名地质学家李希霍芬（李曾多次来华考察旅行，是研究我国西藏和新疆的世界权威）学习地理学，李希霍芬鼓励他前往西藏探险。1890年，斯文·赫定经俄国首次进入我国新疆地区考察。1892年，又在德国地理学研究所继续学习，取得哲学博士学位。回国后，立即筹款组织中亚探险队，开始了他的中国探险之旅。

1893年至1897年间第一次远征，进入了罗布泊。1893年，斯文·赫定从斯德哥尔摩出发，1894年跟随一支驼队从新疆进入了中国领土。考察了新疆喀什、塔里木盆地、罗布泊直至藏北，测定经纬度、考察古城废墟、名胜古迹、从事气象观测，收集植物标本等等，再经内蒙古于1897年到达北京，受到李鸿章的接见。

此后即取道张家口、蒙古、西伯利亚、俄国返回瑞典。

这次历时5年的探险活动，发现了罗布泊，论证了罗布泊是个移动的湖泊，并在这里找到了埋藏2000多年的佛教文物和精美壁画。斯文·赫定还向当地农民购买了500多件陶瓷、石器等古代文物回欧洲。1898年斯文·赫定撰写并在斯德哥尔摩出版了《穿过亚洲》（2卷）的调查报告。

1900年，发现楼兰遗址。1899年，斯文·赫定再次前往中亚，准备对塔里木盆地和罗布泊详加考察。1900年在考察罗布泊西北部时，发现了古代都市——楼兰遗址，并进行了挖掘，获得佛像、多张汉文文书、多片木简等，还发现了毛笔、陶罐、项链、宝石、钱币等各种物品。①此事一经公布立刻在世界引起了轰动，探险家们纷纷来到这里。如英国的斯坦因曾三次到这里并盗取了大量文物；德国的著名汉学家孔好古根据斯文·赫定所得木简和汉文纸片，著有《斯文·赫定在楼兰所获汉文文书及其他》，其中一件汉文木简的年代当属公元前200年至150年，是迄今所知最古的纸，也是最古的纸文书，比欧洲最古的纸文书至少早70年。1905年，斯文·赫定在斯德哥尔摩出版了六卷本的《1899年至1902年中亚科学考察成果》并附地图二册。

斯文·赫定曾先后于1896、1901、1907年三次进入西藏。其中1901年，他带领的考察队欲深入西藏，但因当地藏官的阻止，只完成了藏北部分地区的地理考察。从藏北高原到藏南河谷地区，有8次从不同地段穿越冈底斯山脉，探察了数十个高山湖泊，涉过西藏的十几条大河，考察了雅鲁藏布江的源头。1908年，斯文·赫定结束了第三次对西藏的探险，取道印度返国。1909年，斯文·赫定回到斯德哥尔摩，根据这次西藏之行，于1917—1922年撰写并陆续出版调查报告《南西藏》，共9卷，附地图3卷。

1927年至1935年间，他又带领了一批瑞典、德国和中国考察人员前往内蒙古、甘肃和新疆等地，斯文·赫定又收集到10000多件新石器时代的文物。1935年，考察团回到西安，结束了举世闻名的科学考察活动。4月15日，斯文·赫定

① 林世田，《斯文赫定与中亚探险》，《中国边疆史地研究导报》1989年第3期。

返抵瑞典，便着手组织考察团研究报告的撰写。于1937年起以《斯文·赫定率领的中瑞联合考察团报告书》为名开始陆续出版，直到斯文·赫定去世后也未中断，至1982年报告书已出版54卷之多，堪称世界探险史上的创举。

斯文·赫定终其一生献身考察事业，积累了大量科学考察资料，留下了50余种著作和科学考察报告。这些科学报告除了涉及地理、水文、气候等许多问题以外，还包括生物、天文、考古、民族、语言等多种学科，是有关新疆、西藏和甘肃等地区宝贵的地理学财富。

在远征中，他发现和带走了大量文物，如陶器、石器等，一时被我国学者视为“文化强盗”，但不可否认，他对于中国科学和考古也做出了重大贡献。

（二）安特生与中国考古学

安特生（J. G. Andersson，1874—1960年），1892年进入乌普萨拉大学攻读地质学，1901年获得博士学位，后留校任教，并兼任瑞典地质调查所所长。1914年，应中国北洋政府的邀请，安特生来华担任农商部矿政顾问，主要工作是在中国从事地质调查，参与培养中国地质勘探和地理学研究人员。因其对古生物化石采集非常有兴趣，于是他向当时地质调查所所长丁文江提出，中瑞合作调查古生物化石的计划，以及发掘出的化石费用和标本检测由瑞典全部承担，所采集到的标本由两国平分等具体内容。1917年，此计划获得了农商部的批准和支持。在安特生的带领下开始在中国进行古生物化石的勘探工作。

瑞典政府为了资助安特生在中国的古代文物的发掘工作，于1919年成立了“中国研究会”，首任会长由瑞典元帅帕兰德担任。帕兰德元帅逝世后，瑞典国王古斯塔夫六世·阿道夫（O. F. W. O. Gustav Adolf，1882—1973年）亲自担任瑞典“中国研究会”主席。王室和上层社会的大力支持，给安特生的研究工作创造了极为有利的条件，推动了安特生在中国的研究。

1921年，一个偶然的机会，安特生发现了北京周口店猿人洞穴，并发现1枚人类臼齿化石（1929年春，裴文中等发掘出了一具距今60多万年保存完好的古猿人头盖骨，这是世界上发现的第一件最古老的人类头盖骨化石，顿时轰动了整个世界)。1921年，安特生在河南省渑池县仰韶村附近考察，发掘了几百件新石器时代的石制工具和彩陶碎片，经考证是属于史前文化，即现著名的仰韶文化遗址。1923年，安特生先后对中国陕西、甘肃、内蒙古、青海和西藏等地进行了勘探，又发现和发掘了罗汉塘、齐家坪、朱家寨、半山等一系列遗址，得到了大量的古代文化遗存。

安特生先后发表的《中国新石器类型的石器》(1920)、《中国远古之文化》(1921)、《中华远古之文化》(1923)、《甘肃省的考古发现》(1924) 以及《黄土的儿女》(1932) 等著述中，打破了当时认为中国无史前文化或石器时代的理论。在1943年出版的《中国史前史研究》中完全放弃了“彩陶西来说”的错误观点。

1933年，安特生发现内蒙古奥尔都斯青铜器（亚洲和欧洲交界地区出土的一种青铜器)，并在《远东博物馆馆刊》上发表了《精选奥尔都斯青铜器》一文，对中国古代青铜器和奥尔都斯青铜器的制作风格进行了比较，得出二者风格非常接近的结论，并认为古代的奥尔都斯人（可能是匈奴人）和中国北方的游牧民族有直接的渊源关系。

安特生对中国考古和地质勘探做出了杰出的贡献，开创了中国史前考古学以及中国近代田野考古学，揭开了中国近代考古学的序幕。因此被誉为“中国考古学之父”。

根据当时的协议，安特生发掘的文物一半返还中国，一半带回瑞典。1925年，他携带和中国合作，以及另外廉价购买的数十万件考古文物回国，有石制工具、陶器、青铜器等。为了保管这些文物，1926年，瑞典国会通过了在斯德哥尔摩建造远东文物博物馆的议案，并创办英文版的《远东文物博物馆刊》。安特生成为该馆首任馆长兼馆刊主编，该馆藏有数量众多的中国古代瓷器、历代绘画和各种精美的工艺品，都是极珍贵的文物。丰富的藏品为瑞典和欧洲汉学家们提供了第一手资料。瑞典之所以有那么多汉学家，与远东博物馆的影响是分不开的。

斯文·赫定和安特生的研究成果虽然在20世纪上半叶的瑞典甚至在世界都影响非常大，但他们因不会中文，没有在大学里从事汉语教学，而且研究领域局限于中国地质、文物、考古、青铜器等，其本身对瑞典汉学发展的影响力也受到了限制。

（三）高本汉与《中国音韵学研究》

对瑞典汉学的确立起到推动作用的是高本汉。

“高本汉”（本名“珂罗倔伦”，K. B. J. Karlgren，1889—1978年）是他的中文名。上中学的时候，就尝试着对家乡的方言进行调查。1907年，高本汉在乌普萨拉大学学习俄语，师从瑞典杰出的方言学家龙代尔（又译“伦德尔”，J. A. Lundall），获益良多，一是学习了龙代尔自创的一套方言注音字母，这套字母可以准确地记录各种方言语音；二是龙代尔帮他争取到一笔奖学金，去俄国学习了两个月的中文，后又帮助他前往中国学习汉语、调查汉语方言。他于1910年来华，先后在北京、太原等地学习了两年，前一阶段以学习汉语基础知识为主（学习汉语口语和常用汉字），后一阶段则外出进行方言资料的调查、收集与考证。

1912年，高本汉回到欧洲，先在伦敦学习，查阅了斯坦因从敦煌盗取的文献，随后到巴黎跟随著名的比较语言学家查瓦尼斯（Edouard Chavannes，1865—1918年）从事语言研究。在巴黎期间，高本汉还结识了著名的汉学家伯希和和马伯乐，虽然他们之间意见相左，但通过交流、争论，促进了高本汉对汉语中古音系统的认识和思考。1915年，回到瑞典，在乌普萨拉大学以《中国音韵学研究》一文获得了博士学位。1916—1918年，到利丁厄传教士学校教授汉语。1918—1939年，高本汉被聘为哥德堡大学东亚文化系教授，讲授汉语和日语；1922年，高本汉第二次到中国旅行，其间还访问了日本；1931—1936年，高本汉任哥德堡大学校长。1939—1959年，高本汉继安特生任远东文物博物馆馆长兼馆刊主编。1945年瑞典教育部在斯德哥尔摩大学成立了汉学系，高本汉成为该系第一位教授和系主任，直至1965年。此外，他还担任瑞典皇家人文科学院院长、瑞典皇家学院和丹麦皇家学院院士等职。汉学研究主要成果有以下三个方面：一是古汉语语音系统的构拟；二是有关古代文献辨伪及古籍译介注释等工作；三是有关青铜器等中国考古学方面的研究。下面我们重点介绍前面两点。

1. 构拟古汉语语音系统

首先，中古音的构拟。高本汉根据中国古代韵书、韵图，现代汉语方言，以及日本、越南、朝鲜等国语言中汉语借词的译音，重新构拟了以唐代长安方言为基础的中古汉语语音系统，撰写并于1915—1926年以法文本分四次出版了《中国音韵学研究》（近900页）一书，花费了10年多的时间。中国学者同样也花费了近10年的时间翻译这部著作，从20世纪30年代开始，赵元任、罗常培、李方桂等三位大师开始合译、注释和补订此书，直到1940年才译成并出版。该书被汉学界公认为“本世纪科学研究汉语语音的第一部宏伟著作”[①]。

该书共四卷。第一卷古代汉语，主要介绍中古音研究的材料和中古音类的划分。第二卷西方语音学理论，主要分析了语音学的概念和音素的分类，以及汉语方言的音素特点。第三卷构拟中古音音值，根据韵书和韵图、汉语方言和外语借词，运用历史比较语言学方法，构拟了中古音音值。第四卷方言字汇（3125个单字的方言读音表），介绍了所调查的中国24个方言点（有北京话、山西八种、甘肃三种、陕西三种、河南三种、南京方言等19种北方官话系统方言；还有代表吴方言的上海话、代表闽方言的福州话、代表粤方言的广州话等3种方言）和从其他渠道得到的9种方言材料，共33种；还收集了汉语借字的日语、越南语读音材料，并列表排定。

毫无疑问，高本汉在汉语音韵学方面贡献是巨大的。一是首创用注音字母构拟中古音系统；二是运用比较语言学发现现代方言从古音演变而来的轨迹。罗常培说：“这部书（《中国音韵学研究》）不但在外国人研究中国音韵学的论著里是一部集大成的工作，就是在我们自己所作的音韵学通论中也算是一部空前的伟著。”[②]王力说：“当时的中国学者一般都接受了高本权的总原则，甚至接受了他的观点、方法，然后从枝节的地方去纠正他，甚至比他更走得远些。”[③]罗常培、赵元任、李方桂等中国学者在他的启发下创立了我国第一套罗马拼音字母方案，王

① 张静河：《西方汉学研究的丰碑——高本汉（上篇）》，《中国文化研究》1995年第3期。

② 罗常培：《介绍高本汉的〈中国音韵学〉》，《图书月刊》1941年第1期。

③ 王力：《中国语言学史》，山西人民出版社1981年版，第196页。

力的《汉语史稿·绪论》所谈许多观点和方法实际上都是借自高本汉。高本汉的《中国音韵学研究》应当是中国音韵学转型为现代语言学的一部奠基之作。

其次，上古音的构拟。高本汉在完成中古汉语的研究之后，就开始研究上古汉语。他依据的史料主要是《诗经》韵律以及谐声字的声旁，研究约公元前800年到600年间的汉语语音。从1923年到1934年，陆续发表了《中日汉字分析字典》（1923），《上古汉语问题》（1928）、《诗经研究》（1932）以及《汉语词族》（1933）等重要著述，大体完成了上古汉语的音系构拟。1940年，高本汉把以上研究成果以字典的形式写进《古汉语字典》（1957修订）。修订后的《古汉语字典》编排非常科学，具有同一谐声成分的汉字都排在一起。汉字的字音，高本汉给每个字都标出三个阶段的读音，即他所构拟的汉语上古音、中古音，以及现代官话的读音；汉字的字形，按年代顺序标出从甲骨文到铜器铭文和碑文再到现代字体。汉字的意义，所收集的汉字在汉朝以前的书籍中出现的意义都注出来了，并注明了出处。这部《古汉语字典》成为汉学家了解和研究上古音的主要工具书。

2. 中国古代典籍的文献辨伪和译介注释等

高本汉借助西方语言学理论构拟了汉语中古音语音系统以后，他又开始结合语音、词汇和语法等语言学理论综合考证了先秦古籍的真伪。如1926年发表的《论左传的真伪和性质》，1929年发表的《中国古籍的真伪》等。这个理论可以验证所有的先秦古籍的真伪问题。这种方法为古籍的辨伪开辟了一种新的渠道。

1940年以后，高本汉根据严格校订过的中文典籍开始了英译、注释和分析等工作，发表了一批专著，如1942—1946年陆续发表《〈诗经〉译注》（共673页），还对《诗经》的每个汉字注上现代标准汉语语音，再用构拟出来的上古音标注出它的全部韵字。接着，1948—1949年陆续出版了《〈书经〉译注》（共419页）。80岁高龄的高本汉，依然笔耕不辍，1969—1970年出版《〈左传〉注释汇编》；1972—1974年出版《汉语典籍词汇拾遗》，1975年出版《〈老子〉注》，1976年出版《〈庄子〉某些篇章中的疑难词》等著述。这些著作成为瑞典以及西方汉学家了解和阅读中国古代典籍的必读之书，也为中国古代典籍在西方的传播做出了重要贡献。

高本汉在哥德堡大学期间，还撰写并出版了一些关于中国方面普及性的通俗读物，如汉语类的《北京话语音读本》(1918)、《汉语语音与汉语言字》(英文版，1923)、《论汉语》(瑞典语，1946)、《汉语入门》(瑞典语，1946)等；历史类的《19世纪的东亚》(1920)，《中国》(1928)；宗教史类的《中国和日本的宗教》(1924)、《简述中国的思想界》(瑞典语，1929)等。这些著作对于20世纪初在瑞典及北欧地区汉语学习与汉学研究起了有力的推动作用。

高本汉在汉学上所做的一系列贡献，对瑞典乃至北欧汉学的形成和发展，使汉学在瑞典确立一门专门学科起了决定性的作用，同时也推动了同时代中国学者的学术研究。从1918年至1939年间，高本汉开始在哥德堡大学教授汉语。1945年又到斯德哥尔摩大学教授汉学，直到1965年退休。高本汉学生遍布欧洲、日美和澳大利亚，许多人后来成为杰出的汉学研究者，如马悦然成为瑞典斯德哥尔摩大学汉学系教授、韩恒乐（Henry Henne，1858—1931年）成为挪威奥斯陆大学汉学系教授、艾葛乐（又译“艾葛诺德”，Sören Egerod）成为丹麦歌本哈根大学汉学系教授、汉斯·贝伦斯坦（Hans Bielenstein，1918— ）成为美国哥伦比亚大学历史学教授等等。

三、瑞典汉学的发展（20世纪60年代至今）

高本汉不仅为瑞典汉学的确立起了决定性的作用，而且为后期的发展也起了奠基作用。到20世纪60年代，他培养的学生陆续在瑞典高校里从事汉学研究，并成为中坚力量，如安德生（Andersson）在乌普萨拉大学教授中文，叶林斯威德（Bo Gyllensvärd）接任远东文物博物馆馆长一职，杨·威金则担任《馆刊》主编，卜斯文（Sven Broman。1921— ）担任瑞典人类学博物馆馆长；林西莉（Ceeilia Lindqvisr）成为瑞典教育部特别任命的汉学教授，等等。而真正把汉学讲座的教学内容从古代汉语转到现代汉语，汉学研究从考古学、古代语言学和古代典籍扩展到中国文学，并把中国古代和现当代文学作品大量介绍到瑞典和欧洲的是高本汉的高足马悦然。

（一）深谙中国文化的马悦然

马悦然（Goran Malmqvist，1924— ）于1946年考入斯德哥尔摩大学，师从高本汉学习汉语。在高本汉的建议下，1948年，马悦然来到四川调查方言，成功收集了成都、重庆、乐山、峨眉等地的方言资料。1950年回国，以调查的资料为基础完成了论文，获得了硕士学位，1951年获汉学博士学位。1952年在乌普萨拉大学语言系讲授汉语和中国文学；1953—1955年在英国伦敦大学亚非学院担任汉语讲师；1956—1958年在瑞典驻华使馆担任文化参赞，其间与中国当时的著名作家结下了深厚的友谊；1958—1965年受聘于澳大利亚国立大学任中文教授。1965年斯德哥尔摩大学设立汉学教授职位，马悦然被聘为汉学教授。1966年担任斯德哥尔摩大学语言系主任等职务。还两度出任欧洲汉学协会会长。由于他在汉学方面的成就和传播中国文学方面的贡献，曾两度获得瑞典国王奖。

马悦然从1948年就开始翻译中文著作为瑞典文。第一部作品是陶渊明的《桃花源记》，之后，翻译、考证和注释了先秦典籍《公羊传》和《谷梁传》，并运用统计学、文字学、语法学等理论和方法分析了这两部经典著作，这些研究成果于1970年出版。后又翻译了《春秋繁露》《论语》《诗经》《礼记》《孟子》《道德经》《史记》等经典著作，以及汉朝民歌等。继之，翻译了南北朝诗、唐诗、宋词、元曲以及《水浒传》《西游记》等明清小说。中国现当代文学作品，翻译了沈从文的《边城》、张贤亮的《绿化树》，北岛的全部诗作，李锐的《厚土》和《旧址》等，还有老舍、孙犁和浩然等人的小说以及《毛泽东诗词》。从作品的历史分期来看，几乎涵盖了中国各个时期，由上古、中古，到近代、现代，再到当代，大约50余部著作；从翻译的领域来看，从中国哲学到史学以及中国文学（小说、诗歌以及散文）等。

近些年来马悦然还参与组织领导了《中国文学手册1900—1949》的编写工作，这套手册分为中、长篇小说，短篇小说，诗歌，戏剧四卷，每卷大约收名家作品100篇左右。内容包括作家简介、作品内容梗概、作品的赏析评论和参考书目以及作品收藏与版本情况。此外，还设立了“马悦然现代文学奖学金”，每年邀请中国作家和学者到瑞典等欧洲国家访问讲学，如刘心武、张洁、史铁生和苏童等，都曾受邀过。马悦然为中国文学走向世界，做出了巨大贡献。

马悦然除了大量翻译中国文学作品之外，还撰写了汉语研究方面的文章，如根据在中国四川收集的方言语料，发表了《四川方言的音韵及其语法结构》和《西部官话语音研究》两部著作；1969年发表《论汉代以前和汉代文献中词素（嫌）的意义》，1980年《论“其”在〈左传〉中的作用和意义》，以及《〈西游记〉中疑问句结构的责任形式》等。马悦然还用中文撰写了《俳句一百首》和回忆录《另一种乡愁》等著作。被称为“百科全书型的大师级学者”①。

1965年，马悦然担任斯德哥尔摩大学汉学教授时，学习汉语的只有几个学生，经过20多年的发展，如今该校汉学专业已形成了本科、硕士和博士的教学规模。在他担任汉学教授期间，有13名学生获得了汉学博士学位，如今他们都在瑞典和欧美各大学和学术机构，成为汉学界的著名学者。1985年，马悦然被遴选为瑞典文学院院士，诺贝尔文学奖评委之一，是评委中唯一的汉学家，也使得这一世界性文学评奖机构增加了对中国文学的了解。现在马悦然虽已退休，但他仍在积极致力于中国文学的译介和中瑞文化交流工作。

（二）客观评价中国文化的罗多弼

罗多弼（Torbjorn Loden，1947— ）他是继高本汉、马悦然之后瑞典汉学界的领军人物。当1968年中国“文化大革命”的浪潮席卷全球时，瑞典同样也兴起了中国热。罗多弼本来专业是学习俄语和哲学，受中国浪潮的影响，开始跟随马悦然学习中文，并和所有左翼青年一样，成天捧读《毛泽东文选》。1970年到香港中文大学新亚学院学习汉语。1973—1976年任瑞典驻中国大使馆文化参赞。在北京的三年期间罗多弼有机会更广泛深入地了解中国文化。1977年担任斯德哥尔摩大学中文系教授，1980年，出任斯德哥尔摩大学东方语言学院院长。1982年以《1928—1929年期间中国无产阶级文学的争论》一文获得斯德哥尔摩大学中国文学

① 王蔚桦：《瑞典汉学对中华文化的贡献》，《理论与当代》2006年第4期。

博士学位。

罗多弼的研究侧重于三个方面：一是中国现代文学史，如《1928—1929年期间中国无产阶级文学的争论》《郭沫若和〈中国古代史研究〉问题》《鲁迅及其革命文学》《刘大杰：鲁迅和现实主义》等文章。罗多弼在分析中国文学人物时，不带政治偏见，也不以其历代地位的变化任意褒贬，而是根据史实，予以客观的评介。二是中国古代哲学思想，从20世纪80年代起，罗多弼开始关注中国清代哲学家戴震的思想，写出了一系列关于戴震和儒家学说的文章。如论文《戴震哲学中"情"字的内涵》、《戴震和儒家思想的社会作用》（1987）以及英译戴震的哲学著作《孟子字义疏证》（1988）等。三是中国当代政治思想。如《寻求谁的富强：后毛泽东时代国家主义的反思》着重介绍了近年来中国知识分子对鸦片战争以来形成的国家主义的反省，分析了这个国家主义已经开始分解的进程。1998年出版了《从毛崇拜到金钱崇拜——现代中国的思想与政治分析》一书。现正从事《从毛泽东到财神》课题研究，涉及马列毛思想的来源以及在中国的地位与作用，官方对马列毛思想的解释等方方面面的问题。

罗多弼现在除了坚持科研和承担繁重的教学任务以外，还承担了一些社会性的工作。如为了促进和加强对亚太地区的政治、社会和文化发展的研究，瑞典于1984年成立了斯德哥尔摩大学亚洲及太平洋研究中心（简称"亚太研究中心"），罗多弼担任首任执行主席。他还担任欧洲研究中国协会常务副会长、北欧孔子学院院长等。他以不倦的精力参与和组织各种文化活动，为中瑞文化的相互交流做出了艰苦的努力。

这一时期，和罗多弼走相似学术道路的还有1978年担任隆德大学中文系教授的罗斯（Lars Ragvald），致力于现代汉语的研究，代表性的成果有主持并编撰大型工具书《汉瑞词典》。

近一二十年来，越来越多的瑞典大学开设中文或汉学课程，如乌普萨拉大学、哥德堡大学以及隆德大学等相继扩充了汉学系或东方语言系，使瑞典的汉学研究得到了全面的发展。1993年初，斯德哥尔摩大学东方语言学院和亚太研究中心，搬迁到市中心区的一幢楼里，形成一座"亚洲楼"，不仅加强了瑞典汉学界的联系，也促进了与世界各地汉学界的学术交往。

目前瑞典中小学里也出现了汉语热。中文已被瑞典教育部定为中学第二外语选修课之一。目前，瑞典全国有50多所中学开设中文课程。现有孔子学院1所——吕勒欧孔子学院；孔子课堂2个：法尔肯贝里高中孔子课堂、博兰高中孔子课堂。

【参考文献】

专著：

［1］何寅，许光华：《国外汉学史》，上海外语教育出版社2002年版。

［2］王力：《中国语言学史》，山西人民出版社1981年版。

［3］熊文华：《荷兰汉学史》，学苑出版社2012年版。

［4］［荷］许理和：《佛教征服中国——佛教在中国中古早期的传播与适应》，李四龙、裴勇等译，江苏人民出版社2003年版。

［5］张静河：《瑞典汉学史》，安徽文艺出版社1993年版。

论文：

［1］黄定天：《早期中俄关系的珍贵史料》，《中国边疆史地研究》1995年第4期。

［2］罗常培：《介绍高本汉的〈中国音韵学〉》，《图书月刊》1941年第1期。

［3］王蔚桦：《瑞典汉学对中华文化的贡献》，《理论与当代》2006年第4期。

［4］王文欣、姚建彬：《17世纪初到20世纪初荷兰的中国研究与中国文学翻译》，《外国语文》2016年第6期。

［5］［荷］伊维德：《荷兰汉学：过去、现在和未来（上）》，马清槐、唐芜译，《传统文化与现代化》1993年第2期。

［6］张静河：《西方汉学研究的丰碑——高本汉（上篇）》，《中国文化研究》1995年第3期。

［7］张云江：《高延与“中国宗教体系”研究》，《中国社会科学报》2012年9月24日。

【思考与练习】

1. 评述施古德的汉学成就。

2. 评述戴闻达对荷兰汉学的贡献

3. 为什么说瑞典汉学作为一门专门学科的建立，高本汉起了决定性的作用？

4. 简述高本汉在构拟中国古代语音系统方面的贡献。

5. 评述马悦然对中国现当代文学走向瑞典和欧洲的贡献。

第十章 俄国汉学

Chapter 10

第一节　俄国汉学的产生与发展

在俄国游记中首次出现名叫“中国”的国家，是1472年俄国商人阿法纳西·尼基京（Афанасий Никитин，？—1472年）在其作品《三海行记》中记录的在海上航行以及在印度生活时听到的“中国”这个国家。从严格意义上讲，中俄两国正式直接接触是从17世纪初开始的。20世纪之前中俄两国的关系正如黄定天所说：“两国关系沿着侵略与反侵略，扩张与反扩张的轨迹不断演化。”[①]俄国对中国的介绍、了解和研究也就是在这种关系中产生、建立的。

一、俄国汉学的发端（17世纪）

中俄最早交往是13世纪蒙古成吉思汗的三次西征，后成吉思汗的孙子拔都（1208—1255年）于1243年建立了钦察汗国（或名金帐汗国），实施对于东欧各公国享有的宗主权，其中包含罗斯公国。但这些都只是间接的接触。17世纪初开始，俄政府为同中国建立贸易关系和外交关系多次派出外交特使，而这些特使回国后撰写的关于中国的报告成为认识、了解中国的最初的文字资料。

① 黄定天：《早期中俄关系的珍贵史料》，《中国边疆史地研究》1995年第4期。

（一）伊万·佩特林考察团

有史料记载，最早跟中国直接打交道的是一个名叫伊万·佩特林（Иван Петлин）的人。据说，当时位于西伯利亚西部的城市托木斯克地方官为了探索前往中国的道路，了解中国的信息，于1618年5月派伊万·佩特林率考察团，在蒙古使臣陪同下，经过3个月又22天抵达北京，因没带贡品，当时的明朝皇帝神宗并没有接见他们，但明神宗委托考察团带一封国书转交沙皇。由此，实现了中俄两国在外交上的首次直接接触。1619年伊万·佩特林回到托木斯克，写了一份报告，呈给沙皇，包括一张中国地图和明神宗万历皇帝的一份国书。这份报告记载了从西伯利亚和蒙古草原到中国的陆路通道以及沿途见闻。

（二）巴依科夫外交使团

自17世纪中叶起，随着俄国向东扩张的脚步不断加快，俄国政府外交、军事双管齐下：一方面，继续派外交使团到中国。1654年，俄政府正式派遣了由费奥多尔·伊万诺维奇·巴依科夫（Ф.И.Байков，1612—1663年）为团长的外交使团。这次俄国政府吸取了上次教训，携带了大批的礼品，从阿尔泰山，经呼和浩特于1656年到达了北京。但因不愿意遵守中国的礼节，被责令尽快离开中国。巴依科夫虽然没有完成外交任务，但在中国6个月里，收集了大量的中国资料，回国后撰写了《实录》。之后1675年，俄国政府又派出了一个150人组成的外交使团，由外务部门翻译尼古拉·加夫利洛维奇·斯帕法里（1625—1708年）率领。于1677年回到莫斯科向外务部撰写了《中国及其省市所在的天下第一洲亚洲记述》《旅途日记》和《1675—1678年斯帕法里访华使团文案实录》。另一方面，俄军越过外兴安岭，用军事手段侵占中国黑龙江的部分领土，最后中俄通过谈判，于1689年（康熙二十八年）签订了中俄《尼布楚条约》。条约划定了中俄东段的边界，规定了贸易往来的规则。这样，通过俄商贩运的中国商品，如瓷器、茶叶等，走进了俄罗斯人的生活，俄罗斯人从物质上加深了对中国的认识。

这一时期，俄罗斯了解中国主要来自外交特使。这些使者虽然未完成外交使命，但他们撰写的关于中国及其相邻的国家和民族的报告、日记等第一手资料，特别是关于从欧洲经西伯利亚等地而进入中国的道路的发现以及在中国所见所闻的描述，不仅引起了俄国人对中国的巨大兴趣，也引起了欧洲人的关注并译成了各种文字，以英语、德语、法语和拉丁语在西欧大部分国家一版再版。这些资料促进了俄国乃至欧洲对中国的了解。然而，由于这些外交特使在中国时间短，他们对中国的介绍，基本上是“浮光掠影”式的，对中国的描述也是停留在表面，甚至还有些不真实的记述。但是，俄国政府以及俄商通过与中国政府的多次直接交往，意识到学习汉满语对于发展两国政治和经济关系的重要性，使节们所积累的有关中国的信息构成了俄国汉学形成的土壤，促成了俄国汉学的萌芽。

二、俄国汉学的累积（18世纪）

18世纪的欧洲以法国巴黎为中心掀起的“中国热”，也影响了沙皇彼得一世和“开明君主”叶卡捷琳娜二世。彼得一世多次派特使洛伦兹·郎喀（лореНц ЛаНr，？—1746年）来中国，搜集各种中国书画及图书运回俄国。叶卡捷琳娜二世对中国文化更情有独钟，从1764年开始，在圣彼得堡建造博物馆，广泛收集中国的物产，如瓷器、漆器，按照中国风格装饰皇宫住宅，热衷于中国的园林艺术，也掀起了“中国风”。而直接推动俄国对中国研究的是清朝雍正年间开始来华的俄罗斯东正教传教士和同来的留学生。

（一）驻北京东正教传教团的多重功能

988年，东正教正式成为俄罗斯的国教。1712年（康熙五十一年），俄政府借口要保证雅克萨战役中被清政府俘虏的俄士兵的宗教信仰，要求清政府准许东正教传教团进驻北京，得到了康熙的准许。于是彼得一世在1715年向北京了派出了第一届传教士，包括团长在内约10人。但后因中俄边境冲突不断、两国关系又陷入僵局而中断。

1727年（雍正五年）中俄《恰克图条约》签订，其中规定，俄派传教士、留学生以及教习等10人到中国，清政府出资为俄人建教堂，且提供他们的费用。这项举措对俄罗斯汉学的形成产生了巨大的推动作用。

从1715年到1917年苏维埃政权建立，202年间俄国一共向中国派驻18届传教士团。在1861年俄国在中国设立公使馆之前，因俄国对华政策的需要，驻北京传教团（中国史称“俄罗斯馆”）这个名义上的宗教机构实际上是一个兼有外交、商务、研究等多重职能的机构。

第一，宗教机构。最初这些传教士只服务那些已经归顺中国的俄国俘虏。直到1858年《中俄天津条约》使俄国东正教传教士获得了在中国自由传教的权利。第二，外交机构。传教士团除了传教还要负责交涉中俄两国间各种事务，且要完成俄国政府指定的任务，即搜集“那个遥远国家中各民族生活与活动”情报，并在“回国后向外交委员会”汇报[①]。于是这些传教士团的成员一到中国就采取各种手段搜集中国的文献以及各种文物。据不完全统计，19世纪中叶以前，传教士团曾8次大规模将各种中国书籍运回俄国。如第6届学生阿加福诺夫等集体编写的《大清国1772— 1782年秘密行动、企图、事件和事变录》，从标题上就表明了其明显的情报性质。像著名的孔气，仅其本人就运回中国书籍1435种。包括许多珍稀的中国古籍如小说《姑妄言》和脂本《红楼梦》、何秋涛《校正元圣武亲征录》手稿等。直到1861年俄国公使馆成立，传教士们才转而专门从事传教活动。第三，贸易机构。《恰克图条约》除了规定俄国向中国派驻传教士团以外，还规定俄国每年派遣一个不超过200人的商队来北京从事贸易，并且还有个惯例，即俄国传教团只能随商队而来。这个规定，不仅使俄国商队来中国贸易成为合法化，而且密切了来北京的俄国传教团和商人的关系。18世纪上半叶，俄国东正教驻北京传教士团的驻地曾一度成为俄国商队的住所和贸易的据点。俄驻北京传教士团的设置，其实也是俄政府希望通过这个宗教机构保持与中国的经常性联系，保障在中国的贸易利益。第四，研究机构。每届传教士团在中国的居留时间长短不一，最短的是第二届为6年，最长的是第五届，长达17年；传教士团成员居京时间也不等，

① 肖玉秋：《1715年至20世纪初俄国驻北京传教士团研究》，《世界历史》2004年第5期。

多数成员任职一届，但也有人任职两届，如卡缅斯基等，居京时间最长的是巴拉第，前后任职3届，计30多年。在这期间传教士团成员，一方面要学习汉、满、藏、蒙等语言，成为一名翻译人才；另一方面和中国各阶层人士交往，甚至走街串巷，了解中国的风俗文化。为帮助传教士团学习语言，1728年（雍正六年）清政府还在国子监开设了一家俄罗斯学馆，为传教士团讲授满、汉语及文史哲等典籍。10年左右的学习和生活，传教士们不仅掌握了汉满蒙等语言，还开始阅读和翻译中国文化典籍。有的学习优秀者还受聘担任中国人的俄文和拉丁文教职，有的回国成为外交部的翻译或汉满蒙语教师，介绍和传播中国文化及培养俄国本土的汉满蒙语人才。由此，驻北京东正教传教团成为名副其实的俄国汉学家的摇篮和培养基地。

（二）18世纪东正教传教士对俄国汉学的贡献

自1715年到18世纪末俄国派遣了8届传教士团。前期来华的俄国传教士与西欧传教士相比，文化素质普遍不是很高，但也有表现突出的，如罗索欣、列昂季耶夫、阿加福诺夫（Агафонов）等，谱写了俄国汉学历史的第一章。

他们在中国文化介绍上主要贡献有三：第一，学习和推广满语汉语。俄罗斯东正教驻北京传教使团大多数教员在北京生活多年，在搜集中国情报的过程中，间接或直接地和中国人打交道，从而逐渐培养了一批掌握汉语、满语的翻译人员。为了让俄罗斯本土更多的人掌握满语汉语。1741年彼得堡皇家科学院开办了满汉语班，罗索欣是第一个讲授汉语的俄国人，继任者是列昂季耶夫，这个学校仅存在了10年，但为培养汉满语口语人才做出了贡献，也为19世纪满汉语教学进入俄国高等院校积累了一定的经验。第二，译介中国典籍。内容包括汉语启蒙读物《三字经》、儒家经典“四书”，历史《八旗通志》、法律《大清会典》等，尽管其中很多著述完全可以成为世界汉学的珍贵文献，但大部分都未能发表而以手稿的形式保留着。第三，搜集中国文献。从第二届传教士团罗索欣开始，传教士们在北京利用各种方式搜集中国典籍及文物。当罗索欣去世时，收藏的中国文献就达100多种。俄政府甚至还于1795年在北京建立了一座收藏中国图书的书房，兼收传教士团成员的手稿，到了19世纪下半期，该书房成为俄国最大的中国文献收藏地之一。这些中国文献源源不断地运回俄国，为俄国汉学的产生、确立奠定了文献基础。

1724年，在彼得大帝的倡议下，俄罗斯建立了圣彼得堡科学院（1803年改称皇家科学院，1836年又更名为圣彼得堡皇家科学院），并从西欧移植东方学和延揽汉学人才，后来的俄皇继续推行这一政策。如聘请德国东方语言学家、欧洲第一部汉语语法的作者巴耶尔为院士，并借助西欧的研究成果了解中国，还从西方传教士手中获得最早的中国图书等。这些都为19世纪俄国汉学的确立奠定了一定的基础。

三、俄国汉学的建立（19世纪初至1914年）

这一时期从19世纪开始，专业汉学在俄国逐步建立。然而，这一进程被第一次世界大战所打断。

（一）俄国东正教驻北京传教团的变化

19世纪初，俄国政府对东正教进驻北京的传教团进行了整顿，来北京的传教团成员出现了一些新的变化：一是文化素质有所提高。自1808年第九届至1858年第十四届派出的23名学生多数来自彼得堡神学院等大学，因而都是“大学生”，其中第十二届瓦西里耶夫还是蒙古语硕士。自1820年起，医生、学者、天文学家、画师等成为传教士团成员。二是职责为研究中国文化。1807年传教士团划归俄国外交部领导。1818年8月，俄政府命令在华东正教会，“今后的主要任务不是宗教活动，而是对中国的经济和文化进行全面研究，并应及时向沙俄外交部报告中国政治生活的重大事件”。[①]促使这些东正教的成员不着急去传教，而是愿意花费更多的时间和精力学习汉、满、蒙等语言，了解中国、研究中国，在研究趣味上迎合俄国政府的需要。出现了诸如比丘林和西维洛夫（Сивилов,Д.П.，1798—

① 肖玉秋：《1864年以前的俄国来华留学生》，《历史档案》2007年第1期。

1871年）这样的汉学家。

（二）俄国本土汉蒙满语教学机构的建立

首所专门汉语学校——恰克图汉语学校（1835—1867年）。19世纪30年代，俄政府加大了培养汉满蒙等语言人才的力度。1832年，应当地俄罗斯商人的请求，俄政府审议同意在恰克图开办一所汉语学校。1835年，恰克图汉语学校正式成立，并任命比丘林和克雷姆斯基为汉语教师。学校设有预科班，学制为4年，课程包括汉语、法律、经济、金融、会计等。恰克图汉语学校是俄国第一所培养汉语人才的专门性学校，一直开设到1867年关闭。在其存在的30多年里为俄国培养了不少学有所成的汉语翻译人才。

首个高校蒙汉满语教研室——喀山大学东方系（1833—1855年）。1833年喀山大学东方系成立蒙语教研室，1837年设立汉语教研室，开设了汉语课程。这是俄国高校中第一个汉语教研室，由驻北京第十届传教士西维洛夫担任汉语教授。1844年，喀山大学又成立了满语教研室，和西维洛夫同届的随团医生沃伊采霍夫斯基（Войцеховский, О. П.，1793—1850）任满语教授，王西里任编外教授。这些都表明俄政府开始了在俄国本土有计划地专业式培养满汉语人才。也标志着俄国汉学的正式确立。

汉满蒙语教学研究机构——圣彼得堡大学东方语系（1855年至今）。1855年，俄政府对国内所有东方语教学实施合并，成立圣彼得堡大学东方语系。将喀山大学的汉满蒙语教学全部并入到圣彼得堡大学东方语系，设有汉、满、蒙语在内的9个教研室5个专业。其中汉语教学一直由王西里担任，直至其去世。到19世纪末，圣彼得堡大学是俄境内唯一教授汉语的教学机构，更多地侧重于对学生进行中国历史、文化知识的系统培养，这里的学生毕业以后大都到高校承担汉语教学和研究中国文化。

俄国东方语翻译人才培养基地——海参崴（符拉迪沃斯托克）东方学院（1899年至今）。19世纪末，因为俄国在远东势力的快速发展以及远东的复杂局势，需要加强军队的力量，对军官进行汉语培训迫在眉睫。同时，一些俄商为了和中国人做生意，也有学习汉语的要求。于是1899年，海参崴（符拉迪沃斯托克）东方学院正式建立。学院的学制为4年，第一年为汉语学习，第二年学生按个不同的专业方向，即汉日、汉朝、汉蒙和汉满等4个方向，学习第二种东方语言。此外还有一些必修课，如英语，中、日、朝历史，中国地理、经济等课程。教学内容更侧重于实用，一是教材内容上体现实用性，如汉语教师施密特编写的《官话语法试编》、屈纳的《中国地理教程》等；二是利用海参崴优越的地理位置，学校聘请中国人为汉语实践课教师，从1899年至1911年间相继聘请过19位“中国先生”进行汉语教学，这些“中国先生”对于学生汉语口语的掌握起到了推动作用。从成立之初到1917年前，东方学院共培养了300多名学生和200多名军官。这里成了俄国培养东方语翻译人才的重要基地。

（三）俄国传教士团成员和汉学师资的变化

19世纪上半叶俄国汉蒙满语的师资基本上来自东正教驻北京传教士，这些传教士团成员成为这一时期俄国国内汉语教育的奠基人，为俄国汉语人才的培养作出重要贡献。但自1861年起，俄国根据《中俄北京条约》在北京设立驻华公使馆，取代传教士团行使外交职能。1863年沙皇又下令“自1864年1月1日，第十四届传教士团的全体神职人员转由宗教部门管理，并由其决定北京人员的去留问题。将世俗人员召回亚洲司”。所以，从1864年起包括学生在内的世俗人员一律停派，第十五届至第20届传教士团成员完全由神职人员构成。

19世纪中叶汉学作为一门学科在俄国高等院校得以设置，成为真正意义上的汉学家的有王西里、巴拉第等。至19世纪80年代，俄国国内的汉语师资主要来自圣彼得堡大学东方语系汉满蒙专业毕业生。这些毕业生一部分留校任教，如伊万诺夫（Ivanov, A. I.，1878—1937年）和波波夫（Попов,П.С.，1842—1913年）；一部分到海参崴东方学院任教，如著名的学院派汉学家鲁达科夫和施密特等。这些毕业生逐渐成为俄国汉满蒙语教育的骨干力量。

（四）俄国本土关于中国的图书资料建设

自18世纪开始到19世纪下半叶，俄国通过驻北京传教士团、官方渠道、探险家探险等多种途径搜集大量关于中国的书籍、文物等，如比丘林回国时带回12大箱满汉语书籍，不仅充实了俄国各高校的中国图书的数量和种类，也为俄国本土的汉语教学和汉学研究提供了丰富的资料。

四、苏联中国学的建立（1914年至1991年）

从1914年到1991年，俄国对中国的研究，进入了苏联“中国学”阶段。20世纪苏联“中国学”研究的队伍、内容、理论等不仅受到俄国国内形势的影响，还受到国际形势以及中苏（俄）关系的影响。

20世纪上半叶，俄国的中国文化研究经历了低谷（1914—1920年）、再发展（1920—1937年），再停滞（1937—1945年）的跌宕起伏。出现这种变化的原因是俄国经历了第一次世界大战，1917年的十月革命，苏维埃政权的建立，1918—1920年的三年国内战争，使得俄（苏）无暇他顾。1920—1937年之间的十几年，俄国的社会出现了一个平静期，其间在1922年，由15个国家陆续组成了苏联加盟共和国，即“苏维埃社会主义共和国联盟”，简称“苏联”。所以从1920年开始苏联对中国的研究进入了重启和建设阶段：首先是研究机构的建立，如1920年彼得格勒东方学研究所和莫斯科东方学研究所成立，1921年全俄东方学家学会成立等，侧重点均在中国。1925年还成立了专门的“中国研究所”。其次是研究刊物的刊行，如1918年开始发行《中国问题》《革命的东方》《新东方》等杂志。从这些杂志的名称可以看得出来，此时研究的重点已经是中国近现代的问题，特别是中国当下的政治局势，即中国革命的现状和未来的发展前景，如“中国革命的前途问题”研究。俄罗斯对中国的研究开始了从帝俄“汉学”到苏联“中国学”的转变。此阶段引领苏联中国学研究方向的代表人物是阿列克谢耶夫，苏联“中国学”也被称为“阿列克谢耶夫时期”。但1937年苏联发生的肃清运动，1941—1945

年的卫国战争，以及第二次世界大战，其中国学研究的环境受到了极大破坏，许多中国学家的身心受到了一定的摧残，有的甚至不幸去世，给刚刚建立起来的苏联中国学造成难以弥补的损失。

从1945年至1960年苏联中国学进入繁荣阶段。其间第二次世界大战结束、新中国成立、中苏结成友好同盟，两国之间在各个领域的交往空前密切，中国学在苏联得到了前所未有的重视。首先苏联政府大力培养新一代汉学人才。1951年，莫斯科大学“东方语言学院”（1972年更名为莫斯科国立大学亚非学院）成立，圣彼得堡大学东方语言学院、远东大学等多所高校都扩大了中国学的招生名额，积极致力于中国学学科的发展。其次，很多苏联中国学家有更多的机会来到中国，参与到中国革命和建设中来，与中国各领域的学者进行多方面的交流，加深对自己研究领域的理解，如季塔连科、米亚斯尼科夫。不久，苏联出现了一支800多人的中国学研究队伍，对中国展开了多个方面的系统研究，取得了突出的成就。就从中国作品的翻译来看，包括从古代至现当代的作品，种类众多。每一种印数均达5万至10万册。如《红楼梦》（1958）、《水浒传》（1959）、《儒林外史》（1959）等中国文学名著在这一时期陆续被译成俄文出版。仅东方文献研究出版社从1950年到1957年就推出了447种2300多万册有关中国的书籍，从1958年到1959年这类书籍又增加了242种。中国学研究呈现出一派繁荣景象。这一时期最突出的代表是阿列克谢耶夫的学生齐赫文斯基、费德林、龙果夫、艾德林、李福清等等。

从1960年至1991年，苏联中国学再次陷入低谷。20世纪60年代，中苏两党由于在马列主义基本观点上产生了分歧，两国关系随之进入了紧张对峙阶段，加之后来中国的“十年动乱”，很快影响到苏联的中国研究：一是苏联许多高校停止了中国学专业的招生；二是苏联中国学家所能获得的有关中国资料逐渐减少。但是，尽管如此，苏联的中国学家们并没有完全停止对中国的研究。凭着20世纪50年代培养起来的中年学者的努力以及从其他渠道获得的中国信息，苏联的中国学仍取得了一定的进展。如苏联科学院东方学研究所下属的中国学部在著名中国学家维亚特金（1910—1995年）的领导下从60年代开始了《史记》的翻译、注释。苏联科学院自70年代起至今40余年间整理中俄关系史档案文献资料，汇集中俄关系史上重要事件的档案资料，出版大型档案文献丛书《俄中关系·资料与文献》，现已出版13卷，为世界各国学者研究中国与外部世界关系的历史及中外文化的交流提供了重要的第一手资料。

五、俄罗斯中国学的发展（1992年至今）

随着中国的改革开放、中苏关系逐渐正常化以及1991年苏联解体，1992年俄罗斯联邦成立，中俄关系逐步发展为睦邻合作关系，俄国中国学得以恢复和发展。这一时期的俄国中国学在继承苏联中国学研究成果基础上，获得了更加广阔的研究空间：首先是研究理论和方法更加多样化、科学化；其次是研究领域和方向更加开阔化，对中国的研究既有俄国领先优势的学科，如中国少数民族边疆史的研究，也关注当下中国的政治、经济、法律等。三是研究资料的渠道和来源更加多元化。许多档案包括苏共中央档案得以开放，带来了研究论据的客观性。在长期致力于中国学研究的过程中，形成了莫斯科学东方语言学院和圣彼得堡东方语言学院两个具有代表性的中国学研究机构。前者以研究现当代中国政治和社会问题见长，后者则倾向于中国古代的历史文化研究。这一时期突出代表人物是致力于“中国民间文学”的李福清。

为了让俄国全面了解中国，2006至2010年，由中国学家、俄罗斯科学院院士、俄远东研究所所长和俄中友好协会主席米哈伊尔·列昂季耶维奇·季塔连科（Михаил Леонтьевич，1934—2016年）任主编，联合俄罗斯中国学界，历时5年，出版了6卷本的《中国精神文化大典》。第一卷《哲学卷》，第二卷《神话·宗教卷》，第三卷《文学·语言与文字卷》，第四卷《历史思想·政治与法律文化卷》，第五卷《科学·技术·军事思想·卫生·教育卷》，第六卷《艺术卷》。这部大典从多个领域对中国数千年博大精深的文化进行了全面阐释，集中体现了俄罗斯中国学研究的最新成果。为俄罗斯为世界认识中国、了解中国提供了难得的资料，也为中俄互相了解提供了重要的资料。

目前，俄罗斯已建孔子学院17所，开办孔子课堂5个。

第二节 俄国的汉学名家

一、“俄国汉学第一人”罗索欣

罗索欣（Рассохин，И.К.，1707—1761年）于1726年进入伊尔库茨克主升天修道院“蒙俄学校”学习，因成绩优秀被指定随第二届俄国东正教传教士团于1729年赴北京学习。到北京后，进入国子监学习汉语满语。1735年被聘为理藩院（清朝管理蒙、藏等少数民族事务的机关，同时还兼办部分属国和外国事务，如与俄国的事务）的翻译。1738年成为内阁俄罗斯馆老师。1741年回到俄罗斯，被分配至彼得堡皇家科学院担任满汉语翻译与教学工作，直至1761年去世。

（一）贫困不移译介志

在北京学习满汉语言和教授俄语过程中，罗索欣开始将《俄语语法》翻译为满语。罗索欣回国后，由第三届传教士富勒赫（Fulehe）继续翻译，于18世纪上半期完成，书名《俄罗斯翻译捷要全书》，用满汉俄三种文字。这是汉译的第一部俄语文法著作。这部手稿一共有14本。内容上分3个部分，第一部分阐明确定俄汉译音规则的必要性，制订出第一个译音方案《俄汉语发音转写》；第二部分是语法；第三部分俄语的学习方法。

1741年至1761年在彼得堡皇家科学院工作期间，罗索欣翻译著作约30多种，主要是关于中国历史、地理等方面的著作。如1750年完成的《亲征平定朔漠方略》（俄本名《准噶尔叛乱平定记》5卷本，2671页）、1756年完成的《资治通鉴纲目》（2900页，是第一个关于中国历史的欧洲语言译本）、《异域录》《名贤集》《八旗通志》等，其中《八旗通志》共16卷，罗索欣于1756年开始翻译，但只翻译了5卷就不幸去世。这些译稿出版的仅5种，大都是手稿保存在俄罗斯科学院的档案中。因经济的贫困，罗索欣还把自己的中文图书出售给俄罗斯科学院图书馆，前后100多种，丰富了科学院图书馆汉学的藏书。俄罗斯科学院图书馆中国馆的形成同罗索欣的名字紧密相连。

（二）杏坛精育汉学人

在从事翻译活动的同时，1741年罗索欣还在彼得堡皇家科学院满汉语班从事教学，是第一个讲授汉语的俄国人。他选用了中国的启蒙教材，将《三字经》和《千字文》译成了俄文。在罗索欣的指导下，他的学生沃尔科夫翻译了“四书”，是俄国翻译儒学著作的最早尝试，手稿保存至今。这个学习班到1751年被关闭，在这10年间，培养了4名学生。这是俄国人第一次在本土依靠自己的力量培养汉语人才。

罗索欣是18世纪来华留学生中第一个学有所成者，是最早从事中国文化典籍译介工作和满汉语教学活动的俄国人，他掀开了俄国汉学史的第一页，被誉为“俄国汉学第一人”。[①]

二、列昂季耶夫与《大清会典》

列昂季耶夫（Леонтиев,А.Л.，1716—1786年），在到中国之前学习了拉丁语、满语和汉语等语言。1742年作为俄国东正教第三届驻北京传教士团学员到中国继

① 阎国栋：《十八世纪俄国汉学之创立》，《中国文化研究》2004年第2期。

续学习满汉语言。由于在语言学习上表现了出色的天赋，很快就被理藩院认定为接替罗索欣的合适人选，担任满语通译和俄罗斯文馆教师。1756年列昂季耶夫回到俄罗斯，进入外务院做翻译工作。1763年还担任了外务院举办的汉满语班的授课教师，招收了4名学生。1786年去世。

（一）译经典，推介儒家哲学

列昂季耶夫为此做出了许多开拓性的贡献。如1772年出版了《中国思想》；1779年，翻译中国蒙学课本《三字经》和《名贤集》，合编成《三字经名贤集合刊本》出版；1782年，首次进行了《易经》的俄译尝试，发表了译稿《中国典籍〈易经〉中阴阳作用》；1780年和1784年分别出版了他所翻译的《大学》与《中庸》，这是俄国最早正式出版的全译本。

（二）译会典，展示大清律例

叶卡捷琳娜二世及其僚属期望完整地了解中国的法律，命列昂季耶夫全文翻译《大清会典》。俄译3卷本的《大清会典》于1781、1782和1783年分别在圣彼得堡出版。此外，1757年列昂季耶夫受命赴科学院协助罗索欣翻译16卷本《八旗通志》。但罗索欣译了5卷后不幸去世，列昂季耶夫继续翻译，完成了剩下的11卷，并编辑了第17卷——注释卷。1784年代表18世纪俄国对华研究最高水平的《八旗通志》正式出版。

18世纪俄国出版的中国典籍和论文共120种，而列昂季耶夫的译著就占了其中的1/5。他继罗索欣翻译有关中国儒家经典、汉语教材、历史和法律等方面的著作，1775年他还翻译了《中国象棋》。与罗索欣不同的是，他的20多部译著都有幸得到了出版。这些著作不仅在俄国思想界产生了一定的影响，同时也为中国文化在俄国的传播做出了贡献。俄罗斯学者称“列昂季耶夫完全可以称得上是18世纪最重要的汉学家”。[①]

① 转引自雷丽平、李渤：《俄罗斯汉学的发展演变及其现实意义》，《东北亚论坛》2011年第4期。

三、“俄国汉学的奠基人”比丘林

全名“尼基塔·雅科夫列维奇·比丘林”（Пичуринский,Н.Я.，1777—1853年），1785年进入喀山神学院学习语言（拉丁语、法语和德语）、诗歌、修辞等课程。1799年毕业后留校从事语法教学。1800年正式皈依东正教，取法号亚金甫。1807年任俄国东正教驻北京第九届传教士团团长，1808年抵北京，习汉、满、蒙、藏语。曾整顿传教士团教务，但收效甚微。为此他对教务管理失去了热情和信心，转而把全部精力用于学习汉语，编写词典以及研究中国历史地理等。1822年回到彼得堡后，遭到东正教事务管理总局以“玩忽职守”罪名的指控。1823年经法庭审判撤销其修士大司祭教职，并关进瓦拉姆修道院。后由于外交部急需汉语翻译，1826年获释，担任外交部亚洲司译员，其间翻译了大量的有关中国边疆民族史的著作。1829年任彼得堡公共图书馆名誉馆员，负责汉、满文图书分类编目工作。1830年随科学考察队赴俄中贸易中心喀尔喀蒙古区搜集资料。1831年被选为巴黎亚洲学会会员。1835年在恰克图汉语学校任教。1838年重返彼得堡，主要从事介绍中国历史、文化等著述活动。他一共发表著作60余种，内容涉及中国汉民族和边疆少数民族的历史和文化，其中很多方面都属于开创性研究。比丘林代表着19世纪上半期俄国汉学最高成就。

（一）编词典，拟大纲，致力汉语研究与教学

比丘林到中国学习汉语时，最大的困难是缺乏教科书和汉俄辞典。于是他开始编纂辞典。为了编好词典，他经常一身中国人的打扮，走街串巷，和中国人交流，既锻炼口语，又收集资料。遗憾的是比丘林编写的3部《汉俄词典》，2部《汉拉词典》、1部《汉俄声调词典》最终都没能出版。这些手稿现藏于圣彼得堡大学东方系图书馆和俄罗斯科学院东方手稿研究档案馆。这些成果代表了比丘林汉语研究的最高成就。

1835年，俄政府在恰克图开办了汉语学校，聘请比丘林教授汉语。比丘林为

学校制定了教学大纲。其中规定：学习的前两年主要进行汉语语法教学，第二年加设一门商业会话课；第三年扩大会话的内容，学习简单的文章笔译；第四年除了练习口语之外，还学习汉语句子和短语如何应用于各种社会情景，学会区分中文的文体。这份教学大纲被认为是俄国汉语教学史上最早的一份。为了讲授汉语语法，于1831年编写的《汉语语法》一书，1838年以《汉文启蒙》为名正式出版。这是俄国第一部比较系统的汉语语法著作。俄国驻北京传教士团、喀山大学、彼得堡大学东方系在进行汉语教学的过程中，都曾把该书作为最重要的参考资料。

（二）撰史书，译经典，介绍中国古文化边疆史

1828年比丘林完成译自《卫藏图识》的《西藏志》。这是俄国第一本介绍中国西藏的书，引起了学术界的关注。1828年出版的《蒙古纪事》（2卷）得到了俄国科学院的高度评价。同年，由于比丘林在汉学、蒙古学、藏学研究中的成就，被俄国科学院选为通讯院士。1829年比丘林出版了《成吉思汗家系前四汗史》，介绍了成吉思汗、窝阔台汗、贵由汗和蒙哥汗四位大汗的生平及其统治的故事，是研究蒙古民族起源的重要著作。1829年出版《准噶尔和东突厥斯坦志》，介绍了西域的历史和现状。1834年出版《卡尔梅克人历史概述（15世纪迄今）》同样引起俄国科学界好评，获得俄国科学院杰米多夫奖金。1844年翻译1851年出版《古代中亚各民族历史资料集》，是比丘林的最后一部著作。这部关于中亚各民族历史的集大成之作，使他再次获得了杰米多夫奖。比丘林在其研究的中国边疆民族史所广泛使用的汉文文献在俄国是前所未有的，其著作内容广泛、翔实，在当时得到了很高的评价。

1829年，比丘林将中国的《三字经》译介到俄国，引起很大反响。他的译本和列昂季耶夫的相比有很多不同：一是用诗体翻译；二是在译本附加中文原文；三是对书中的历史典故做了详尽的解释。所以该书被称为了解中国传统文化的便捷读本。后又翻译了《资治通鉴纲目》《儒教及其仪礼》《中国，其居民、风俗、习惯与教育》、“四书”及朱熹为“四书”所作的注释等多部经典。但都没有出

版。手稿现藏于俄罗斯科学院东方写本研究所和鞑靼斯坦国家档案馆中。

（三）勤耕耘，获殊荣，无时勤劳垂光史册

比丘林在北京期间还搜集了大量文献资料，回国时携带了大量汉、满、蒙、藏文书籍和各类文物，包括《三字经》、《大清一统志》、“四书”、“十三经”、“二十四史”、两本满语词典、五本汉语词典等在内的12大箱满汉语书籍、一箱手稿、一箱颜料和6大卷地图、平面图，重达1万4千磅（折合6350余公斤）。比前八届传教士团所带回的总数还要多。

比丘林中国研究的成就远远大于过去100年里东正教使团所取得的成就。首先，他大大拓宽了俄国汉学的研究领域，把对中国文化客观、科学的认识提高到前所未有的程度。这和他本人的切身经历有关，也和他本人的才能及努力分不开。其次，比丘林的学术成果不仅限于书斋，由于他本人的交往范围广泛以及当时俄国社会文化环境，他的著作有很多读者，促进了中国文化在俄国的传播，客观上加深了俄国人民对中国人民和中国文化的了解。第三，比丘林作为俄国最出色的汉学家之一，起到了承前启后的作用，他的研究方式方法是俄国汉学的重要财富。

比丘林对中俄文化交流做出了重大贡献，为后代俄罗斯汉学家开创了一条研究道路，俄罗斯科学院5次颁给他杰米多夫奖。至今比丘林仍被尊为俄罗斯的“汉学泰斗”等称号。他还创立了在自己的墓碑上题写汉字碑铭的先河。碑上刻着俄汉两种文字。俄文是亡者的姓名和生卒年代——“雅金夫·比丘林，1777年生，1853年亡”；汉文是8个工整的楷书——“无时勤劳垂光史册”。这句汉文正是对他一生全身心地投入到中国儒家文化、历史、汉语词典、汉语教学以及中国边疆历史、地理等研究成果的写照。

四、巴拉第与《汉俄合璧韵编》

全名“彼得·伊万诺维奇·巴拉第·卡法罗夫”（П.И.Кафаров，

ПалладИЙ，1817—1878年），“巴拉第”是他的教名，在他著作中都是用巴拉第署名。他出生在一个神学世家。1832年毕业于喀山神学院，1837年进入圣彼得堡神学院学习。他先后三次（参加第十二届，第十三届、第十五届俄国东正教驻北京传教士团）到中国，1878年回国的路上不幸去世。他在北京生活长达31年。巴拉第在华期间，正值中国发生鸦片战争、太平天国和英法联军侵华等重大历史事件，他用日记的方式记述所见所闻，而且还参与了中俄不平等条约的谈判，充当马前卒。不过，其在汉学研究方面的也取得了突出成就。

（一）痴心研究中国宗教

第一次来华期间，巴拉第痴迷于佛教研究，阅读了750多卷汉文佛经后，从汉、蒙、藏文佛典中做了大量摘译，除部分发表外，回国前全部手稿赠给瓦西里耶夫。后撰写的《佛陀的生活》（1852）和《古代佛教史纲》（1853）分别发表在他本人创办的《俄国驻北京传教士团成员著作集》（全书共4卷）第一、二卷中。但还有一些佛教著作无法出版，如《佛教诸神概况》等。巴拉第在其晚年又对中国的汉语伊斯兰教文献产生了兴趣，发表了《中国的穆斯林》、《伊斯兰教汉文文选》（1887）等著作。此外，巴拉第还对基督教传入中国的历史进行了研究，如1872年的《基督教在中国的古老痕迹》。

（二）精心研究蒙元历史

在中国边疆史地研究方面，巴拉第的研究侧重点为蒙古的历史，如1866年翻译的《蒙古秘史》、1877年撰写的《中国关于成吉思汗的传说》等著作。其1866年撰写的《长春真人西游记》是研究邱处机及全真道的重要著述，也是19世纪一部重要中西交通史文献，对研究元史、西域史以及当时的地理和民俗等均有参考价值，在中世纪世界地理游记中，也占有重要地位。

（三）潜心撰写汉俄辞典

巴拉第曾花7年的时间和心血编写汉俄辞典，这项工作一直持续到他去世前。可惜的是他生前未能完成这项浩大的工程。后由波波夫依据巴拉第留在北京的手稿，又花费了6年时间加以补充和完善，于1888年由北京同文馆出版，书名为《汉俄合璧韵编》(2卷)。这是俄国历史上为数不多的正式出版辞典之一，该辞典成为俄罗斯学者、师生、外交贸易人员与中国交往的必备辞典。在19世纪末闻名于世，成为西方汉学家的重要汉学研究工具书。

苏联汉学奠基人阿理克将巴拉第与比丘林和王西里并称为“俄国汉学的三巨头”。但是，巴拉第在俄国的汉学史地位上以及影响力远不如后两位。

五、学院式汉学家王西里

原名“瓦西里·巴甫洛维奇·瓦西里耶夫”(又译“魏西里夫”，Васильев，В. П.，1818—1900年)，是19世纪下半叶影响最大的俄罗斯汉学权威。在北京留学期间，他自译名为“王西里”。1834年考取喀山大学语文系东方学科学习蒙古语和鞑靼语，1837年以《佛教文献之精髓》通过论文答辩，获得了学士学位并留校任教，跟随喀山大学第一任汉语教师西维洛夫学习汉语。1839年，他以《论佛教的哲学原理》通过了论文答辩，获得蒙古语文学硕士学位，后又获得鞑靼语硕士学位。喀山大学为了创办藏语教研室，决定派王西里到中国学习。他于是1839年作为第十二届传教士团的成员以学员的身份来到中国，学习藏语、汉语和梵文。

在中国生活学习10个年头中，王西里广泛涉猎了中国、印度以及藏传佛教的典籍，并搜集了大量的中国文献。1850年，他返回了俄国，回到了喀山大学汉语教研室任主任，除了讲授汉语、满语，还开设中国史地、中国文学等课程。1855年随着系科合并转入圣彼得堡大学，继续被聘为东方系汉语教研室主任、教授。在这期间他在中国宗教、语言、文学史等方面取得了辉煌的成就，使他成为世界著名的汉学家。1864年，他以一篇题为《元明两朝关于满族人的资料》的论文顺利地通过了答辩，获得了东方语言博士学位。他是俄国第一个进行博士论文答辩的汉学家。由于王西里的杰出成就以及在世界东方学界享有的崇高声誉，1866年他被选为俄罗斯科学院通讯院士，1886年成为正式院士。

（一）广泛深入阅读，研究中国宗教与民族史

王西里是一位杰出的佛教研究者，学术界有人将他在佛教研究上取得的成就看作是他对俄国汉学做出的最大贡献。他的本科和硕士论文就开始了关于佛教的研究。在中国期间，王西里收集并系统阅读汉语以及藏语的佛教文献，回国后编著并出版了多卷本的著作《佛教及其教义、历史和文献》（1857—1873）等。并把《大唐西域记》译为俄文，著有《东方的宗教：儒、释、道》（1873）、《回教在中国的传播》等论文。但还有更多的佛教研究手稿未能发表。

王西里中国民族史研究也颇有建树。著有《10至13世纪中亚东部历史与古迹》（1857）以及《元明两朝关于满族人的资料》（1858）。他在研究中国少数民族历史中不仅查阅官方的记载，还注重结合私家史中的著述，这种研究方法有利于史料来源更加全面。

（二）钻研汉字教材，创新中国语言教学和研究

王西里在学习汉语以及从事汉语教学的过程中，深感俄国人在汉语学习方面的最大困难就是汉字，于是立志要为俄国人制定出一套行之有效的、科学的学习汉字方法。为此他付出了几乎一生的心血，他写道："每年我都要花几个月的时间考虑汉字排列的各种方案，我觉得这是头等重要的事情，好似在给汉字创立字母表一样。"[①]终于在1866年推出了最重要的一部著作《汉字解析》，次年又出版了与之配套的《汉字笔画系统——首部汉俄词典试编》一书，这是俄国正式出版的第一部汉俄双语词典。并把这些成果用于汉语教学之中，为此还编写了汉语教材《汉语学习导论》。他的《汉字笔画系统》被圣彼得堡大学东方系接受并成为学生学习汉字的主要教材。同时该成果也被建议在其他东方学教学机构中用来教授汉语。

在满、蒙等中国少数民族语言研究中，王西里还编写了两部重要的满语著

① 阎国栋：《俄国汉学史》，人民出版社2006年版，第309页。

作：1863年编写的俄国第一部满语教材《满语入门文选》，1866年出版的《满俄词典》。在论文《汉语与中亚各语言之关系》一文中将满语、蒙语、鞑靼语及其他语言同汉语进行了对比，指出其间的相互影响和词汇的相互渗透和补充。

（三）开设大学课程，介绍中国文学史

王西里于1851年在喀山大学开设了中国文学史课程，他是俄国将中国文学史引入大学课程的第一人。1855年圣彼得堡大学继续开此课程，由他主讲，直到1900去世。因长期主讲中国文学史，他的教学讲稿后来汇集成《中国文学史资料》（3卷本）和《中国文学史纲要》。其中1880年出版的《中国文学史纲要》是包括中国在内的世界上第一部介绍中国文学史的专著。

《中国文学史纲要》全书内容由15个部分组成。其中，第一章，引论，即全书序言；第二章，中国人的语言和文字，谈汉语和汉字的特点；第三章，中国文字和文献的历史问题——中国人的观点；以后各章分门别类地介绍了中国儒、道、佛家的经典，以及中国历史、地理、法学、语言学、文人文学和民间文学等方面的文献。

该书内容安排上有两个特点：一是对儒家典籍的推崇。全书共163页，有106页用于介绍中国的儒、道、释三家学说，而论儒家的部分有83页，占全书总篇幅的51%。所以这本书名为文学史纲要，从现代的概念来看实际上是一部中国文化典籍史。二是对中国民间文学的推崇。从西方的文学观念出发，王西里突破中国传统的以诗文为正宗的文学观，专门安排了一章探讨民间文学，其中包括戏剧、中篇小说、长篇小说，王西里认为，儒学是导致在西方最能称得上是雅文学的小说在中国却被蔑视的原因。王西里书中涉及的中国小说有《西厢记》《聊斋志异》《红楼梦》《搜神记》《太平广记》《列仙传》《水浒传》《金瓶梅》《品花宝鉴》《好逑传》《玉娇李》《东周列国志》《开辟衍绎通俗志传》《前后七国志》《三国志通俗演义》等。书中对中国民间俗文学，即戏剧、小说等给予了充分关注，并做出高度肯定的评价。其中被王西里评价为艺术性最高的是《聊斋志异》。他说："在语言的文雅和叙事的紧凑方面，最受尊崇的当属在聊斋家里编撰成的令人惊奇的小

说集（《聊斋志异》）。”[①]

1850年他回国前夕，竭尽全力搜购各种文字的图书资料。凡是当时能在北京书市上买到的满文书籍，他都尽数购买。每购一种书籍，必先仔细阅读，进行版本目录和内容的鉴别，以求能买到更多的善本。其回国时带走图书849种共2737册。

王西里在其60余年的学术生涯和长达50年的教学生涯中，在汉满蒙等语言、中国文学史、佛教、中国民族史等方面翻译出数量可观的文献资料，并撰写了一批颇有分量的研究著作；在培养人才方面严格按高等学校的规格进行汉学教学。正因为他的贡献使19世纪下半叶的俄国汉学研究更加学术化，俄国汉学人才的培养走上了专业化、正规化的道路。遗憾的是其手稿比他已经发表的著作要多两倍，直接影响了俄国汉学的发展，且王西里在研究中过分强调一切靠自己研究，不引用别人的研究成果，不与学界交流，失之偏颇，减损了俄国汉学在世界汉学的影响。

六、“苏联中国学的奠基人”阿列克谢耶夫

全名“瓦西里·米哈伊洛维奇·阿列克谢耶夫”（Алексеев. В. М.，1881—1951年），中文名“阿理克”。1898至1902年在圣彼得堡大学东方语言系学习，师从王西里。毕业后留校。1904至1906年被派往欧洲访学，在法、英、德等国了解“现代科学的方向”和课程设置，参观图书馆。在法国曾师从著名汉学家沙畹。1906至1909年到中国进修，曾拜三位中国先生为师，在老师的指导下，系统地学习汉语汉字、阅读汉语原著，如先秦文章、唐宋诗文等。其间还参加沙畹率领的法国考察团到中国进行考察，途经北京、天津、河北、山东、河南等多个省、市，参观了天津杨柳青、山东潍坊等年画产地，收集了大量年画实物，并根据所行的日记整理成《1907中国纪行》一书。1910年回到彼得堡大学。1916年以《司

① 转引自李逸津：《王西里〈中国文学史纲要〉再版述评》，《徐州工程学院学报（社会科学版）》2016年第4期。

空图〈诗品〉研究》获硕士学位，1918年受聘为教授，1919年未经答辩获语文学博士学位。阿列克谢耶夫通晓汉、满、蒙等语言，多次到中国进修、考察和讲学，还先后四次到英国学习和讲学，两次到法国学习。不仅为其以后研究中国文化打下了扎实的学术功底，还借此收集了大量资料，而且研究视野比他的师辈更为开阔。阿列克谢耶夫的研究成果开创了苏联中国学研究的新局面，他被称为“苏联中国学的奠基人”。

（一）中国文学理论研究成名家

在阿列克谢耶夫的成果中，中国诗学理论方面的著作占有显著的位置。如《司空图〈诗品〉研究》（1916），有关曹丕的《典论·论文》、陆机的《文赋》等文章。尤其是《司空图〈诗品〉研究》是一部熔评注译于一炉的巨著，全书790页。此书的出版，不仅使阿列克谢耶夫一举成名，成为苏联中国学界首屈一指的中国学家，而且在苏联中国学界形成了写研究性专著的风气。

（二）中国古代文学翻译影响深远

1942年，阿列克谢耶夫出版了《中国古典散文集》和《中国古典诗歌集》两个文集译本，共865篇。小说方面，代表作品是从1910年起至1937年陆续出版的俄文版《聊斋志异》，前后花费了27年，翻译了150篇聊斋故事，并做了颇有价值的注释。后在俄罗斯再版近二十次，印数近百万册，影响深远。他还曾经撰写了系列“聊斋”的书评，如1934年发表的论文《〈聊斋〉小说中儒生个性与士大夫意识的悲剧》。去世后，他的学生于1978年出版论文集《中国文学》，汇集了他对中国文学作宏观研究的心得。

阿列克谢耶夫不仅身体力行翻译和研究中国文学，还培养出一支比较庞大的中国文学翻译与研究队伍，如第一个俄译《阿Q正传》的瓦西里耶夫（中文名“王希礼”，1899—1937年）、第一个俄译《诗经》完整本的什图金、费德林、艾德林（1909—1985年）、费什曼（1919—1986年）、齐别罗维奇、克立夫佐夫、瓦·彼得罗夫、孟列夫（1926—2005年）、谢列布里亚科夫等一批中国文学翻译和研究者。

（三）中国年画研究独树一帜

从1906年起，阿列克谢耶夫曾数次来华，在天津杨柳青等年画主产地收集到4000多幅各色年画、木版以及大量民俗学资料。他虚心求教于中国学者，不仅为400幅年画配上了说明文字，而且还凭借其扎实的汉学功底，比较贴切地阐发了画面寓意。在他去世后，他的学生于1966年出版了《中国民间年画——民间绘画中所反映的旧中国的精神生活》一书。该文集收入他论中国民间年画、民间戏曲、传说、宗教、神话、迷信等方面的文章，有105幅民间年画，其中8幅还是彩色的，实际上是一部很有价值的民间文学论集。阿氏是第一位关注极其丰富的中国民间艺术的汉学家，是在中国年画收藏方面贡献最大者。[①]

（四）孜孜不倦，教学相长

自1900年王西里去世后，圣彼得堡大学的汉学教学和研究就日益式微。1910年，先后在欧洲和中国游学的阿列克谢耶夫回到了圣彼得堡大学东方语言学系任教，直到1951年去世，其间还曾兼任莫斯科东方学院教授等职。在这40多年的教学生涯中，阿列克谢耶夫培养出一大批优秀的中国学家，如研究汉语的龙果夫、鄂山荫（1900—1982年）、施普林钦、雅洪托夫、鲁多夫等，研究中国历史的杜曼、齐赫文斯基、维尔古斯、维亚特金（1900—1982年）等，研究中国文化史的李福清等。使圣彼得堡大学的中国学研究以致全苏联的中国学都得到振兴，圣彼得堡大学东方语言学系重新占据国内中国学中心的地位。

阿列克谢耶夫对苏联中国学的贡献是多方面的：一是中国学学科的建设。阿列克谢耶夫的学术经历，为他对中国文化的研究带来了新的视野，一开始就把苏联中国学研究纳入世界汉学的格局。在40多年的教学生涯中，始终重视中国学学科的建设，就苏联中国学的研究对象、任务、目标、内容和方法提出一系列见

① 张冰：《李福清中国年画艺术比较研究》，《俄罗斯文艺》2012年第2期。

解，如他认为“中国学”是“以中文原文资料为依据的各门学科，特别是社会科学、人文科学（包括史学、文艺学、考古学、词汇学、语文学、古文字学、史料学、社会学等）的总和”。[①]在他的精心指导下，到20世纪中叶在苏联形成了以研究中国政治、历史、语言、文学、哲学、法律等中国学专门人才；二是从对中国文化的翻译转向学术研究，如对司空图《诗品》的研究；三是研究领域的开拓，19世纪俄国的汉学主要研究中国少数民族及边疆史，中国儒学、佛学等，阿列克谢耶夫开创了中国散文、诗歌和民俗等研究领域；四是研究范式的建立，开创了把中国文学放在世界语境中同一时代的作家进行比较的研究模式。如《罗马人贺拉斯和中国人陆机谈诗艺》和《法国人布瓦洛和他的同时代的中国人谈诗艺》，在文中将陆机的《文赋》与古罗马的贺拉斯的文学理论和法国的布瓦洛的诗学理论进行比较，再与明代文学理论进行比较。进而确认“司空图的长诗在世界文学上应当占有一个极其荣耀的地位”[②]。他还经常教导自己的学生要重视东西方的对比以深化研究。通过比较不仅了解中国的学术成果的价值，也让西方学者或读者产生共鸣，从而达到理解。

1923年阿列克谢耶夫当选为苏联科学院通讯院士，1929年当选为院士。郭沫若赞扬阿列克谢耶夫是“苏联首屈一指的汉学家”，并尊称他为“阿翰林”。[③]阿列克谢耶夫也像比丘林一样用汉字题写碑铭，碑上的横眉及左右两边镌刻着苍劲的汉字：“不愠”“孜孜不倦教学相长”“诚意格物心宽体胖”。

七、龙果夫与汉语语法研究

原名“德拉古诺夫”（Alexandr Dragunov，1900—1955年），“龙果夫”是中文名，在俄文里其读音与“德拉贡”意思为“龙”，或“德拉古恩” 意思为“龙骑

① 李明滨：《阿翰林的学术成就——纪念苏联汉学奠基人阿列克谢耶夫院七诞辰110周年》，《北京大学学报（哲学社会科学版）》1991年第6期。

② 转引自李明滨：《阿列克谢耶夫院士和俄罗斯的中国文学研究》，《俄罗斯文艺》2007年第3期。

③ 转引自李明滨：《俄罗斯汉学史》，大象出版社2008年版，第92页。

兵”相近，二者均与“龙”有关，所以便自名“龙果夫”。1925年毕业于列宁格勒大学社会科学系民族与语言科。先后在托尔马切夫军事学院、列宁格勒大学和海参崴远东大学等校执教11年，此间还兼职于汉字拉丁化委员会。曾协同瞿秋白在推行汉字拉丁化上做了许多工作，包括拟定拉丁化方案、组织人力付诸实行和推广。后来进入科学院东方学研究所专事语言研究，主要是汉语、汉语方言、藏语的比较研究。

（一）“湘语”方言发现者

30年代初，龙果夫在列宁格勒大学东方学院教中国留学生俄语的时候，就注意从那些学生的口中搜集语言资料，以进行汉语方言研究。那时有大批中国热血青年，在参加北伐战争和大革命失败后，纷纷避难苏联，人数多而且来自许多地方。龙果夫巧妙利用了这种特殊的条件。在此之前，一般认为中国有吴语、闽语、粤语、赣语、客家话等五大方言体系。可是他在调查中发现，有两位来自湖南省湘潭县湘乡的学生讲的方言很特别，他闻所未闻。于是便加以录音整理，记录下来做分析，反复对比研究，发觉它不属于五大方言体系，随即发表文章阐明新的发现，引起了很大反响。限于当年的条件，他不可能亲身来华，于是由苏联科学院通过适当的途径到当地验证，结果证实了龙果夫的发现。从此传开了他没到过湖南，却发现了“湘语”方言的故事。

（二）东干语言学科奠基人

龙果夫主要研究领域为汉语语法和东干语，涉及该两门学科的各个方面，共有著述近50种，关于东干语研究，如论文《东干语》（1937）、《东干语语法研究东干语的体和时态范畴（甘肃方言）》（1940）等，从而被称为“东干语语言学科的奠基人”；关于现代汉语语法研究，如《汉字拉丁化问题》（1932）、《汉语词类》（1937）、《现代汉语普通句的分类问题》（1957）、《八思巴字与汉语》（1958）和《现代汉语口语语法系统》（1962）等。北京大学教授胡双宝曾评价道：“跟中国人以印欧语法为蓝本研究汉语相比，倒是有些外国研究汉语的人能较多地摆脱印欧语法的羁绊，注意到汉语的特点，举如高本汉、太田辰夫等之于古代汉语，龙果夫之于现代汉语。”[①]关于藏语的研究，如《古藏语音系特点》(1939)。

八、费德林与中国文学

原名“尼古拉·特拉菲莫维奇·费多连科”(Николай Трофимович Федоренко，1912—2000年)，“费德林”是其中文名。1933年在苏联科学院东方研究所师从阿列克谢耶夫学习汉语，专攻中国古典文学。1937年毕业后在苏联外交部工作，直到退休。费德林曾于1939年来到中国，在重庆苏联驻中国大使馆工作。其间结识了众多中国文学界著名学者、作家，如郭沫若、茅盾、老舍、巴金、艾青等，自此和中国结下了不解之缘，喜欢上中国文学以致走上研究中国文学之路。

(一) 中国文学的“通家”

费德林早期主要研究中国现代文学，对鲁迅、郭沫若、老舍、茅盾等作家的作品进行了系统的翻译和研究，如主编出版了《鲁迅文集》《郭沫若文集》和《茅盾文集》以及《20—30年代作品选集》等多位作家的作品，代表作为《中国现代文学概论》。后期转入中国古代文学的研究，从诗经、楚辞到唐诗宋词、明清小说等都有涉猎，如《屈原的生平与创作》《〈诗经〉的风格和中国诗的传统》等等。他主持并亲自参与编写了15卷本的《中国文学百科全书》，对中国两千多年丰厚的文学成就做了全面而系统的介绍。费德林可谓贯通中国古今文学，是名副其实的研究中国文学的“通家”。

(二) 中俄名师的高足

费德林之所以能深入地、系统地翻译和研究中国文学，一是受其导师阿列克

① 胡双宝：《汉语·汉字·汉文化》，北京大学出版社1998年版，第346页。

谢耶夫的影响。阿列克谢耶夫在圣彼得堡大学教授中国学时就提出要打破俄国读者对伟大的中国文学“还很陌生”的“迷津”，认为“当时刻不容缓的首要任务就是创作出经过审慎选译的丰富而优秀的中国文学译品”[①]；二是受当时留俄中国学者萧三的影响。1930年萧三在莫斯科科学院东方语言学校任汉语教师，其中就有后来成为著名的研究中国文学的费德林和艾德林。三是受郭沫若的影响。费德林1939年认识了郭沫若，并尊之为师。受郭沫若的影响和指点，开始研究屈原并把它作为学位论文的选题。1943年费德林以《屈原的生平与创作》一文获得了语言学博士学位。

费德林在长达30年外交生涯中，共发表关于中国文学专著35部，论文300余篇。只有最后一本也是唯一的一本关于其外交生涯的书，即于1995年以中文在北京出版的《我所认识的中苏领导人》。也许正如他自己所说：“我虽然30年代末从莫斯科东方学院毕业后就进外交部工作，但引起我极浓厚兴趣的是中国的文学，我首先是一位汉学家，其次才是一位外交官。”[②]

九、李福清与中国民间文学

“李福清”是其中文名，原名“鲍利斯·李沃维奇·里弗京”（Борис Львович Рифтин，1932—2012年），1950年在圣彼得堡大学东方系学习汉语。在这里遇到了数位良师，如汉学家阿列克谢耶夫、著名民间文艺学家、神话学家普罗普和雅洪托夫等，接受了研究中国文学、中国文化的系统训练。为了练习口语，李福清先后于1951、1953、1954三次利用暑假到位于当时苏联的吉尔吉斯加盟共和国境内的一个叫米粮川的回族村（这里的回族是从陕甘移民过去的，苏联叫他们东干人，他们至今还说陕甘方言）与当地人生活在一起。在这里，李福清第一次听到《孟姜女哭长城》《蓝桥担水》《十岁郎》等中国曲子，以及《韩信的

① ［俄］H.费德林：《中国文学研究与翻译在苏联》，宋绍香译，《岱宗学刊》2000年第2期。

② 谢敏学：《“二十一世纪是中国的世纪”——访俄罗斯著名汉学家费德林》，《瞭望新闻周刊》1995年第41期。

传说》《梁山伯与祝英台》等中国民间故事，并用俄文拼音记了下来。从此走上了研究中国民间文学之路。他的大学毕业论文的题目是《东干人民歌初探》。1955年大学毕业，到苏联科学院（今俄罗斯联邦科学院）高尔基世界文学研究所，从事中国民间文学和中国俗文学的研究。1961年获语文学副博士学位。他的副博士论文题目是《万里长城的传说与中国民间文学体裁问题》（1961），博士论文题目是《中国讲史演义与民间文学传统——论三国故事的口头和书面异体》（1970），都是研究中国民间文学的。还于1977年与两位东干学者合作，选编了《东干民间故事传说集》在莫斯科出版。1959年到中国访问，曾经到北京天桥听说书，听著名评书表演艺术家连阔如说的《长坂坡》。1965—1966年在北京大学进修10个月，在段宝林指导下，学习文学理论，搜集有关资料。除了多次来中国，他还到过两德、捷克、越南、蒙古等国考察、访问，并和这些国家的学者进行学术交流。1987年当选为苏联科学院通讯院士，2008年当选为俄罗斯科学院院士，是苏联解体后俄国中国学界文学领域学衔最高的人士。他的研究领域主要是中国民间文学、神话，中国年画、中俄文化交流史等，用俄、中、日、越等语言发表作品200余种。1990年以“中国神话研究”获得苏联国家奖。

（一）中国民间文学研究成就卓著

李福清通过研究孟姜女的传说、三国故事传说等，发表了《东干传统民歌初探》、《东干民间故事传说集》（1977）、《中国民间故事选》（1957）、《论中国民间故事的民族特征》（1957）、《从三国故事看中国讲史的发展问题》（1964）、《三国演义与民间文学传统》（用中文撰写，1997年）等著作或论文。在研究中国民间文学时，李福清重视第一手资料，并尽量穷尽在俄罗斯的、中国的和西方的资料，运用比较的方法。如把所记录的《白袍薛仁贵》与平话《薛仁贵征辽事略》、章回小说《薛仁贵征东》以及薛仁贵戏做比较，发现一些故事由平话演变为小说，从小说演变为说书，又从专业说书返回到民间流行，这是个有趣的循环发展过程。

（二）中国神话学研究硕果累累

李福清中国神话研究主要成果有《苏联对中国古神话的研究》（1984）、用中文撰写的有《中国神话故事论集》（1988）、《神话与鬼话，台湾原住民神话故事比较研究》（2003）、《国外研究中国各族神话概述——中国各民族神话研究外文论著目录·序》等等。

《中国古典文学研究在苏联》（1987）、《中国古典小说与民间年画》（2005）是李福清研究中国古典文学的代表作，翻译谌容的《人到中年》、冯骥才的《高女人和她的矮丈夫》等中国小说，展现了其对中国现代文学的关注。因李福清在中俄文化交流史的贡献，2003年我国教育部授予其“中国语言文化友谊奖”。这是我国授予国外最为杰出的汉语教育工作者和汉语语言文化研究者的专门奖项，李福清是俄罗斯第一位获此殊荣的人。

【参考文献】

专著：

［1］何寅、许光华：《国外汉学史》，上海外语教育出版社2002年版。

［2］胡双宝：《汉语·汉字·汉文化》，北京大学出版社1998年版。

［3］李明滨：《俄罗斯汉学史》，大象出版社2008年版。

［4］栾景河、李随安：《中俄关系的历史与现实》，河南大学出版社。2004年版。

［5］阎国栋：《俄国汉学史》，人民出版社2006年版。

［6］中国社会科学文献情报中心编：《俄苏中国学手册（上、下）》，中国社会科学出版社1986年版。

论文：

［1］［俄］B.C.米亚斯尼科夫、A.C.伊帕托娃、柳若梅《俄国汉学史（至1917年前）》，《国际汉学》2004年第1期。

［2］曹景文：《中国学在俄国》，《燕山大学学报（哲学社会科学版）》2007第

3期。

［3］［俄］H·费德林：《中国文学研究与翻译在苏联》，宋绍香译，《岱宗学刊》2000年第2期。

［4］黄定天：《早期中俄关系的珍贵史料》，《中国边疆史地研究》1995年第4期。

［5］李明滨：《阿翰林的学术成就——纪念苏联汉学奠基人阿列克谢耶夫院士诞辰110周年》，《北京大学学报（哲学社会科学版）》1991年第6期。

［6］柳若梅：《19世纪俄国在中俄边界地区组织的汉语教学》，《国际汉学》2009年第2期。

［7］肖玉秋：《18世纪俄国来华留学生及其汉学研究》，《汉学研究》（第7集）2002年版。

［8］肖玉秋：《1715年至20世纪初俄国驻北京传教士团研究》，《世界历史》2004年第5期。

［9］肖玉秋：《1864年以前的俄国来华留学生》，《历史档案》2007年第1期。

［10］谢敏学：《“二十一世纪是中国的世纪”——访俄罗斯著名汉学家费德林》，《瞭望新闻周刊》1995年第41期。

［11］阎国栋：《十八世纪俄国汉学之创立》，《中国文化研究》2004年第2期。

［思考与练习］

1. 为什么说“俄国东正教驻北京传教团是汉学家的摇篮”？

2. 为什么说比丘林是“俄国汉学的奠基人”？

3. 评述王西里在中国文学和汉语研究方面的成就。

4. 分析18世纪至19世纪俄国汉学的特点。

5. 为什么说阿列克谢耶夫是“苏联中国学的奠基人”？

6. 评述费德林在中国文学研究方面的成就。

7. 简述龙果夫在汉语研究方面的贡献。

8. 简述李福清在中国民间文学研究方面的成就。

第十一章 美国汉学

Chapter 11

第一节　美国汉学的产生与发展

第二节　美国的汉学名家

第一节　美国汉学的产生与发展

中美的直接交往始于18世纪末。1784年第一艘美国商船“中国皇后号”横渡太平洋，抵达中国广州，开始了与中国的贸易活动。大副山茂召（Samuel Shaw）在《山茂召日记》（1847）中写下了他对中国的第一印象。这是迄今所知中美两国之间的首次交往，不过，也就仅此而已。直到19世纪初，美国商业资本开始了向海外扩张的进程，于是美国向已在中国立足多年的法国和英国学习，成立基督教差会，向中国派送传教士，开始认识、了解和介绍中国。

一、美国汉学的开端（19世纪30年代至70年代）

自1830年美国首批传教士来华到19世纪末，美国海外教会扩张出现了新高潮，在华传教士多达1500人。但19世纪上半叶，美国来华的传教士人数并不多，又因清政府禁教等政策，他们大都只能以商贸工作人员的身份生活在澳门、广州。如1830年第一位到达广州的美国传教士裨治文，是以美国商人的身份居留广州；1833年以“印刷师”的身份来广州的卫三畏；1834年以医生身份来华的伯驾（又译“巴驾”“帕克”Peter Parker，1804—1888年）等。也许正是这样的原因，他们只好专心地学习汉语，研究中国文化。所以最初的汉学家就是从这批来华传教士中产生的。

1844年，中美签订《望厦条约》，规定美国人可以自由出入中国各通商口岸，开设医院、建立教堂等。于是19世纪下半叶，美国的传教士纷纷来中国。著名的如1850年来华的卢公明（Justus Doolittle，1824—1880年）和丁韪良（W.A.P.Mar-tin，1827—1916年），1863年来华的狄考文（Calvin Wilson Mateer 1836—1908年），1872年来华的明恩溥（又译“明恩普”，Arthur Henderson Smith，1845—1932年），以及卫三畏的儿子卫斐利（Freder-ick William，1857—1928年）等。他们不仅通过办学校、办医院进行传教，而且也热衷研究中国文化。如丁韪良曾创办北京崇实中学（即今天的北京21中学），于1865至1885年任该校校长，还曾长期担任北京同文馆和京师大学堂（今北京大学前身）的负责人，还著有《中国人，他们的教育哲学及文学》等。

美国汉学虽然晚于欧洲很多国家，研究中国文化的又来自传教士，但从一开始就表现出起点比较高，研究成果既有汉语方面的著作，这与他们了解中国，首先是学好汉语有关；也有对中国综合性的介绍。前者如裨治文的《广东方言撮要》、卫三畏的《拾级大成》（又译《简易中文教程》，1842）、《英华韵府历阶》（1844）、《汉英拼音字典》（1874）、明恩溥的《汉语谚语俗语集》（1888）、卢公明的《英华萃林韵府》，被称为“中国近代科学教育之父”的狄考文著的《官话课本》（1892年），等等。后者如裨治文主编的英文月刊《中国丛报》（又译《澳门月报》）、卫三畏的《中国总论》、明恩溥的《中国人的特性》等。其中裨治文主编的《中国丛报》因由英美在华商人资助创办，为了让更多欧美人了解中国，所以报纸的内容既有欧洲汉学研究中注重对中国历史、文学、宗教研究的特点，还有报道当时中国社会现实问题的一面。这说明19世纪美国传教士的中国研究已经与美国对外政策目标结合在一起，并使他们的研究成为美国政治、外交、军事、经济、文化等预定目标实施的一种手段。在这些传教士的著作中，他们处处认为，中国之所以落后于西方，其原因在于中国的文化和宗教。

这种态度与他们的身份和来中国的目的密切相关。他们的目的就是用西方文化来同化中国。这些传教士长期生活在中国，如裨治文在华生活了31年，直至在上海去世；丁韪良生活了66年，在北京去世。因熟练的汉语和熟谙中国文化，他们大都兼美国使馆的翻译，并在不同时期、不同情况下充当过美国对华政策的顾问和助手，参与中美的谈判，如卫三畏、丁韪良1858年曾任美国公使列卫廉的译员，参与起草《天津条约》。甚至有的传教士还担任了外交官，如柏驾在鸦片战争后，不再从事传教工作，于1845至1855年间，任美国驻华使馆的头等参赞；卫三畏也于1856年辞去教会职务，担任专职的外交官，他在中国生活43年，其中前23年为传教士，后20年为外交官，直至1876年回耶鲁大学担任汉学教授。可见，传教士在美中关系之初起着举足轻重的作用。

这一时期美国本土也开始加强了对东方的关注，于1842年在波士顿成立了"美国东方学会"。该学会的宗旨是：以文献学和考古学的方法考察东方学，"传播关于东方的知识，促进对东方语言和文学的研究"。[①]会长先后由索尔兹伯里（E. E. Salisbury）、卫三畏、劳费尔、恒慕义（A.W.Hummel，1884—1975年）等学者担任。并于1843年创办了《美国东方学会会刊》。费正清曾说，美国有组织的汉学研究始自"东方学会"[②]。但在学会成立的将近一个世纪中，中国处于东方学的边缘，与中国有关且有一定篇幅的文章只有10篇。1853年美国东方学会从波士顿搬到纽黑文——耶鲁大学所在地。耶鲁成为美国东方学的中心，于是受到越来越多的学者的关注，如有欧洲背景的夏德、劳费尔、顾立雅（H.G.Creel，1905—1994年）等，还有来自中国的学者，如许地山、李方桂、赵元任等。也正是由于这批学者积极为《学报》投稿并参与学会的活动，汉学研究的内容在美国东方学会会刊中的比重得到了增加。美国东方学会从此成为美国汉学的发源地。[③]

以上传教士的研究以及"东方学会"及其会刊的创办，使汉学开始在美国本土受到了关注，直接或间接地促进了美国汉学的发展，为其走上职业化、专业化的轨道奠定了基础。

① 孟庆波：《来华美国人对美国东方学会早期汉学研究的贡献（1842—1930）》，《西部学刊》2015年第3期。

② 孟庆波：《来华美国人对美国东方学会早期汉学研究的贡献（1842—1930）》，《西部学刊》2015年第3期。

③ 顾钧：《美国东方学会及其汉学研究》，《中华读书报》2012年4月4日。

二、美国汉学的确立（19世纪70年代至20世纪中叶）

推动美国汉学确立的主要因素，一是美中关系的需要，二是欧洲的影响。从19世纪中叶之后，随着美国与中国贸易和政治关系的发展，使得美国需要培养大量会说汉语、了解和研究中国的人才。而到19世纪末距欧洲最早的法国法兰西学院1814年设立“鞑靼与中国语言与文学讲座”已近1个世纪，在欧洲汉学研究队伍不断壮大，研究内容不断深入，研究范围不断扩大之时，美国也不甘落后。

（一）开设“汉学讲座”

美国汉学史上第一个“汉学讲座”的开设与中国第一位留美学生容闳（1828—1912年）密不可分。为了促使自己的母校耶鲁大学开设“汉学讲座”，容闳承诺将自己收藏的1237卷中文古代典籍捐赠给耶鲁图书馆。为此，耶鲁大学于1877年率先在美国高校开设了“汉学讲座”，并聘请卫三畏担任首位汉学教席。1901年，耶鲁大学还在中国建立了教学基地——“雅礼协会”，推动两国的文化交流。之后在卫三畏的主持下，耶鲁大学建立了美国历史上第一个汉学考古室和东方图书馆。

受耶鲁大学的影响，美国各高校也纷纷效仿，哈佛大学于1879年、加利福尼亚大学于1896年、哥伦比亚大学于1902年设立“汉学讲座”，1936年、1937年芝加哥大学和斯坦福大学也分别建立了“汉学讲座”。从此，美国有了专门培养汉学人才和研究汉学的基地，标志着美国汉学从业余转向学院化、职业化。

但此时美国本土并没有专业的汉学教授，为此，各高校为了能开设“汉学讲座”，在本国汉学人才匮乏的情况下，想方设法聘请国外知名汉学家前来主持汉学讲座。除了哈佛大学的汉学教授是中国人戈鲲化、耶鲁大学的汉学教授是传教士卫三畏以外，大都是从欧洲网罗来的，如加利福尼亚大学聘请的是英国传教士、翻译家傅兰雅（John Fryer，1839—1928年）；哥伦比亚大学聘请的是德国著名汉学家夏德，伯希和、戴闻达也曾到该校作短期访问并开设讲座；芝加哥自然史博物馆聘请德国劳费尔等。这些学者的加盟，对于美国的汉学研究无疑起到了重大的推动作用。从此，汉学逐渐成为美国大学的重要研究课题，也标志着汉学的研究中心从中国转移到美国本土，研究主体也从传教士转变为职业汉学家。

（二）设立研究机构

19世纪80年代以后中国文化研究机构在美国陆续成立。如1883年成立的美国现代语言学会、1898年成立的美国亚洲协会、1924年在纽约成立的美国语言学会等等。这些学会都直接或间接地促进了美国汉学的专业化、职业化。其中比较著名的学会有：

太平洋学会：1925年成立。它的出现，使得传统意义上的东方学、中国学研究开始走出古典语言文学、历史、思想文化的纯学术研究壁垒，转向侧重现实问题和国际关系问题研究的新领域，从而揭开了区域研究的序幕。该会成立的宗旨为"研究太平洋各民族状况，以求改进民族间的关系"。中国是其主要研究对象之一。在美日太平洋战争及第二次世界大战中起到过重要的作用。20世纪50年代，该学会解体。

哈佛-燕京学社：是由哈佛校友查尔斯·马丁·霍尔（Charles Martin Hall，1863—1914年）资助于1928年正式建立。该社成立的宗旨是促进亚洲文化研究、教育和出版工作。担任美国哈佛大学的"哈佛-燕京学社"第一任社长是俄裔法籍汉学家叶理绥（又译"叶绥夫"，Serge Elisseeff, 1889—1975年），担任燕京大学的"哈佛-燕京学社"第一任社长是著名学者陈垣。这个机构为推动美国和中国国内的汉学研究，加强中西文化交流做出了积极的贡献：一是学社注重学术研究，继承了欧洲汉学的传统研究风格。其中在中国出版的《燕京学报》取得了很高的成就；1936年在美国创刊的《哈佛亚洲研究杂志》是继《美国东方学会会刊》之后美国汉学研究的另一重要阵地。二是为中美两国学者搭建了学术交流与合作的平台，如美国著名汉学家费正清以及顾立雅、毕乃德（K.Biggerstaff，1906—2001年）、卜德（Derk Bodde，1909—2003年）、赖肖尔（E.O.Reischauer，1910—1990年）、恒慕义等美国重要的汉学家曾受学社资助到中国进行研究，而中国著名学者邓嗣禹（1905—1988年）、林语堂（1895—1976年）、陈寅恪（1890—1969年）、杨联陞（1914—1990年）、余英时（1930— ）、费孝通（1910—2005年）等均曾留学燕京学社。

哈佛-燕京学社的成立，对哈佛大学的汉学研究有深远的影响。该校聘请了欧洲学者伯希和等人来校讲学，并在远东系新开设了16门相关课程。同时，哈佛中文藏书从1925年的6000册增加到1932年的75000册。其中文藏书长期以来名列全国第二位，仅次于美国国会图书馆。

“远东学会”：1941年太平洋战争的爆发，使美国感觉到中国地位的重要。为了适应这一变化，以费正清为代表的一批学者在美国东方学会的内部组织了远东学会。1948年正式成立，出版会刊《远东季刊》，逐渐成为美国亚洲问题和中国问题研究的重要机构之一。后改称“亚洲研究学会”。

这一时期，在中国的一些美国传教士和驻华官员也积极地研究中国文化，著名的如摩斯（Hosea B.Morse，1855—1934年），他在中国税务司任职达33年之久（那时的税务司主要由外国人管理），十分了解中国对外贸易和外交情况，撰写并分别于1910年和1918年出版了《中华帝国的国际关系》。该书的材料主要依靠中国的政府档案,但也参考了其他汉学家的研究，这种研究方法直接影响了后来的费正清。

总之，从汉学讲座在美国高校的设置，到汉学研究机构的建立，标志着美国汉学作为一个学科的地位得以确立。而所引进的大批欧洲汉学人才，其学术功底以及欧洲汉学研究传统为美国汉学的发展注入了强劲的推动力。

三、美国中国学的兴盛（20世纪中叶至今）

虽然“汉学”在19世纪末也在美国各高校建立起来，但到太平洋战争爆发之前，美国从事东亚研究的专业学者不过50人。直到20世纪中叶美国才开始加大对中国的关注和研究。其原因：一是美国的政治势力、经济实力不断增强。欧洲因两次世界大战产生的内耗，已经无法领导这个世界。而美国开始在亚洲填补欧洲实力式微的真空地带，不断扩张其势力。特别是1941—1945年的太平洋战争，推动了美国社会对远东、对中国的关注。虽然1950—1954年美国盛行的麦卡锡主义，一度影响了美国对中国研究的进程，但1958年美国通过“国防教育法案”，美国政府和基金会（特别是福特基金会）开始投入大量资金，资助学生对东亚（以中国为主）语言的学习与研究。此举极大地推动了美国对中国的研究，并形成了自己的特色。到60年代末“设有东亚语言课程的大学由二战时的几所增加到五六十所，专业人员（包括博士生）由一二百人增至四五千人。”[①]二是中国的政治影响力不断扩大。1949年中华人民共和国成立、1950—1953年朝鲜战争、1955—1975年的美越战争等一系列事件，一方面导致了中美关系的紧张,带来了研究中国的困难，如缺少研究中国的资料，无法到中国大陆进行实地调查和交流等；另一方面美国政府为了急剧调整对华政策，反而更加需要对中国的研究，而美国汉学界出于其实用主义、服务美国国家战略的目的，也感受到研究现实中国的必要性和迫切性。1936年，从中国回国的费正清到哈佛大学任教，并于20世纪50年代对欧洲传统“汉学研究（Sinology）”进行了改造，全面实施其区域研究规划，重视对中国现实问题的思考和研究，开创了“中国学研究”（Chinese Studies）。

1972年尼克松访华，1979年中美正式建交，特别是中国改革开放以来，美国的中国研究进入了黄金时代。但是，随着中国的崛起，美国一部分人又散布“中国威胁论”，不断在最惠国待遇、人权、台湾问题等方面对中国进行限制或制造麻烦。美国的中国学在这种背景下不断得到发展和壮大。

（一）建立中国学研究机构

“亚洲研究学会”：1941年成立的“远东学会”还和东方学会保持密切的联系，后来由于自身的迅速发展，终于在1954年完全离开母体。于1956年后改称“亚洲研究学会”。这一举措的长远意义在于，从20世纪50年代开始，美国的“汉学研究”和“中国学研究”有了各自的学术活动阵地。以社会科学研究为手段，

① 夏康达、王晓平：《二十世纪国外中国文学研究》，天津人民出版社2000年，第234页。

把中国看成一个区域研究的对象，实现了社会学、人类学、政治学、经济学等多学科、跨学科的研究。现已成为美国最大的亚洲研究专业团体，拥有会员数千名。中国学发端于美国远东学会。

“东亚研究中心”：1955年，费正清成功说服哈佛大学并获得福特基金会的资助，在美国成立了第一个“东亚研究中心”，亲自任该中心主任直至1973年。中心主要研究中国，重点关注和搜集关于中国方面的资料，现有藏书2万多册。研究中心还培养了一大批中国问题专家和硕士、博士研究生，形成了一支教学和研究的团队——“哈佛中国学学派”。中心出版了大批著述，在最初20年共出版了图书140种。哈佛大学东亚研究中心成为美国东亚问题研究的学术重镇。1977年，费正清退休。为了纪念他的杰出贡献，同年哈佛大学东亚研究中心更名为“费正清东亚研究中心”。

（二）创立中国学研究模式

二战后，中国近现代问题逐渐成为美国中国学研究的中心议题，并先后兴起了多种研究中国历史的观点，如费正清的“西方中心观”（欧洲中心观）、施坚雅的“核心与边缘”理论、柯文的“中国中心观”和亨廷顿的“文明冲突论”等。

20世纪40年代末兴起的“西方中心观”，又包括多种史观或分析模式,其中影响较大的是“冲击与回应”“传统与现代”和“帝国主义”的研究模式。“冲击与回应”模式是费正清在《美国与中国》（1948）一书中提出的，其核心思想是，19世纪前中国社会长期处在停滞不前的状态，只有通过西方资本主义社会的刺激，才能使中国发展。“传统与近代”模式的代表人物是列文森（又译“李文森”，J. R. Levenson，1920—1969年）在其3卷本的《儒教在近代中国的命运》（1958）一书中，将19世纪作为中国传统与近代的分界点，认为在19世纪之前的中国社会一直处于停滞的状态。到了19世纪之后，西方列强打开了中国的大门，推动了以儒学为主要意识形态的封建专制社会的瓦解，同时也为中国社会的发展提供了可以借鉴的发展模式。因此，“当由外国势力的侵入而引起的社会瓦解开始后，外国思想便开始取代本国思想”。[①]“帝国主义”模式的代表人物是詹姆斯·佩克（James Peck）认为帝国主义是中国近代社会发生各种变化和止步不前的根源所在，即“中国对西方帝国主义的冲击首当其冲,因此无力做出回应。”这三种理论框架,其实都是“西方中心观”的产物，总体来看,西方的作用在其论述中被严重夸大了。

20世纪60年代末到70年代，美国新一代青年学者开始公开反思以费正清为代表的“西方中心观”，如帕金斯（D.H.Perkins）、施坚雅（G.W.Skinner，1925—2008年）、魏斐德（F.E.Wakeman，1937—2006年）、孔飞力（P.A.Kuhn，1933—2016年）等为代表,特点是借用社会科学的理论和方法研究中国史。其中施坚雅在《中华帝国晚期的城市》（1979）一书中提出的“核心与边缘”理论影响较大。认为中国在过去漫长的历史长河中，无论在时间上还是空间上,都是处于动态的发展之中；在中国内部不同区域之间存在着巨大的差异。

20世纪80年代，哈佛大学费正清东亚研究中心研究员保罗·柯文（Paul A Cohen，1934—）在其代表作《在中国发现历史》（1984）中明确提出了“中国中心观”的研究范式：“倡导以中国为出发点，深入精密地探讨中国社会内部的变化动力与形态结构，并力主进行多科性协作研究。”[②]即中国问题是中国人在中国经历的，衡量这些问题的准绳应该是中国而非西方的。这种观点对于克服美国中国史研究领域中的“西方中心主义”弊端，具有重要的意义。

20世纪90年代，美国当代著名的国际政治理论家，哈佛大学政府系讲座教授萨缪尔·亨廷顿（Samuel P.Huntington，1927—2008年）1996年出版《文明的冲突与世界秩序的重建》一书。他提出：“冷战之后，国际冲突主要表现为不同的文明之间的冲突；人们之间的主要差别不再是不同的意识形态之间的差别，而是不同的文明之间的差别，或者说，冲突主要发生于从属于不同文明的人们之间；因为宗教作为文明的核心因素，所以二十一世纪的主要冲突将可能是宗教冲突。”[③]

① 转引自张晓芳：《20世纪50年代以来美国中国学研究的范式转向》，《文史博览》2016年第5期。

② 仇华飞：《从“冲击—回应”到“中国中心观”看美国汉学研究》，《上海师范大学学报（哲学社会科学版）》2000年第1期。

③ 李霞：《一种跨文化传播视角：塞缪尔·亨廷顿的文明冲突理论》，《国际新闻界百度学术》2010年第3期。

这就是他的文明冲突论。此书到1997年已翻译成22种文字。从他的文明冲突论，自然而然地引出“中国威胁论”。

此阶段，美国杰出的中国问题专家还有加州伯克利分校施乐伯（R.A.Scalapi-no，1919—2011年）、哥伦比亚大学鲍大可（A.Doak Barnett，1921—1999年）、哈佛大学傅高义（Ezra Feivel Vogel，1930—）和柯伟林 （William C.Kirbty）、耶鲁大学史景迁（又译“史敬迁”，Joanathan D.Spence，1936—）等，其中鲍大可、施乐伯与费正清并称为美国的“三大中国通”。他们的研究成果有些直接影响美国的对华政策和美国民众的中国观。

中国学已成为美国当代的显学。学习汉语、研究中国文化，成为越来越多美国人的一个重要选项。到目前，美国有孔子学院110所、孔子课堂501个，可见一斑。

第二节 美国的汉学名家

一、裨治文与《中国丛报》

裨治文（Bridgman，1801—1861年）是第一位来华的美国基督教新教传教士，于1830年到达广州。因清政府的禁教政策和极端文化保守主义，裨治文只能跟随前期来华的英国传教士马礼逊学习汉语。

（一）学粤语，办女塾，潜力传教

裨治文滞留广州，所学的汉语主要是粤语，却也学有所成。1841撰写并出版粤英词典《广东方言撮要》（698页，又译为《广东方言读本》）。1844年曾参与中美《望厦条约》美方谈判的主要翻译工作，给中国官员的印象是“所识汉字无多，仅能为粤省土语，以致两情难以互通，甚为吃力”。[①]裨治文也深感自己的汉语口语的问题。《望厦条约》中有一条规定准许外国人聘用中文教师和购买中国书籍，充分体现了裨治文等美国来华传教士的利益和要求。1847年，裨治文移居上海从事译经工作，次年在上海创立文学与科学会，后改名为皇家亚洲学会华北分

① 张施娟：《裨治文在华政治活动述论》，《西安电子科技大学学报（社会科学版）》2005年第1期。

会，并自任会长，编辑会刊。1850年，与夫人在上海创办了裨文女塾（即今天的上海市第九中学），这是中国历史上第一所女子学校，开创中国女子教育之先河。晚年主要从事《新旧约全书》新译工作，直到1861年在上海去世。

（二）办月刊，写文章，介绍中国

裨治文在美国汉学史上最大的贡献是主编《中国丛报》。1832年，在马礼逊倡议和支持下，裨治文和欧美的传教士共同创办了英文月刊《中国丛报》并任主编。以中国、欧美和东南亚国家读者为主要对象，发行于20多个国家和地区。裨治文在《中国丛报》创刊号上明确提出办刊的宗旨："认识中国，了解中国，向海外报道中国各方面情况以及她所发生的变化，变化给中国带来的影响。"[①]可见，客观、翔实地报道中国是创办者的主要目的。《中国丛报》直到1851年停刊，前后20年，每月1期，每期有500多页，每年1卷，刊出20卷。《中国丛报》的各期的栏目基本有书评、杂记、宗教信息、文艺通告、时事报道等五个方面。在所发表的1378篇各类文章中，涉及中国的文章占90%。而裨治文自己就发表了350多篇，涉及中国政治、地理、气候、经济、宗教、儒家经典、文学作品和社会生活等方方面面，如《广州、澳门的气候》《耶稣会士提到的中国犹太人》《中国的印刷以及汉语学习》等等。关于如何学习汉语，裨治文在文中不无疑惑地发问"什么是学习的最好方法？怎样才能记住汉字的拼写？学习口语的最佳方法是和中国人生活在一起还是聘请中文教师授课"等。关于汉字拼音问题，《中国丛报》曾提出汉字拉丁化表音法的主张，建议用各种不同的汉字拉丁化的方案，以求"采用一种完善的和统一的表音法作标准，使将来关于中国语言和民族的所有著作都能够得以统一"。[②]

《中国丛报》在其发行的20年中从不同的角度为欧洲和美国读者提供了各种有关中国的信息，把它们汇总起来就是一本关于中国的小百科全书。由此，裨治文成为美国的"中国问题第一专家"，为美国汉学的建立、早期中美关系的发展奠

① 仇华飞：《裨治文与〈中国丛报〉》，《历史档案》2006年第3期。
② 仇华飞：《裨治文与〈中国丛报〉》，《历史档案》2006年第3期。

定了基础。

裨治文的另一个成就是首次用中文撰写美国历史《美理哥合省国志略》，125页，1838年在新加坡出版。这是近代第一部介绍美国历史、地理和政情的中文专著，对鸦片战争前后中国人了解和研究美国，起了推动作用。之后又做了较大的修订，增加了许多地图和统计表，扩充为两卷，于1965年以《联邦志略》为名在上海再版。

二、卫三畏与《中国总论》

“卫三畏”（S.W.Williams，1812—1884年）是其中文名。1833年，卫三畏来到广州，直到1876年返回美国，在中国生活了长达43年。1877年被聘为耶鲁大学的汉学教授，直到去世。卫三畏的身份是传教士，因其对中国的了解，1856年开始从事美国在中国的外交工作；又因其汉学研究成果，1877年成为了一名汉学教授。

（一）人生三步终归汉学

传教生涯（1833—1855年）。卫三畏来华首要任务就是协助裨治文印刷、发行《中国丛报》。1848年后接替裨治文负责编辑《中国丛报》，其间撰写文章110余篇，直到1851年《中国丛报》停刊。在这期间，虽然清政府禁止中国人教外国人学习汉语，但卫三畏通过各种途径私自聘请中文老师和采购中文书籍来学习中文。为了帮助外国人学习中文，卫三畏编著了《拾级大成》（1842年，又译《简易中文教程》）、《英华韵府历阶》（1844年）、《中英官话字汇》等。1849年创办了中文杂志《英中搜闻》。1844年担任美国特使负责中文函札事宜，并参与《望厦条约》谈判。1845—1848年，卫三畏回国休假，其间在美国多地发表演说，介绍中国的历史、地理、政治制度和社会生活等。并把自己的演讲内容结集成书于1848年在美国纽约出版，名为《中国总论》。

外交生涯（1856—1876年）。基于其对中国的了解，1856年卫三畏被任命为美国驻华公使馆秘书兼翻译，开始了外交事务生涯，并影响着美国的对华政策。卫三畏在中美各种条约的谈判中积极为美国争取更多的利益，如《天津条约》的谈判。

汉学教授生涯（1877—1884年）。1877年被聘为耶鲁大学的中国语言与文学教授，也是美国的第一位汉学教授。在他的主持下，耶鲁大学建立第一个汉语教研室和东方图书馆。由于身体原因，“卫三畏从来没有在系里正式上过课，但这并没有减少他在这所大学的学术生活中的影响力。通过在各类听众面前的讲演，通过报刊上发表的文章，也许更重要的是通过对登门拜访的大学生亲切鼓励，他的存在和榜样对所有被纳入他广博的文化视野中的人都是一种激励”[①]。1881年，卫三畏被选为的“美国东方学会”的会长，更加致力于美国汉学的发展。

（二）总论韵府誉满欧美

在卫三畏的汉学著作中，代表作有《中国总论》和《汉英韵府》。

1848年出版的2卷本《中国总论》，全称为《中国总论：中华帝国的地理、政府、教育、社会生活、艺术、宗教及其居民概观》。从英文名称就可以看出，这是一部对中华帝国的政治、经济、外交、文化、历史、地理、教育、艺术以及宗教等方面做系统论述的百科全书。全书共26章，第一至第六章介绍中国的区划地理人口与物产；第七至第九章介绍中国的法律制度、教育与科举；第十至第十二章介绍中国语言文字和文学；第十三至第十七章介绍中国的建筑、服装、饮食、社会生活、工艺、科学、历史；第十八章、第十九章介绍中国的宗教及基督教在中国的发展；第二十章、第二十一章介绍中国的商业和对外交往；第二十二至第二十六章述评二次鸦片战争、太平天国战争和19世纪七八十年代中国的政局。卫三畏写作此书主要是基于美国认识中国的需要，他希望“通过平实的叙述将中国放置在一个适当的位置”，给美国民众一个理智而满意的回答，即中国人在思想和行为上的奇特性，以及他们文明持续数千年的原因。同时他在序言中都提到，撰写目的就是为了“剔除外国作者已经普遍地施诸于中国及其文明之上的奇特的和无

① 艾萍：《卫三畏与美国早期中国学研究》，《淮北师范大学学报（哲学社会科学版）》2008年第4期。

法解释的印象”，因此在书中“努力展现他们国民性更好的特点”。但这并不是他的最终目的，卫三畏记述：“天国上的人们可以被完全归类于未开化民族之列”。他认为最重要的是向中国人传播基督福音，从根本上改造中国人民的精神。“现在中国的政治日趋混乱，鸦片和国民道德的沦丧正使整个民族日趋堕落。只有福音能够拯救他们”。所以他的最终目的仍是“提高传教事业的兴趣，通过增加传教士所作所为领域的知识，从而增加对传教工作的同情”。这是基督教传教士共有心态的反映，卫三畏亦莫能外。

从某种意义上说，《中国总论》是美国第一部关于中国的百科全书，是当时美国研究中国最早最具权威的著作。在此之前，其他国家已经有一些全面介绍中国的名著，如门多萨的《中华大帝国史》、杜赫德的《中华帝国全志》、德庇时的《中国概览》等。卫三畏的《中国总论》完全基于自身的亲身体验，所以有学者认为美国汉学一开始就有“非常强烈的个人色彩”[①]。无论在广度还是在深度上，都全面超过了此前的同类著作。

1863年，卫三畏开始编写大型字典《汉英韵府》（又名《汉英拼音字典》），耗费11年时间，于1874年在上海出版。

《汉英韵府》的注音方案以及字的排列，是根据明清之际樊腾凤（1601—1664年）的《五方元音》字典并将其改造而编写的。他在扩充了《五方元音》里的声韵系统后，选定了36个声母和38个韵母，共确定了532个音节，收字1257个，词条10940个，每个汉字之下，标有北京、广东、厦门和上海等地的语音。《汉英韵府》采用音序编排法，每个音节下方有一段古音和各种方言语音的文字说明。每个汉字下方用卫三畏自行创制的拼音字母符号和体例标注发音和声调。词条内容一般包括词源、组词和词语释义。有时最后还加入该字在某种方言中的意义，并组词。卫三畏的词典连同他设计的注音方案，在西方产生了较大的影响。“《汉英韵府》一度成为外国来华传教士和商人的必读之书。但也有批评者，说没有用威妥玛创立的注音方式等”。[②]

① 顾钧：《卫三畏与〈中国总论〉》，（台湾）《汉学研究通讯》2002年第3期。

② 昌梅香：《〈汉英韵府〉拼音系统评介》，《辞书研究》2013年第4期。

三、哈佛大学中文教师戈鲲化

戈鲲化（1836—1882年），字砚畇，祖籍安徽休宁，诗人，著有《人寿集》。先后在美国驻上海领事馆和英国驻宁波领事馆任职。1879年，由美国驻中国外交官鼐德（FrancisP. Knight）推荐，戈鲲化与美国哈佛大学签订了赴美任教3年的合同。这是西方国家开办汉学课程以来聘请的第一位华籍汉文教席。1879年9月，戈鲲化带着家人和一批中文书籍到达美国，开始在哈佛大学教学生涯。

19世纪末的美国，并没有多少人知道中国，所以在最初的一段时间里，班里只有一个学生。而这个学生其实是哈佛的一位拉丁语教授，戈鲲化给他起了一个中国名字叫刘恩。后来他们成为互相学习的朋友，戈鲲化教他中文，刘恩教戈鲲化英文。很快戈鲲化就由原来的基本上不懂英语，发展到能比较随意地和人们交谈，甚至可以翻译自己的文章和诗歌。戈鲲化的学生最多时发展到5个，其中一人程度达到能流利地说汉语官话。戈鲲化的汉语教学渐入佳境，受到更多的美国人的关注。不幸的是戈鲲化因重感冒并发肺炎于1882年2月14日去世。其在美执教的时间虽然还不满3年，然而由于他的敬业和才能，依然创造出三个“第一”的纪录，永远留在中美文化交流史册上，这就是：

第一位远渡重洋登上美国大学汉语教席的中国人。戈鲲化被聘任为哈佛第一任汉语教授，是多种因素所致。首先，他是位作家、诗人，具有深厚的中文底蕴，而且官话说得比较好；其次，他曾长期在领事馆工作，经常和外国人打交道，对西方特别是对美国有一定的了解；再次，他有一定的教学经验，曾经教过一位英国学生和一位法国学生；最后，他愿意离乡别井到异邦去任教。这些基本条件都标志着戈鲲化不仅有资格而且毫无疑问能胜任哈佛的汉语教学，而且事实也证明了戈鲲化的教学能力。戈鲲化逝世后，1882年2月15日的《波士顿每日广告人报》曾评论说：“尽管数量很少，但是成果是令人满意的……听说一位自他在哈佛教书起就跟他学中文的学生已具备了跟中国人自由交谈的能力，并且已基本准备好在中国的商界立足开业。”

第一位为西方人编写汉语教材，并把自己创作的诗歌作为教学内容的中国人。哈佛大学推荐戈鲲化使用威妥玛编著汉语教材《语言自迩集》，而戈鲲化自编一本以他自己创作的诗词为主的教材《华质英文》。这是一本英汉对照的教材，被哈佛大学称作“有史以来最早的一本中国人用中英文对照编写的，介绍中国诗词的教材”。[①]书中收录了戈鲲化撰写的15首中文诗，附有英文译文和英文注解，甚至还注出了诗句的平仄。这本书至今仍收藏在哈佛大学图书馆中。

第一位跨文化交流的成功者。据和戈鲲化有过密切接触的哈佛人说：“当他拜访别人时，他具有绅士的老练机智，会尊重我们社会的习俗；而他款待客人时，却又总是以中国的礼仪相待。”[②]传递出戈鲲化“入乡随俗”的交际理念，得到了美国人的赞同。据美国报纸评论“他独特的社交气质使他能够与社会各界人士交往，努力使自己能被大家接受。”为戈鲲化在中美两大文明之间进行顺利交流提供了保证。作为在一百年前首位远渡重洋的从事汉语教学的先行者，戈鲲化能够在强势的美国立足并且受到欢迎，能够在世界上著名学府哈佛大学从事教学并且引起关注和认可，值得我们深入思考并汲取力量。

戈鲲化去世后，哈佛大学的汉语教学一度后继无人。直到1928年，哈佛燕京学社创立，先后聘请赵元任、梅光迪担任汉语教学，邀请欧洲学者如伯希和等人来校讲学，建立中文图书馆等，哈佛的汉学研究才真正地建立起来并得到发展，现在哈佛已成为美国中国研究的一个重要的中心。

四、哥伦比亚大学汉学教授夏德

夏德（Friedrich Hirth，1845—1927年），德国人。早年曾在柏林等大学学习西方古典语言学，他的博士论文是有关古罗马戏剧的。1870年来华在广州、厦门和上海等地海关任职，1895年返回德国。他在中国从事海关工作之余，努力学习汉语，并关注和致力于中国海关“文件体”写作技巧以及中外关系史等方面的研

① 裘伟廷：《戈鲲化：在哈佛大学任教的第一个中国学者》，《世界文化》2016年第10期。
② 郭天祥：《戈鲲化与中美跨文化交流》，《安徽史学》2007年第4期。

究。还多方收集中国图书，到1904年中文藏书达6000余册。1886年，他继英国汉学家翟理斯之后出任皇家亚洲文会中国支会会长，并主持编辑《会报》。他精通中、英、法、拉丁、突厥等多种语言文字。夏德被誉为影响美国汉学界三位最重要的德国人之一。

1902年，夏德应美国哥伦比亚大学的邀请赴美任教，任该校“丁龙DeanLung讲座”教授，这是哥大校友凯尔逊先生为纪念他的中国仆人丁龙而捐款建立的。夏德讲授中国历史和中外关系史，直到1917年。在长达15年的时间里，他一直担任该校东方研究院主任，为哥伦比亚大学汉学人才的培养和汉学学术的奠基做出了贡献。

（一）重实用，研究“文件体”语法

由于夏德长期在中国海关工作，为了帮助海关外交人员提高处理海关文件的能力，专门编著和出版了一系列的“文件体”书面语教材和工具书。如教材《海关文献录》（1885）、《文件字句入门》（1888），工具书《文件小字典》（1888，汉英对照）等。他在《文件字句入门》序言中表明：“本书的目的只是在于确立个别的语法规则，而不是建立整个‘文件体’的语法系统。当然，其中很多语法规则与其他文体有很密切的联系，而另外一些则完全是‘文件体’的特点。”在书中总结了34种“文件体”特有的语法现象，如“将字句”在“文件体”书面语中频繁使用的现象。在《海关文献录》一书中搜集和整理了大量来自海关清代公文的范文，包括进出口货物制度和税单等各种通关文件。这些范文为在清代海关工作的外国人处理海关事务提供文案上的帮助和便利，具有很强的针对性、实用性和专业性。他还著有《汉语中的外来词》（1882）、《中国的语言文字》（1902）和《中国音韵》（1903）等。

（二）重考据，论证中西交往史

夏德关于中国和西亚交往史的著作《中国和东罗马》（1885年，又称《大秦国全录》），集刊汉籍中有关罗马辖下亚洲各省的记载，对历史、地理、物产等诸方

面均有考证研究，认为中国古代文献中的“大秦”即叙利亚，西方的“匈人”与中国“匈奴”属同一关系。这部著作奠定了他在世界汉学史的地位。中国历史研究的著作有《中国研究》(1890)，根据在哥伦比亚大学中国历史教学的讲稿改编而成的《中国古代史》(1908)，1911年和美国外交官汉学家柔克义（W. W. Rockhill，1854—1914年）合作将宋代赵汝适所著《诸蕃志》翻译成英语。

1917年，夏德返回德国，由于各种原因，在生命的最后十年间，他几乎停止了所有研究活动。1927年，82岁的夏德在慕尼黑去世。

五、芝加哥菲尔德自然历史博物馆劳费尔

劳费尔（Berthold Laufe，1874—1934年）是美籍德国犹太人，是夏德去世后美国最重要的汉学家。1893至1895年在柏林大学学习，其间曾在东方语言研究班学习。1895年在莱比锡大学学习，师从著名汉学家顾路柏，1897年获哲学博士学位。在这期间，劳费尔不仅接受了欧洲汉学的严格训练，还学习并掌握了波斯语、梵语、汉语、日语、满语、蒙语和藏语等多种语言，为其以后的汉学研究奠定了扎实的基础。

1898年劳费尔移居美国。曾多次到中国考察，他的汉学研究成果都是建立在对中国实地考察基础上的。1905—1907年他受邀任哥伦比亚大学东亚语言学讲师。1908年赴芝加哥菲尔德自然历史博物馆工作，后任该馆人类学部主任。他一生共发表了二百多篇著作和论文，对美国汉学的发展做出了重要贡献。

（一）夯实汉学研究奠基石

劳费尔从1901年至1923年多次到中国考察，不仅收集了大批中国文物，有青铜器、玉器、书画、陶器、拓片等，约7500件，现收藏在菲尔德自然历史博物馆里，还在中国购买了几万册的中、日、满、蒙、藏文等各类书籍，而中文书籍就达4万册，现这些图书资料一部分收藏在芝加哥大学和美国国会图书馆。而这些文物和书籍也成为美国汉学确立和发展的奠基石。

（二）开拓汉学研究新领域

劳费尔一方面利用自己掌握中文、藏文、蒙文、西夏文等东方语言的条件，从语言学的角度系统地对中国少数民族的语言进行了研究，如《关于女真族的语言》（1901）、《关于阿尔泰语言第二格的形成》（1902）、《藏文中的外来词》（1916）等文章。另一方面致力于中国与中东和远东地区之间文化的相互影响和渗透的研究，代表作如《中国—伊朗：中国对古代伊朗文明史的贡献》（1919）一书，其中以植物为重点，兼及纺织品、矿物及官制，通过名称音读的广泛对比，考察中国与西亚间的物质文化交往。这些研究成果极大开阔了美国学者的视野，拓展了美国汉学的研究领域。

（三）创新汉学研究新方法

劳费尔的汉学研究既继承了欧洲的传统汉学，即注重语言文字的比较研究，又结合考古学、人类学中的微观的、实证的研究方法，达至以小见大，窥一斑以见全豹，为当时美国普遍浅显的汉学研究带来了欧洲式的深度。如《汉代的陶器》和《玉——中国考古与宗教的研究》都足以体现他的风格。[①]

德国汉堡大学教授德汉茂（Hartmut Walravens）于1976年、1979年、1985分别编辑出版了三辑《劳费尔文集》，足见劳费尔的汉学研究成果及其对美国汉学的贡献。

六、“美国中国学奠基人”费正清

费正清（John King Fairbank，1907—1991年），美国首席中国问题专家，美国中国学的奠基人。1929年，费正清从哈佛大学毕业，获得了罗兹学者基金资助，于1929至1931年在英国牛津大学攻读硕士学位。在此他结识了曾长期在中国海关

① 龚咏梅：《劳费尔汉学研究述评》，《探索与争鸣》2008年第7期。

工作并著有《中华帝国对外关系史》的马士（HoseaB.Morse，1855—1934年）。在马士的支持和指导下，费正清决定从中国外交史、海关史和制度史入手，以中国近代海关问题为博士论文选题。为确保高质量完成博士论文，1932年费正清来到了中国，师从清华大学外交史专家蒋廷黻。在中国学习和研究期间，费正清不仅结识了一些中国社会活动家和学术界的知名学者，如宋庆龄、蔡元培、鲁迅、胡适、金岳霖、梁思成及其夫人林徽因等，并得到这些中国学者的许多帮助，而且利用各种机会到中国多个省市进行了实地考察，增加了他对中国社会的感性认识，加深了他对中国现实社会的了解。1935年他以《中国海关的起源1850—1858》一文获得牛津大学博士学位，次年回哈佛历史系任教，开始了他对中国的学术研究。

（一）踏石留印的学术生涯

1936—1941年费正清任教于哈佛，是其学术生涯的开创时期。尽管他在哈佛任教期间仅发表了6篇论文，没有一部专著，但对欧洲汉学研究传统进行了改革：一是倡导区域性研究，将中国的研究涵括在内；二是于1939年起与赖肖尔（E.O. Reischauer，1910—1990年）一起开设“东亚文明史”课程，给学生介绍东亚的历史、文化、美术、经济、政治等各个方面的知识；三是鼓励学生研究文件档案，不为语言的学习所束缚。费正清的新式中国研究，吸引了不少学生。

1941—1946年费正清任职于美国战略情报局等机构。借此，他进一步加深了对中国的了解。在太平洋战争爆发前4个月，作为中国远东问题专家，费正清被征召到美国战略情报局工作，随后于1942年9月至1943年12月，被美国政府派往中国的战时陪都重庆，担任美国驻华大使特别助理兼美国国务院文化关系司对华关系处文官；1944年回国。1945—1946年，他又被派往中国担任美国新闻署驻华办事处主任，从事中美两国出版物的交流工作。两次来华，让他有更多的机会进一步深入了解当下的中国社会，了解老百姓的生活状况，大胆地发表对中国政策的意见。

1946年，费正清回到哈佛大学，并以哈佛为基地，创立了中国研究的新模式

"区域研究"（regional studies）：一是关注近现代中国。把近代以来中国的历史发展变迁作为中国研究的重点课题；二是在语言技能之外更强调学术训练，特别是各种社会科学方法（政治学、经济学、社会学、人类学等）的训练；三是在学科分工的基础上强调跨学科研究。费正清深知近代中国研究是一种综合性、跨学科的研究，仅靠历史学家是不够的，因此他邀请社会科学，如社会学、政治学、法学、经济学等各方面的专家组成了"国际研究和区域研究教授委员会"，使原来互不相干的教授们打破学科界限，汇聚到一起，共同研究。于是一种多学科、跨学科的区域研究模式逐渐在哈佛发展起来。有人将费正清开创的这种研究模式称之为"中国研究"或"中国学"（China Studies 或 Chinese Studies），以区别于传统的以语文学和文献考证为特色的"汉学"（Sinology）。1955年，哈佛大学"东亚研究中心"成立，使这一研究模式得到了进一步的巩固和发展。费正清1958年当选美国亚洲协会主席，1968年当选美国历史学会主席等重要职务。1977年3月，费正清为哈佛大学作最后一次讲课后退休。

据不完全统计，作为美国的现代中国学奠基人，他一生编撰著作近60部，发表论文200余篇，发表书评60余篇等。

（二）创新奠基中国学

作为美国"中国学"的奠基人，费正清的贡献是全面而卓越的。

其一，确立了全新的中国学。他在《美国与中国》（1948）、《中国沿海的贸易与外交》（1954）、与赖肖尔合著的《中国：传统与变革》（1978）、6卷本的《剑桥中国史》（1978—1983）以及临终前完成的《中国新史》（1992）等著作中，打破欧洲传统汉学的束缚，改变以往欧洲汉学研究重中国古代历史、轻近现代历史，重人文科学、轻社会科学，重西方观点、轻中国现实的状况。他认为，一切历史都是活生生的当代史，只有追溯近代前后数百年的中国历史，才能更准确、更客观理性地理解和把握当代的中国。因此，他为建立一个全新的中国学研究模式而大声疾呼，并撰写了大量具有开创性的著述。

其二，编写研究中国的文献目录，加强基础资料的建设。费正清为从事研究的学生和学者编写了关于中国研究的相关著作的目录和文献介绍，如他与刘广京合编的《近代中国：1898年至1937年中国著述指南》（1950）、与邓嗣禹（Teng Ssu-yu，1906—1988年）等合编的《中国对西方的反应：文献通考》和《中国对西方的反应：研究指南（1839—1923）》（1954）以及《中国共产党文献史（1921—1950）》（1952）、《清季史料入门》（1959）等，这些著作都是为了教授学生使用中文文献而编写的教学用书。他曾谈到“目录学著作和清朝文献书目提要一样，对我的学生们不久要开展的研究来说，都似乎是不可缺少的基础”。[①]这些基础资料建设为中国研究的深入开展打下了坚实的基础。

其三，培养了新一代中国学研究队伍。1955年，费正清开办了为期两年的“区域研究——东亚”硕士班，计划每年培养14名左右的研究生。1956年，招收了26名，1975年达到70名。还招收攻读历史和东亚语言联合博士学位的研究生。在他门下获得博士学位的学生、学者在美国和世界其他国家任教的达100多人，著名的有史华慈（Benjamini Schwartz，1916—1999年）、列文森、保罗·柯文、孔飞力等，形成了中国研究的“哈佛学派”。美国著名东亚问题专家斯卡拉皮诺称费正清是“美国中国学方面最大的学术企业家”。[②]

其四，建立了近现代中国研究基本框架和模式，即“冲击与回应”模式。费正清在《美国与中国》、与邓嗣禹合著的《中国对西方的反应》以及与赖肖尔合著的《东亚文明史》《中国：传统与变革》等书中，提出了“冲击与回应”模式的观点：西方资本主义社会是一个动态的近代社会，而中国社会因中国传统的儒家学说长期以来占据了意识形态上的正统地位，从而使中国社会保持极大的稳定，导致了整个社会长期处于一个停滞状态，缺乏自身发展的内在动力。只有经过西方的冲击，才有可能摆脱停止不前的困境，取得进步。这一模式的核心其实是其“西方中心”思想、殖民主义学术传统在他头脑里的反映。从战后一直到60年代末，费正清的“冲击与回应”模式几乎成为美国对中国近代史研究的主流。但到20世纪70年代，反对越南战争、反对种族歧视等运动，美国一些学者对西方文明

① 陶文钊：《费正清与美国的中国学》，《历史研究》1999年第1期。

② 陶文钊：《费正清与美国的中国学》，《历史研究》1999年第1期。

的精神价值开始产生怀疑，从而引发了美国研究中国近代史以“西方为中心”的模式遭到了质疑和批判。其中保罗·柯文是批判“冲击与回应”模式的最著名代表，并提出了以“中国中心观”的研究模式。

七、“语言学大师”赵元任

20世纪40年代一批在国内接受过系统学术训练从事中国文史研究的学者，相继赴美留学任教，包括语言学者赵元任（1892—1982年）、李方桂（1902—1987年）、李英哲（1929— ）、王士元（1933— ）等；中国现代小说史研究者夏志清（1921—2013年）；历史学者邓嗣禹、杨联陞、刘子健（1919—1993年）、刘广京（1921—2006年）、萧公权（1897—1981年）、袁同礼（1895—1965年）、钱存训（1910—2015年）及余英时等；哲学研究学者成中英（1935— ）和杜维明（1940— ）等。赵元任当属汉语教学和研究成果卓著的代表学者。

赵元任，字宣仲，江苏常州人。是中国现代语言学先驱，被誉为“中国现代语言学之父”。其从小就显露出语言天才，各种方言一学就会。1907年入南京江南高等学堂预科，学习了英语、德语，并跟外籍老师的夫人学习了音乐。从此语言和音乐的教学和研究成为他学术生涯中的重要组成部分。

（一）广猎博学，凸显语言奇才

10年的美国留学（1909—1919年）。1909年赵元任考取留学美国的官费生，在康乃尔大学主修数学，选修物理、音乐。1915—1918年哈佛大学主修哲学，选修音乐，后获哲学博士学位。1919年回康乃尔大学物理系任教一年。

17年的中国教学与研究（1920—1937年）。1920年在清华大学教授数学、物理和心理学课程。其间，为英国著名哲学家罗素在华巡回讲学担任翻译。1921—1924年，在哈佛大学任哲学和中文讲师。1925—1928年回清华大学教授物理学、数学、方言学、普通语言学、中国音韵学、中国现代方言等课程。后来成为著名语言学家的王力就是他的学生。此外，他还给本科生上音乐课。他与王国维、梁启超、陈寅恪一起被称为清华“四大导师”。在清华4年的教学中，赵元任还参加了两项重要的学术活动：一是讨论国语罗马字拼音方案，通过各种途径宣传推广国语，如编写课本《国语留声机片课本》和《新国语留声机片课本》、讲课、演讲等方式，其后还把它介绍到美国，运用于他在海外的汉语教学中；二是汉语方言田野调查和民间音乐采风。他是中国第一位用科学方法做方言和方音调查的学者。1928年，赵元任担任了中央研究院历史语言研究所语言组主任，训练学生语言田野工作的各项技能，组织并领导了中国几个省的方言调查。他还创建了一套设备相当完备的语音实验室，在国内率先开展了语音的实验研究。

25年的美国汉语教学研究（1938—1963年）。从1938年至1946年，赵元任担任美国夏威夷大学（1938—1939年）中文兼音乐课、耶鲁大学（1940—1941年）中文阅读课和粤语课、哈佛大学（1942—1946年）粤语、汉语方言课等教授，并在哈佛大学主持美国陆军中文训练班，负责项目所有课程设计、教材编写等相关教学事务。从1947年起任教于加州大学伯克利分校，教授中国语文和语言学，直至1963年退休。1954年加入美国国籍。1945年任美国语言学会主席，1960年任美国东方学会会长。

赵元任具有非凡的语言方面的天赋，能说30多种汉语方言，并熟练掌握英、德、法、日以及西班牙、希腊、俄罗斯等多国语言。赵元任在近50年的教学生涯中，教学成果卓著，据不完全统计，一生著作达180多种。

（二）踏实深耕，成就语言大师

赵元任在语言学领域的贡献是巨大的，集中表现在四个方面。

开启调查与研究汉语方言的先河。1925年他应聘到清华（国学）研究院任导师后，立即开始了他一生中最重要的活动——汉语方言调查。他带着助手杨时逢赴江苏、浙江实地进行吴方言的调查，著有《北京、苏州、常州语助词的研究》（1926）、《现代吴语的研究》（1928）。其中《现代吴语的研究》是中国第一部用现代语言学方法研究方言的著作，即用描写语言学的方法调查汉语方言，同时又充分利用中国古代的音韵学知识编制《方言调查字表》来控制方言调查。

他后来又参与调查了粤语、徽州话及江西、湖南、湖北3省的方言。发表了多种方言调查报告和专题论文。如《中国方言中爆发音的种类》（1935）对汉语方言的各种爆发音，特别是送气音的精细描写和比较，以及对不同性质的爆发音在语流中不同变化的描述，大大丰富了西方语言学家的认识。《钟祥方言记》（1939）、《中山方言》（1948）、《湖北方言调查报告》（1948）、《台山语料》（1951）、《绩西岭北音系》（1962）、《湖南方言调查报告》（1974）等。《湖北方言调查报告》在我国方言学史上占有一定的地位，具有较高的学术价值。其中对湖北一省方言的调查材料系统而完整，还绘制了全省方言地图，既注意到方言词类的差别，也突出了语音的特点，为后来的方言的调研工作提供了重要的参考与借鉴，堪称后来方言调查报告的楷模。

开创研究汉语语音的新领域。1929年《北平语调的研究》、1932年《汉语的字调与语调》以及1935年《国语语调》等论文中："（1）首次区分汉语的字调和语调；（2）提出对汉语连读变调与轻重音的研究；（3）提出汉语语调构造雏形；（4）对汉语语调从形式—功能的划分；（5）指出'未来'语调研究的方向、方法。"[①]赵元任成为汉语语调研究的开创者和奠基人。

1930年，赵元任在语音分析的实践中，凭着自己的音乐修养和声学知识，精心设计了一套五度制的标调字母，创制了"字母式五度制标调法"，为记录和研究汉语以及世界上其他有声调的语言提供了实用、方便的工具，同时补充了国际音标使用中的一块空白，为许多国家的语言学家所采用。1934年的《音位标音法的多能性》，阐明从语音材料归纳音位系统时可以有多种选择，答案不是唯一的。

1940年与罗常培、李方桂三人合译瑞典汉学家高本汉《中国音韵学研究》。《中国音韵学研究》被认为是"综合西方学人方音研究之方法与我国历来相传反切等韵之学，实具承前启后之大力量，而开汉学进展上之一大关键也。"[②]赵元任等人的中译本于1940年首次出版。该书被傅斯年称为"我国译学上未有之巨业"，它对濒临危机的汉语音韵学的发展有着不可磨灭的贡献。赵元任也因此获得了"中

① 曹文：《赵元任先生对汉语语调研究的贡献》，《世界汉语教学》2007年第4期

② 傅斯年：《中国音韵学研究·序》（高本汉、赵元任等译），商务印书馆1940年版，第1页。

国现代语言学的奠基人”的称誉。

开创研究汉语口语语法的新理论。1948年《国语入门》是第一部使用美国结构主义语言学的理论、方法来研究汉语口语语法的著作。这部教材在美国汉语教学中占有重要地位，至今仍在一些高校使用。1968年赵元任在《国语入门》的基础上又出版了《中国话的文法》。这两部书不仅是当时国外最完整、最系统的一部汉语语法书，而且被称为国内出版的“最好的一本语法书”。国外学者评论说，“毫无疑问，在今后很长一段时间内，这部书理所当然地将成为现代汉语的基本著作”，“还没有第二本书可以跟它相比，它是研究汉语语言学的必读书”。①

开创编写对外汉语系列教材和词典的范例。如果从1921年在哈佛的汉语教学算起，到1963年从伯克利加州大学退休，40余年教学生涯中，赵元任所编写的系列汉语教材，不仅在当时极富开创性，而且沿用至今。因早期欧美汉语教育主要教的是古代汉语，教材一般用《论语》《孟子》等儒家经典，注重书面语教学，不注重口语表达，其主要目的是为汉学研究服务，培养出来的大都是“哑巴汉语”。从20世纪40年代开始，赵元任在汉语教学实践的基础上，按照口语、阅读和词典顺序编写并出版了一套系列的汉语教材。

汉语口语教材主要有《粤语入门》（1947年，带汉字本）、《国语入门》（1948，带汉字本）。两本教材均由哈佛大学出版社出版，并且都有配音，方便外国人学习汉语。使用对象是英语作为母语的成年学生。另外出版于1922年《国语留声机片课本》和1935年《新国语留声机片课本》这两部教材是为中国人学习国语使用的，但是其中的有关材料常被用来教授外国学生。

汉语阅读的代表性教材是3卷本的《中国话的读物》（1968）。这是一套汉英对照课本，全书课文约20万字，包括会话、故事、小说、话剧、自传片段、学术论文等，使用对象是高年级学生。

1947年赵元任与杨联陞合编了汉英对照《简明汉语口语词典》，最大的特点是，把每个条目当作语素来处理，而不是当作汉字来处理。吕叔湘给予这部字典

① 转引自盛炎：《赵元任先生对汉语教学的贡献》，《语文教学与研究》1987年第3期。

很高的评价，称这部字典“在汉英字典里，乃至全部的中文字典里，称得起个有革命性的著作。”[①]另外，1943年赵元任还对《马休思汉英词典》中的7773个词条的发音进行了审订，增订了若干字和词条，至今还在广泛使用。他还编纂或参加修订过《学生国音字典》《国语词典》和《中文大辞典》等。

从20世纪20年代在清华大学语言教学开始，赵元任为国际社会培养了无数的晚生后辈。在国内有重大影响的有王力、丁声树、吴宗济、杨时逢、董同龢等。在美国的各高校的汉语教学中，也培养了一批国际上知名的汉学家，如普林斯顿大学汉学教授罗杰瑞、丹麦的易家乐、瑞典的安吾乐、挪威的韩恒乐等。

赵元任堪称一个里程碑式的人物。胡适曾这样评价他：“每与人评论留美人物，辄常推常州赵君元任为第一。此君……治哲学、物理、算学，皆精。以其余力旁及语学、音乐，皆有所成就。其人深思好学，心细密而行笃实，和蔼可亲，以学以行，两无其待，他日所成，未可限量也。”[②]

［参考文献］

专著：

［1］傅斯年：《中国音韵学研究·序》（瑞典高本汉著，赵元任等译），商务印书馆1940年版。

［2］顾钧：《卫三畏与美国早期汉学》外语教学与研究出版社2009年版。

［3］何寅、许光华：《国外汉学史》，上海外语教育出版社2002年版。

［4］胡适：《胡适留学日记（1916年1月26日）》，安徽教育出版社2006年版。

［5］侯且岸：《当代美国的显学——美国现代中国学研究》，人民出版社1995年版。

［6］夏康达、王晓平：《二十世纪国外中国文学研究》，天津人民出版社2000年版。

① 吕叔湘：《赵元任杨联陞合编（汉英）国语辞字典评价》，《中国文化研究丛书》第7卷（1947）第25页。

② 胡适：《胡适留学日记（1916年1月26日）》，安徽教育出版社2006年版，第189页。

［7］熊文华：《美国汉学史研究》，学苑出版社2015年版。

［8］朱政惠：《美国中国学史研究》，上海古籍出版社2004年版。

论文：

［1］艾萍：《卫三畏与美国早期中国学研究》，《淮北师范大学学报（哲学社会科学版）》2008年第4期。

［2］安华林：《汉语语法研究与“赵元任传统”》，《南京师大学报（社会科学版）》2004年第1期。

［3］曹文：《赵元任先生对汉语语调研究的贡献》，《世界汉语教学》2007年第4期。

［4］龚咏梅：《劳费尔汉学研究述评》，《探索与争鸣》2008年第7期。

［5］顾钧：《卫三畏与〈中国总论〉》，（台湾）《汉学研究通讯》2002年第3期。

［6］顾钧：《美国东方学会及其汉学研究》，《中华读书报》2012年4月4日。

［7］郭天祥：《戈鲲化与中美跨文化交流》，《安徽史学》2007年第4期。

［8］侯且岸：《费正清与美国现代中国学》，《史学理论研究》1995年第2期。

［9］李霞：《一种跨文化传播视角：塞缪尔·亨廷顿的文明冲突理论》，《国际新闻界百度学术》2010年第3期。

［10］吕叔湘：《赵元任杨联陞合编（汉英）国语辞字典评价》，《中国文化研究丛书》第7卷（1947）。

［11］孟庆波：《来华美国人对美国东方学会早期汉学研究的贡献（1842—1930）》，《西部学刊》2015年第3期。

［12］仇华飞：《从“冲击—回应”到“中国中心观”看美国汉学研究》，《上海师范大学学报（哲学社会科学版）》2000年第1期。

［13］仇华飞：《裨治文与〈中国丛报〉》，《历史档案》2006年第3期。

［14］裘伟廷：《戈鲲化：在哈佛大学任教的第一个中国学者》，《世界文化》2016年第10期。

［15］盛炎：《赵元任先生对汉语教学的贡献》，《语文教学与研究》1987年第

3期。

[16] 陶文钊:《费正清与美国的中国学》,《历史研究》1999年第1期。

[17] 吴星云:《赵元任:汉语教学之父》,《南开语言学刊》2012年第2期。

[18] 张施娟:《裨治文在华政治活动述论》,《西安电子科技大学学报(社会科学版)》2005年第1期。

[19] 张晓芳:《20世纪50年代以来美国中国学研究的范式转向》,《文史博览》2016年第5期。

[思考与练习]

1. 简述卫三畏在汉语方面的成就。

2. 评述戈鲲化在哈佛大学汉语教学的首创之功。

3. 评述汉学家夏德的汉学成果。

4. 评述汉学家劳费尔对美国汉学的贡献。

5. 评述哈佛-燕京学社在美国中国学研究的贡献。

6. 评述费正清在美国中国学方面的贡献。

7. 评述美国中国学研究模式从"西方中心观"到"中国中心观"的嬗变。

8. 评述赵元任在美国汉语教学方面的贡献。

附录

Appendix

汉学大事年表

汉学大事年表

时间	汉学大事	中国纪年[①]
前18年—668年朝鲜三国时代	汉文化传入朝鲜	汉成帝鸿嘉年间至唐高宗总章元年
371—383年	高句丽模仿汉朝的制度设立了“太学”传授“五经”“三史”	东晋简文帝咸安元年至东晋孝武帝太元八年
593—710年	飞鸟时代日本圣德太子派遣小野妹子为使节出使隋朝,学习中国文化	隋文帝开皇十三年至唐睿宗景云元年
7世纪左右	高句丽已经开始用汉字编写史书	隋文帝仁寿元年至武周久视元年
712年	日本第一部全书用汉字写成的历史文学作品《古事记》刊行	唐玄宗先天元年
1247年	意大利柏朗嘉宾撰写初始报告《柏朗嘉宾蒙古行记》	南宋理宗淳祐七年、元定宗二年
1256年	法国鲁布鲁克用拉丁文写了一份出使报告给路易九世,即《东方行记》	南宋理宗宝祐四年、元宪宗六年
1260年	朝鲜的第一部“诗话”李仁老的《破闲集》刊行	南宋理宗景定元年、元世祖中统元年
1275年	高丽设置了专门讲授汉语的国家机构“通文馆”	南宋恭帝德祐元年、元世祖至元十二年
1299年	《马可·波罗游记》年出版	元成宗大德三年

① 本表中的中国纪年参照《现代汉语词典》(第7版)附录《我国历代纪元表》整理。

续表：

时间	汉学大事	中国纪年
1318—1328年	[意]鄂多立克口述《鄂多立克东游录》	元仁宗延祐五年至元泰定帝致和元年
1354年	[意]马黎诺里受命著《波希米亚史》，最后1卷记述其出使元朝的见闻	元顺帝至正十四年
1391年	高丽设立“汉语都监”讲授汉语	明太祖洪武二十四年
1444年	李朝创制由28个字母组成的朝鲜文字，训民正音。于1446年公布	明英宗正统九年
1498年	高丽李边用讲故事的形式编写《训世评话》	明孝宗弘治十一年
1512—1515年	[葡]皮列士编著有中国记录的《东方志》	明武宗正德七年至明武宗正德十年
1540年	[西]圣依纳爵·罗耀拉在法国成立绝对效忠罗马天主教皇的“耶稣会”，开启学习汉语、研究汉语序幕	明世宗嘉靖十九年
1564年	欧洲第一部专门介绍中国的著作、克路士用葡萄牙文撰写的《中国志》出版	明世宗嘉靖四十三年
1565年	耶稣会设立澳门学院，范礼安提出“适应”策略	明世宗嘉靖四十四年
1575年	[西]拉达在福建滞留两个多月的时间，对中国进行实地考察，写了两份报告:《出使福建记》和《记大明的中国事情》，统称为《拉达行记》	明神宗万历三年
1576—1577年	[西]埃斯卡兰特写成《葡萄牙人航行世界东方记》，绘制了欧洲第一幅中国地图	明神宗万历四年至明神宗万历五年
1584年	[意]罗明坚出版西方人首部用中文撰写的著作《天主圣教实录》	明神宗万历十二年
1585年	[西]门多萨用西班牙文出版《中华大帝国史》。	明神宗万历十三年
1588年	[西]高母羡将范立本的《明心宝鉴》译成西班牙文。这是第一本中文西译著作	明神宗万历十六年
1590年	[意]利玛窦将儒家的《四书》翻译成拉丁文	明神宗万历十八年
1593年	罗明坚把中国典籍《四书》中的《大学》的部分内容译成拉丁文，在罗马公开发表	明神宗万历二十一年
1598年	利玛窦等编撰采用西文注音的《中国词汇》	明神宗万历二十六年
1615年	《耶稣会士利玛窦神父的基督教远征中国史》在德国出版，中文版《利玛窦中国札记》1953年出版	明神宗万历四十三年
1626年	[法]金尼阁在西安出版了3卷本的中文著作《西儒耳目资》，是用拉丁字母给汉字注音的字汇，形成了汉字拼音的“利—金方案”	明熹宗天启六年

续表：

时间	汉学大事	中国纪年
1636年	[葡]曾德昭返回欧洲陈述教务途中写了《大中国志》，首次大篇幅介绍中国国情以及汉语、汉字等	清太宗崇德元年
1641年	日本以《新刻助语辞》为名出版元代卢以纬著的《语助》，这是日本第一部汉语语法著作	清太宗崇德六年
1651—1652年	[意]卫匡国撰写了一部关于汉语语法的书《中国文法》，是西方人学习汉语文法最早的工具书之一	清世祖顺治八年至清世祖顺治九年
1653年	卫匡国绘著成《中国新地图集》在维也纳出版。为当时欧洲各国了解中国地理的必读之书	清世祖顺治十年
1654年	世界上第一部记录明清易代的重大转折时期当代史、卫匡国用拉丁文撰写的《鞑靼战纪》在荷兰等多国同时出版	清世祖顺治十一年
1658年	卫匡国在德国慕尼黑出版了《中国上古史》。这是西方学者写的第一部向欧洲系统地介绍中国历史的著作	清世祖顺治十五年
1667年	[德]基歇尔用拉丁文撰写并出版了《中国图说》一书，被称为“当时之中国百科全书”	清圣祖康熙六年
1668—1670年	[葡]安文思以葡文写成《中国的十二特点》，1688年以《中国新史》在巴黎出版。是当时包含内容最丰富、描述最精确的一部汉学著作，代表了早期汉学第一阶段的最高成就	清圣祖康熙七年至清圣祖康熙九年
1682年	[西]瓦罗用西班牙文写成了《华语官话语法》，1703在广州用木版刻印。这是世界上第一部正式刊行的汉语语法书	清圣祖康熙二十一年
1702—1776年	《耶稣会士中国书简集》出版34卷，而在西方的影响长达一个多世纪	清圣祖康熙四十一年至清高宗乾隆四十一年
1714年前后	[意]马国贤奉命将《热河三十六景图》制成铜版画，这是中国第一套铜版画作品；又奉命雕刻付印中华帝国大地图——《皇舆全览图》，这是中国地理史上第一部有经纬线的全国地图	清圣祖康熙五十三年前后
1716年	日本开始陆续出版历史上首套汉语教材	清圣祖康熙五十五年
1728年	[法]马若瑟在广州完成《汉语札记》(又称《中国语言志略》)，这是第一部从汉语的角度来研究汉语语法的著作	清世宗雍正六年

续表：

时间	汉学大事	中国纪年
1730年	[德]巴耶尔出版欧洲第一部关于汉语的专著《汉语博览》	清世宗雍正八年
1731年	马若瑟对元戏剧家纪君祥(又名纪天祥)的《赵氏孤儿》进行了翻译和改写,名为《赵氏孤儿:中国的悲剧》	清世宗雍正九年
1732年	马国贤在那不勒斯创立了中国学院。不仅成为当时欧洲第一所专门培养中国人学习神学知识和西方文化的地方,也是欧洲最早的学习汉语和了解中国文化的地方	清世宗雍正十年
1735年	[法]杜赫德《关于中华帝国及鞑靼地区的地理、历史、年代、政治及物产等的记述》即《中华帝国全志》出版。是欧洲启蒙思想家伏尔泰、孟德斯鸠等了解中国的主要资料来源	清世宗雍正十三年
1737年	[法]冯秉正完成《中国通史》,1777至1783年间陆续在巴黎出版,是当时在欧洲最有影响的历史著作,以其史料来源的可靠性和真实性被誉为在欧洲刊出的"中国通史"的"楷模"	清高宗乾隆二年
1756年	第一部关于中国历史的欧洲语言译本《资治通鉴纲目》由俄罗斯罗索欣完成	清高宗乾隆二十一年
1776年	[法]勃罗提业等负责编纂的《中华杂纂》在巴黎出版。到1814年历时38年共刊出16册。标志着几世纪前顺利地由利玛窦开创的一种事业的完成	清高宗乾隆四十一年
1784年	罗索欣、列昂季耶夫俄译《八旗通志》正式出版,代表了18世纪俄国对华研究的最高水平	清高宗乾隆四十九年
1806年	意大利帕维亚大学开设东方语言课程	清仁宗嘉庆十一年
1810年	[英]托马斯·斯当东出版英文版《大清律例》,尽管没有将《大清律例》的例文全部译出,但在《大清律例》全译本问世之前,它是欧洲中国法律研究者最重要的参考书之一	清仁宗嘉庆十五年
1814年	路易十八批准在法兰西学院开设"汉语与鞑靼—满语言文学讲座",这是世界上第一个"汉学讲座"	清仁宗嘉庆十九年

续表：

时间	汉学大事	中国纪年
1815年	[英]马礼逊《华英字典》第一卷出版。1820年第二卷出版，1822年第三卷出版，1823年出齐，世界历史上第一部英汉—汉英对照的大字典	清仁宗嘉庆二十年
1822年	“亚洲学会”在巴黎成立《亚洲学报》创刊	清宣宗道光二年
1823年	托马斯·斯当东发起创办了“皇家亚洲学会”和《学报》	清宣宗道光三年
1832年	马礼逊创办英文期刊《中国丛报》出版，到1851年停刊，共出版20卷，记载了鸦片战争的全过程，成为西方人了解和研究鸦片战争前后历史的重要的第一手参考文献 瑞典龙思泰《早期澳门史》上册出版，1834年下册在澳门出版。提出“澳门是中国的一部分”这一鲜明的观点。长期以来，这部著作成为学者们研究澳门历史最重要的参考书之一	清宣宗道光十二年
1834年	[法]儒莲全文重译并出版了《赵氏孤儿》，其前后译出了《灰阑记》《西厢记》等诸多中国戏剧全本，西方人对这些剧作的兴趣至今不衰	清宣宗道光十四年
1835年	俄国第一所培养汉语人才的专门性学校恰克图汉语学校正式成立	清宣宗道光十五年
1836年	[英]德庇时《中国概览》出版。该书被公认为19世纪对鸦片战争前后中国社会与政治状况最全面的报道	清宣宗道光十六年
1848年	[美]卫三畏《中国总论》出版，是美国第一部关于中国的百科全书，是当时美国研究中国最早最具权威的著作，无论在广度还是在深度上，都全面超过了此前的同类著作	清宣宗道光二十八年
1861到1872年	[英]理雅各五卷本《中国经典》陆续出版。该书迄今仍被西方奉为中国古代经典的标准译本，成为西方了解中国文化以及中华民族伦理道德首选文献	清文宗咸丰十一年至清穆宗同治十一年
1868年	[英]威妥玛以罗马字母为汉字注音，创立“威妥玛式拼音法”，影响中国和世界数十年	清穆宗同治七年
1871年	日本外务省创办的“汉语学所”，首开日本近代汉语教育	清穆宗同治十年

续表:

时间	汉学大事	中国纪年
1871—1886年	王佐才在那不勒斯皇家亚洲学院讲授汉语口语课程	清穆宗同治十年至清德宗光绪十二年
1872年	“儒莲奖”设立,奖励那些在中国文化研究上做出杰出贡献的学者,被称为“汉学界的诺贝尔奖”	清穆宗同治十一年
1877年	日本研究现代汉语语法的第一人大槻文彦《支那文典》出版	清德宗光绪三年
1878年	[英]翟理斯英译了蒲松龄《聊斋志异》中164则故事,是迄今为止《聊斋志异》最全的一个英译本	清德宗光绪四年
1880年	[俄]王西里《中国文学史纲要》出版,这是包括中国在内的世界上第一部介绍中国文学史的专著	清德宗光绪六年
1890年	[荷]施古德与法国考狄共同创办《通报》。这是西方汉学史上最早的、最有影响力的学术刊物之一	清德宗光绪十六年
1892年	翟理斯《华英字典》在上海出版,修改、完善和确立了“威妥玛—翟理思式拼音方案”	清德宗光绪十八年
1894年	“甲午更张”,李朝高宗立“谚文”即“训民正音”为正宗文字	清德宗光绪二十年
1895—1905年	[法]沙畹陆续发表了《史记》前47卷的译作名为《司马迁的传体史》(共分5卷)。被称为“汉学界盖世名作”	清德宗光绪二十一年至清德宗光绪三十一年
1897年	[日]古诚贞吉的《支那文学史》出版,这是世界第一部真正现代意义上的中国文学史著作,其与盐谷温1919年出版的《中国文学概论讲话》等,被认为是中国文学史跨入近代化研究的标志	清德宗光绪二十三年
1900年	[瑞]斯文·赫定发现了楼兰遗址,发掘了大量文物,引起了世界轰动	清德宗光绪二十六年
1901年	翟理斯《中国文学史》,第一次系统地向西方读者展示了中国文学的概貌,无论在写作理念还是写作体例上都具有开创意义。	清德宗光绪二十七年
1902年	[德]顾路柏《中国文学史》出版。该书梳理了中国各历史阶段的各种文学形式,有利于西方了解中国文学的原貌,是德国汉学史上的经典著作	清德宗光绪二十八年

续表：

时间	汉学大事	中国纪年
1908年	[法]伯希和在《法兰西远东学院学报》发表《敦煌藏经洞访问记》。次年伯希和携部分精品来到北京，引起了世界轰动，"敦煌学"由此产生	清德宗光绪三十四年
1910—1937年	[苏]阿列克谢耶夫花费了27年翻译的150篇聊斋故事陆续出版。1934年还发表了论文《〈聊斋〉小说中儒生个性与士大夫意识的悲剧》等，在苏联影响巨大	清溥仪宣统二年至民国二十六年
1915—1926年	[瑞]高本汉以法文本分四次出版了《中国音韵学研究》，该书被称为"本世纪科学研究汉语语音的第一部宏伟著作"。	民国四年至民国十五年
1920年	由法中两国政府赞助成立了"法国汉学(中国学)研究所"。该所培训了大批中国学家，出版了大量中国学著作 [法]马伯乐用法文撰写的《唐代长安方言考》出版，为高本汉构拟中国中古音提供了借鉴 [瑞]安特生先后发表《中国新石器类型的石器》等文章，打破了当时认为中国无史前文化或石器时代的理论	民国九年
1921年	安特生等人发现了北京周口店猿人洞穴并发现1枚人类臼齿化石。为后来发现北京猿人奠定了重要基础	民国十年
1926年	瑞典国会通过在斯德哥尔摩建造远东文物博物馆的议案，并创办英文版的《远东文物博物馆刊》	民国十五年
1927年	[法]马伯乐《古代中国》出版，对中国上古文化和上古宗教提出了独到的见解，也为该领域研究做出了独到的贡献，因此获得儒莲奖 [德]佛尔克《中国哲学史》第一卷出版(1934年出版第二卷《中国中古哲学史》、1938年出版第三卷《中国近世哲学史》)。这是全世界(包括中国在内)第一部完整的中国哲学史	民国十六年
1930年	赵元任创制"字母式五度制标调法"，为记录和研究汉语以及世界上其他有声调的语言提供了实用、方便的工具，同时补充了国际音标使用中的一块空白，为许多国家的语言学家所采用	民国十九年

续表：

时间	汉学大事	中国纪年
1948年	[美]费正清在《美国与中国》中提出“冲击与回应”模式，作为“西方中心观”研究模式之一，对美国的中国研究产生了重要影响 赵元任《国语入门》出版。这是第一部使用美国结构主义语言学的理论、方法来研究汉语口语语法的著作	民国三十七年
1949年	[德]福赫伯《蒙古统治下中国的货币与经济》出版，被认为是至今西方对元代经济史研究水平最高的一部书	民国三十八年
1949—1968年	[荷]高罗佩中国古代系列侦探小说《狄公案》陆续出版，不仅成功地把唐朝官员狄仁杰塑造成“中国的福尔摩斯”，其仿宋元话本体裁写法，在世界汉学著作中也是独一无二的	1949年10月1日，中华人民共和国成立，从此采用公历纪元
1952年	[法]戴密微《拉萨宗教会议——八世纪印度佛教徒与中国佛教徒对寂静主义的争论》(后改名《吐蕃僧诤记》，2卷)出版，为敦煌学、佛学和藏学的代表著作	
1954年	[英]李约瑟《中国的科学与文明》(中译名《中国科学技术史》)第一卷出版，至2004年已出版了7卷。该书全面、系统地论述了中国古代科学技术的辉煌成就及其对世界文明的伟大贡献，把中国同西方同期进行对比，显示了中国科技的历史成就。是世界上研究中国科技史最完备、最深刻、最具特色的一部里程碑式的著作；在汉学研究方面也是一次从人文科学领域拓展到自然科学领域的全新尝试	
1956年	[法]谢和耐《中国5—10世纪的寺院经济》出版。至今仍是法国研究敦煌经济文书唯一的一部重要著作	
1962年	戴密微出版译作《中国古典诗选》，这是至今为止法国国内出版的内容最全面的译介中国古典诗歌的著作	
1966年	阿列克谢耶夫《中国民间年画——民间绘画中所反映的旧中国的精神生活》出版。阿氏是第一位关注极其丰富的中国民间艺术的汉学家，是在中国年画收藏方面贡献最大者	

续表：

时间	汉学大事	中国纪年
1973年	[英]霍克思英文版《石头记》第一卷前26回出版。1975年出版第二卷27至53回；1980年出版第三卷54至80回。译本语言精确优美，几乎是逐句翻译，力图保持原本的风味。至今在西方世界拥有独一无二的经典地位	
1989年	[德]顾彬和妻子张穗子创办半年刊德文杂志《袖珍汉学》，促进了中西文化交流	
1992年	第一批葡萄牙学生前往北京语言学院	
1998年	海德堡大学汉学家瓦格纳教授牵头建立了“欧洲中国研究数字资源中心”，整合欧洲各个国家的汉学资源，创建欧洲中国研究虚拟图书馆联合目录，为中国学研究者提供方便	
2004年	世界上第一家孔子学院在韩国首尔大学成立	
2007年	以“文明对话与和谐世界”为主题的首届世界汉学大会在北京举行。这是50多年来在中国内地首次举办的高水平、高规格的世界性汉学大会。截至2016年已经成功举办了五届	

后记

Postscript

后　记

这是一本适用于对外汉语专业“国外汉学研究”课程的教材，也可以作为国际汉语教育专业硕士生的参考书，相关专业的本科生、硕士生和对国外汉学研究的感兴趣者是本书的基本读者群。

本书主要围绕两条线索展开。一是汉学发展脉络。不仅全书大体依照中华文化外溢和世界汉学孕育、生长、发展到繁荣的时间轴分列国别汉学，而且对各国汉学均首先叙述其从萌芽、发展到繁荣的基本历史轨迹。二是汉学人物线索。除第五章、第九章因两个国家汉学并为一章没有专节介绍汉学家，而是将之融入汉学发展历程介绍外，其余各国均专节介绍其汉学或者中国学名家，以彰显其对所在国乃至世界汉学的贡献。排列顺序也依照其在汉学界的“出场”顺序。

国外汉学研究是一门无论地域意义还是对象意义都堪称广博的学科，而且尚属新兴学科。编写一本科学、适用的教材，既具有紧迫的必要性，又具有极大的艰巨性。本书以本人多年教学讲义为基础，经体例变革、线索梳理、文献甄别、内容增删，遂成模型。不求面面俱到，望达要言不烦。只是囿于本人学识，书中缺漏在所难免，诚望批评指正。

在本书即将付梓之际，我要感谢安徽师范大学文学院，不仅学院提供了出版资助，而且学院各位领导、相关专家如储泰松教授、詹绪左教授、崔达送教授、熊仲儒教授以及汉语教研室各位老师，均给予了醍醐灌顶般的指导。我要感谢安徽师范大学教务处，其教材出版基金，为本书的出版提供了有力的财力支撑。我要感谢安徽师范大学出版社，特别是责任编辑胡志恒老师，其耐心细致地审阅，既让我感佩于其强烈的工作责任心，又使本书得以为“书”，呈现于兹。我要感谢书中所引用的文献的作（编）者，他们的大作系本书重要的资料来源。最后，我也要感谢我的丈夫张立新先生，他不仅给予我强有力的精神支持，也为本书做了大量的校勘工作。

希望并相信本书之“砖”定会引得“金玉”纷至沓来。

陆昌萍

2017年8月20日于芜湖